DDR-Zivilluftfahrtregister 1953-1990

The East-German Civil-Aviation Register

D. Grass
M. Meyer

two & two

Bildquellennachweis: ADN/ZB (4), Bien (1), Buch (3), Freundt (12), Freundt-Archiv (2), Flieger Revue-Archiv (40), FWD (4), Giebel (1), Glöckner (11), Grass (30) + Titelfoto, Grass-Archiv (10), Graupner (1), Gubitz (1), Haak (5), Hein (2), Hönicke (3), Höntsch (13), Hoppe (1), Interflug (9), Kalkbrenner (1), Karguth (1), Kopenhagen (1), Kretzschmar (1), Lemke (11), Lemke-Archiv (3), Meißner-Archiv (1), Meyer (1), Meyer-Archiv (2), Noppens (2), Pistiak (2), Sankalla (4), Schmitt (2), Schulze (2), Simon (1), Ulenhuth (1),

CIP-Titelaufnahme

Grass, D. / Meyer, M.: DDR-Zivilluftfahrtregister 1953-1990
1. Auflage
Berlin: two & two Werbe- und Verlagsgesellschaft , 1990
ISBN 3-910202-01-2

ISBN 3-910202-01-2

1. Auflage

Satz: two & two
Druck: Frank-Druck, Adolf Frank KG, Preetz
Gestaltung: two & two
Redaktionsschluß: 04.10.1990
two & two Werbe- und Verlagsgesellschaft
Innovationspark Wuhlheide, verl. Hämmerlingstraße, Berlin, O-1170, Germany
Tel. 554 665 87/ 554 665 42

[04490]

Vorwort / Foreword

Viele demokratisch regierte Staaten veröffentlichen ihr ziviles Luftfahrtregister und aktualisieren diese Veröffentlichung in regelmäßigen Abständen. In der ehemaligen DDR, wie auch in den anderen Ostblockländern, war dies bisher nicht der Fall. Das zivile Luftfahrtregister galt hier als eine Art "Staatsgeheimnis".
Erst mit der politischen Wende im Herbst 1989 wurde es daher möglich, zum ersten und gleichzeitig auch zum letzten Mal das zivile Luftfahrtregister der DDR zu veröffentlichen.
Die Kompliziertheit dieser Arbeit lag darin, daß ein Zeitraum von 37 Jahren rückblikkend betrachtet werden mußte. Nach Gründung der DDR im Jahre 1949 gab es zunächst keine zivilen fliegerischen Aktivitäten. Ab April 1950 begann unter der Führung der FDJ der Segelflugsport mit einigen Schulgleitern SG-38, einem Zögling, einigen Übungsflugzeugen Baby IIb und einer Olympia-Meise. Diese Segelflugzeuge und die in den nächsten Jahren hinzugekommenen flogen ohne Kennzeichen, denn es gab noch kein Luftfahrtregister. Erst ab 1953 erfolgte die Registrierung. Mit der Übergabe der formellen Lufthoheit durch die sowjetischen Besatzungsbehörden an die DDR 1955, war auch der Betrieb von Motorflugzeugen gestattet, deren Registrierung in diesem Jahr begann.
Durch unzulängliche und ungenaue Führung des Registers und durch die Tatsache, daß viele Unterlagen im Laufe der Jahre verlorengegangen sind, traten große Schwierigkeiten bei seiner vollständigen Rekonstruktion auf. Einige Fehler werden sich dadurch eingeschlichen haben, bzw. einige Fragen werden offen bleiben müssen. Für alle klärenden und ergänzenden Hinweise sind wir hier natürlich offen und dankbar.
Die Grundlage des hier vorliegenden Registerbuches bildet eine ca. 15jährige, private und mehr oder weniger "illegale" Sammlertätigkeit der Autoren. Erst nach der Veränderung der politischen Verhältnisse in der DDR konnten zum Teil auch offizielle Quellen eingesehen und öffentlich Informationen gesammelt werden.
Für die freundliche und tatkräftige Unterstützung, besonders in der letzten Phase der Komplettierung dieser Arbeit, möchten wir dem Luftfahrtamt Berlin der ehemaligen DDR und der Geschäftsführung der Fluggesellschaft INTERFLUG danken.
Weiterhin gilt unser Dank den Herren Johannes Höntsch/ Schönhagen, Andreas Haak/ Berlin, Frank Lemke/ Berlin, Lutz Freundt/ Berlin sowie der Redaktion der Zeitschrift FLIEGER-REVUE,und den vielen anderen Helfern welche hier nicht alle namentlich erwähnt werden können.

Many democraticly ruled countries publish their civil aviation-register and actualize these publications periodicaly. In the former GDR, as too in other east-bloc countries, this was not the case , as the civil aviation register was always treated as a bid secret. After the political change in autumn 1989 the possibility arose for the first and last time to publish the civil aviation register of the GDR.
One of the problems involved, was that the past 37 years had to be covered. After foundation of the GDR in 1949 there was no civil flying activity. As of April 1950, under the supervision of the FDJ, glider flying became possible with a few trainer SG-38 SCHULGLEITER, one ZÖGLING, a few trainer BABY IIb and one OLYMPIA-MEISE. These and a few more gliders, which were aquired during the following years, were operated until 1953 without registration, as there was no civil aviation register.
In 1955 the soviet occupying forces authorized the GDR to perform civil aviation activities, as of which civil registration started, and the first powered aircraft were operated.
Problems were encountered during the reconstruction of the register due to the fact, that it was not properly maintained and that many documents were lost over the years. Therefore some question will remain unsolved. For information resolving these question, we would be very grateful.
Information in this register is founded on 15-years of privat and more or less illigal collections of the authors, until the political change in the GDR, at which time official sources could be used and information could be gathered openly.
For the friendly and active support, especially during the last phase of the completion of this register, we wish to express our gratitude to the aviation authority ot the former GDR in Berlin, and also the managment of INTERFLUG.
Also we would like to thank the following individuals:
Mr. Johannes Höntsch at Schönhagen, Mr. Andreas Haak at Berlin, Mr. Frank Lemke at Berlin, Mr. Lutz Freundt at Berlin, the editorial staff of the aviation magazine FLIEGER REVUE and many other helpers which are to numerous to be accounted for by names.

Berlin, Oktober 1990
Detlev Grass
Manfred Meyer

INTERFLUG
A310

Abkürzungen / Abbrevations

Luftfahrzeughalter/Betreiber		aircraft owners/ operators	
ASV	**Armeesportverein (ASK-Cottbus)**	Army Sport Club (Flying Club Cottbus)	
DLH	**Deutsche Lufthansa-DDR**	Deutsche Lufthansa-DDR	**1955 - 1963**
FDJ	**Freie Deutsche Jugend**	State youth organisation	
FWD	**VEB Flugzeugwerk Dresden**	VEB Aircraft Factory Dresden	
GST	**Gesellschaft für Sport und Technik (Aeroclub der DDR)**	State society for sport and technics (state aeroclub)	**1952 -**
IF	**Interflug**	Interflug (state airlines)	**1958 -**
IF/AF	**IF Agrarflug**	IF agriculture department	**1958 - 1990**
IF/BF	**IF Bildflug**	IF aerophoto department	**1978 - 1984**
IF/FAW	**IF Flugzeugführer Aus- und Weiterbildung**	IF pilots basic and advanced flight-training department	**1964 -**
IF/FIF	**IF Fernerkundungs-,Industrie- und Forschungsflug**	IF survey,-industrial- and scientific flight department	**1984 - 1990**
IF/SF	**IF Spezialflug**	IF special-flight department	**1968 - 1978**
IF/TP-FSNW	**IF Technische Prüfung-Flugsicherung und Nachrichtenwesen**	IF inspection of air traffic control and communication	
IF/VF	**IF Verkehrsflug**	IF passenger and freight airline department	
IF/WF	**IF Wirtschaftsflug**	IF economy flight department	**1965 - 1968**
LSK/LV	**Luftstreitkräfte/ Luftverteidigung der NVA**	Air Force/ Air Defence of National Peoples Army	
MAB	**Maschinen und Apparatebau Schkeuditz**	Machinery and Apparature Builders at Schkeuditz	
MfS	**Ministerium für Staatssicherheit**	Ministry of state safety (Intelligence Service)	
NVA	**Nationale Volksarmee**	National Peoples Army	
NVA/GT	**NVA/Grenztruppen**	NVA/Border Units	
VP	**Volkspolizei**	Police	
APRL	**Polnischer Aeroclub**	Polish Aeroclub	
CAAC	**Verwaltung der chinesischen Zivilluftfahrt**	Civil Aviation Administration of China	
CSA	**Tschechoslowakische Fluggesellschaft**	Czechoslovak Airlines	
LOT	**Polnische Fluggesellschaft**	Polish Airlines	
MEM RSz	**Ungarischer Landwirtschaftsflugdienst**	Hungarian agriculture aviation service	
TAROM	**Rumänische Fluggesellschaft**	Romanian Airlines	
VZLU	**Prüf- und Zulassungsstelle der Luftfahrtindustrie der CSFR**	Test and Certification Authority of Czechoslovak Aviation Industry	

Städtekodierungen		city codes
DRS	**Dresden**	Dresden/ East Germany
ERF	**Erfurt**	Erfurt/ East Germany
LAD	**Luanda/ Angola**	Luanda/ Angola
LEJ	**Leipzig**	Leipzig/ East Germany
MOW	**Moskau/ UdSSR**	Moscow/ USSR
PRG	**Prag/ CSFR**	Prague/ CSFR
STR	**Stuttgart**	Stuttgart/ West Germany
SXF	**Berlin-Schönefeld**	Berlin-Schonefeld/ East Germany
TAS	**Taschkent/ UdSSR**	Tashkent/ USSR

.Abkürzungen / Abbrevations

*	**keine Eintragung im offiziellen Register vorhanden**	no entry in official register exist
a/c	**Flugzeug**	aircraft (fixed wing)
agric	**Landwirtschafts...**	agricultural
AF	**Luftstreitkräfte**	Air Force
C of A	**Lufttüchtigkeitszeugnis/ Zulassung**	certificate of airworthiness
c/n	**Werknummer**	construction number
cnl	**aus dem Register gestrichen**	cancelled from register
cont	**Fortsetzung**	continuation
cvtd	**umgebaut**	converted
del	**ausgeliefert**	delivered
destr	**zerstört**	destroyed
ex	**ehemals, vormals**	previous identity
ff	**Erstflug**	first flight
Gvnmt	**Regierung**	government
hel	**Hubschrauber**	helicopter
i/s	**in Dienst gestellt**	in service
lsd	**gemietet/ vermietet**	leased
pax	**Passagier...**	passenger
para drop	**Fallschirmabsetz...**	parachute dropping
Reg	**Register, Registrierung**	register, registration
re-reg	**umregistriert**	re-registered
spec	**spezial**	special
temp	**zeitweilig, zeitweise**	temporarily
transf	**übergeben**	transferred
wfu	**außer Dienst gestellt**	withdrawn from used
w/o	**abgeschrieben duch Unfall oder Havarie**	written off (accident)

DM-	**STL**	Ilyushin IL-18D	186009402	09. 09. 66	IF/VF, pax a/c 10. 78 cvtd to freighter, crashed on take off at LAD, 4 killed	w/o 26. 03. 79	
DM- DDR-	**STM**	Ilyushin IL-18D	188010805	*22. 06. 68*	LSK/LV, executive a/c (IF-colours) to IF/VF 03. 74 and cvtd to pax a/c, 05. 75 cvtd to freighter	re-reg. 03. 10. 90	to D-AOAS
DM- DDR-	**STN**	Ilyushin IL-18D	188010903	15. 04. 68	IF/VF, pax a/c wfu 08. 10. 90, cvtd to freighter 11. 90	re-reg. 03. 10. 90	to D-AOAT sold to POLNIPPON 11. 90

Zulassung
Registration

Datum der Eintragung in das Register
(kursiv: Auslieferungsdatum an den Halter)
date of entry in Register
(cursive: delivery date to owner)

Verbleib
whereabouts

Flugzeugtyp
type of aircraft

Datum und Grund der Austragung aus dem Register
cancellation-date/reason

Landeskenner
country prefix

Werknummer
construction number

Halter, Verwendungszweck, ehemalige Registrierung/ Halter,Bemerkungen zum Luftfahrzeug
owner/operator, purpose of use, previous identity/owner, remarks to aircraft

DDR- von 1952 - 1956 from 1952 - 1956
DM- von 1956 - 1981 from 1956 - 1981
DDR- von 1981 - 1990 from 1981 - 1990

Motorflugzeuge / Hubschrauber

aircrafts / helicopters

1

DDR- **ABA***	Ilyushin IL-14P	5340709	30. 07. 55	DLH, pax a/c	re-reg. 21. 06. 56	to DM-SBA
DDR-	Airbus A-310-304	498	*26. 06. 89*	IF/VF, pax a/c (test flown as F-WWCU)	re-reg. 03. 10. 90	to D-AOAA
DDR- **ABB**	Airbus A-310-304	499	*30. 06. 89*	IF/VF, pax a/c (test flown as F-WWCT)	re-reg. 03. 10. 90	to D-AOAB
DDR- **ABC**	Airbus A-310-304	503	*23. 10. 89*	IF/VF, pax a/c (test flown as F-WWCL)	re-reg. 03. 10. 90	to D-AOAC
DDR- **ABF***	Ilyushin IL-14P	5340809	17. 11. 55	DLH, pax a/c	re-reg. 21. 06. 56	to DM-SBF
DDR- **ABX***	Ilyushin IL-14P	5340804	17. 11. 55	DLH, pax a/c	re-reg. 21. 06. 56	to DM-SBX
DDR- **ABZ***	Ilyushin IL-14P	5340803	30. 11. 55	DLH, pax a/c	re-reg. 21. 06. 56	to DM-SBZ

IL-14 DDR-ABA das erste Verkehrsflugzeug der DDR / IL-14 DDR-ABA the first commercial airplane of the GDR

AV

DDR- **AVF***	VEB IL-14P	14803001	10. 10. 55	FWD, I. Prototype VEB IL-14P, named: III. Parteikonferenz	re-reg. 08. 56	to DM-ZZB
DDR- **AVI***	Ilyushin IL-14P	6341208	. 55	FWD/MAB, experimental a/c	re-reg. 08. 56	to DM-ZZA

EM

DDR- **EMT**	Mooney MK20	M20K25-0558	21. 05. 90	KOHNFLEVY, general a/c

DM-	**SAA**	VEB IL-14P	14803005	04. 07. 57	DLH, pax a/c (ex DM-SKF, fair-exibition a/c)	transf. 21. 01. 61	to LSK/LV as ´491´
DM-	**SAB**	VEB IL-14P	14803008	26. 08. 57	DLH, pax a/c later to IF/VF 1968/69 used as training a/c by IF/FAW	cnl 05. 10. 70	ferried by road to Kämmerswalde and preserved
DM-	**SAC**	VEB IL-14P	14803009	17. o9. 57	DLH, pax a/c later to IF/VF wfu´65	cnl 19. 01. 66	sold to Syrian Air Force
DM-	**SAD**	VEB IL-14P	14803011	03. 10. 57	DLH, pax a/c later to IF/VF	cnl 13. 12. 64	sold to Egyptian Air Force
DM-	**SAE**	VEB IL-14P	14803015	23. 11. 57	DLH, pax a/c later to IF/VF wfu´65	cnl 19. 01. 66	sold to Syrian Air Force
DM-	**SAF**	VEB IL-14P	14803016	10. 12. 57	DLH, pax a/c later to IF/VF dam. by forced landing at LEJ-Mockau and wfu	cnl 17. 11. 67	1968 ferried by road to Halle and preserved
DM-	**SAG**	VEB IL-14P	14803019	30. 12. 57	DLH, pax a/c later to IF/VF wfu´65	cnl 19. 01. 66	sold to Syrian Air Force
DM-	**SAH**	VEB IL-14P	14803020	31. 12. 57	DLH, pax a/c later to IF/VF 1968/69 used as training a/c by IF/FAW	cnl o5. 10. 69	1970 ferried by road to Dessau and preserved, a/c scrapped 1987
DM-	**SAI**	VEB IL-14P	14803023	11. 02. 58	DLH, pax a/c later to IF/VF 1968 used as training a/c by IF/FAW, wfu 10.68	cnl 24. 10. 68	1972 destroyed in fire practice at SXF
DM-	**SAK**	VEB IL-14P	14803024	10. 03. 58	DLH, pax a/c later to IF/VF	cnl 27. 12. 65	sold to Syrian Air Force
DM-	**SAL**	VEB IL-14P	14803026	04. 03. 58	DLH, pax a/c later to IF/VF 1968 used as training a/c by IF/FAW, then cvtd. to calibra- tion a/c for IF/TF-FSNW, wfu 15. 03. 84	cnl 04. 84	ferry flight to DRS and preserved at FWD
DM-	**SAM**	VEB IL-14P(T)	14803075	07. 08. 59	DLH, freighter later to IF/VF (right freigt door)	cnl 01. 07. 64	sold to Syrian Air Force
DDR-		VEB IL-14P(F)	14803045	*07. 01. 83*	IF/FIF, photo/surveyer a/c (ex ´422´ LSK/LV)	cnl 02. 12. 83	ferry flight to Eilenburg and used at the MfS-Scool
DM-	**SAN**	VEB IL-14P(T)	14803077	18. 05. 59	DLH, freighter later to IF/VF (right freight door)	cnl 31. 03. 65	sold to Egyptian Air Force
DM-	**SAO**	VEB IL-14P(T)	14803079	26. 09. 59	DLH, freighter later to IF/VF (right freight door)	cnl 01. 07. 64	sold to Egyptian Air Force
DM-	**SAR**	Ilyushin IL-14P	6341508	17. o5. 65	LSK/LV, executive a/c, reg. temporarily used only (´471´ >DM-VAB< LSK/LV, ex DM-SBS DLH)	cnl 17. 05. 77	
DM-		Ilyushin IL-14P	146000831	?	LSK/LV, executive a/c, reg. temporarily used only (´470´ >DM-VAA< LSK/LV, ex DM-SBM DLH)	cnl 17. 05. 77	
DM-	**SAS**	VEB IL-14P	14803043	20. 08. 65	LSK/LV, executive a/c, reg. temporarily used only (´405´ >DM-VAP< LSK/LV)	cnl 17. 05. 77	
DM-	**SAT**	VEB IL-14P	14803027	20. 08. 65	LSK/LV, executive a/c, reg. temporarily used only (´485´ >DM-VAE< LSK/LV)	cnl 17. 05. 77	
DM-		VEB IL-14P	14803042	27. 02. 67	LSK/LV, executive a/c, reg. temporarily used only (´409´ >DM-VAO< LSK/LV)	cnl 17. 05. 77	
DM-	**SAZ**	VEB IL-14P	14803001	06. 07. 61	DLH, calibration a/c later to IF/TP-FSNW (ex DM-ZZB FWD)	cnl 28. 02. 67	1970 ferried by road to Werdau and preserved

IL-14 Meßflugzeug DM-SAL
IL-14 calibrator DM-SAL

DM-	**SBA**	Ilyushin IL-14P	5340709	21. 06. 56	DLH, pax a/c later to IF/VF (ex DDR-ABA DLH)	cnl 31. 12. 64	sold to Egyptian Air Force
DM-		Antonov AN-24V	67302206	01. 12. 65	IF/VF, pax a/c wfu 30. 09. 74	sold 01. 02. 76	to BALKAN as LZ-ANL
DDR-		Antonov AN-26	10607	02. 11. 84	LSK/LV, transport a/c, reg. temporarily used only (´367´ LSK/LV)	cnl 30. 11. 85	
DM-	**SBB***	Ilyushin IL-14P	6340803	? ? 56	?, pax a/c (possibly used as ferry flight registration for LSK/LV a/c)	transf. ? 12. 59	to LSK/LV
DDR-		Antonov AN-26	10706	02. 11. 84	LSK/LV, transport a/c, reg. temporarily used only (´368´ LSK/LV)	cnl 03. 10. 90	
DM-	**SBC***	Ilyushin IL-14P	6340805	? ? 56	?, pax a/c (possibly used as ferry flight registration for LSK/LV a/c)	cnl ?	
DM-		Antonov AN-24V	67302302	01. 12. 65	IF/VF, pax a/c wfu 27. 07. 74	sold 16. 08. 76	to HANG KHONG VIET NAM
DDR-		Antonov AN-26	10605	*02. 11. 84*	LSK/LV, transport a/c, reg. temporarily used only (´364´ LSK/LV)	cnl 30. 11. 85	
DM-	**SBD***	Ilyushin IL-14P	6340807	? ? 56	?, pax a/c (possibly used as ferry flight registration for LSK/LV a/c)	cnl ?	
DM-		Antonov AN-24V	67302210	01. 12. 65	IF/VF, pax a/c wfu 23. 09. 75	sold 25. 10. 76	to HANG KHONG VIET NAM
DDR-		Antonov AN-26	10509	18. 12. 84	LSK/LV, transport a/c, reg. temporarily used only (´376´ LSK/LV)	cnl 30. 11. 85	
DM-	**SBE**	Ilyushin IL-14P	6341702	18. 12. 57	DLH, pax a/c later to IF/VF	cnl 31. 12. 64	sold to Egyptian Air Force
DM-		Antonov AN-24V	67302301	01. 12. 65	IF/VF, pax a/c wfu 23. 10. 75.	sold 06. 09. 76	to HANG KHONG VIET NAM
DDR-		Antonov AN-26	10404	22. 01. 85	LSK/LV, transport a/c, reg. temporarily used only (´371´ LSK/LV)	cnl 30. 11. 85	
DM-	**SBF**	Ilyushin IL-14P	5340809	21. 06. 56	DLH, pax a/c later to IF/VF 1960 belly landed at SXF, repaired (ex DM-ABF DLH)	cnl 31. 12. 64	sold to Egyptian Air Force
DM-		Antonov AN-24V	67302304	01. 12. 65	IF/VF, pax a/c wfu 25. 09. 75	sold 02. 08. 76	to HANG KHONG VIET NAM
DDR-		Antonov AN-26	10407	22. 01. 85	LSK/LV, transport a/c, reg. temporarily used only (´374´ LSK/LV)	cnl 30. 11. 85	
DM-	**SBG***	Ilyushin IL-14P	146000905	? ? 56	?, pax a/c (possibly used as ferry flight registration for LSK/LV a/c)	cnl ?	
DM-		Antonov An-24V	67302303	01. 02. 65	IF/VF, pax a/c wfu 18. 10. 75	sold 24. 09. 76	to HANG KHONG VIET NAM
DDR-		Antonov AN-26	10405	22. 01. 85	LSK/LV, transport a/c, reg. temporarily used only (´372´ LSK/LV)	cnl 30. 11. 85	
DM-	**SBH***	Ilyushin IL-14P	146000907	? ? 56	?, pax a/c (possibly used as ferry flight registration for LSK/LV a/c)	cnl ?	
DM-		Antonov AN-24V	77303009	24. 01. 67	IF/VF, pax a/c, operated for MfS wfu 15. 10. 75	sold 08. 06. 77	to HANG KHONG VIET NAM as VN-B1095
DDR-		Antonov AN-26	14308	09. 06. 87	LSK/LV, transport a/c, reg. temporarily used only (´384´ LSK/LV)	cnl 03. 10. 90	
DM-	**SBI**	Ilyushin IL-14P	6341601	27. 08. 56	DLH, pax a/c later to IF/VF wfu 1964	cnl 31. 12. 66	sold to Egyptian Air Force

...

AN-26 ´364´ der LSK/LV mit ziviler Registration DDR-SBC
AN-26 ´364´of LSK/LV with civil registration DDR-SBC

AN-24W DM-SBD in SXF vor der Auslieferung nach Vietnam
AN-24V DM-SBD at SXF before delivery to Vietnam

DM-	**SBK***	Ilyushin IL-14P	?	? ? 56	?, pax a/c (possibly used as ferry flight registrationfor LSK/LV a/c)	cnl ?	
DDR-		Antonov AN-26	14307	15. 09. 88	LSK/LV, transport a/c, reg. temporarily used only (´359´ LSK/LV)	cnl 03. 10. 90	
DM-	**SBL**	Ilyushin IL-14P	6341206	10. 12. 57	DLH, pax a/c later to IF/VF crash landed near Königsbrück	w/o ? 02. 63	
DDR-		Antonov AN-26	11402	26. 09. 88	LSK/LV, transport a/c, reg. temporarily used only (´369´ LSK/LV)	cnl 03. 10. 90	
DM-	**SBM**	Ilyushin IL-14P	146000831	21. 09. 56	DLH, executive a/c	transf. 10. 07. 57	to LSK/LV as ´470´ >DM-VAA<, temporarily registred as DM-SAR
DDR-		Antonov AN-26	14208	26. 09. 88	LSK/LV, transport a/c, reg. temporarily used only (´373´ LSK/LV)	cnl 03. 10. 90	
DM-	**SBN***	Ilyushin IL-14P	?	? ? ?	?, pax a/c (possibly used as ferry flight registration for LSK/LV a/c)	cnl ?	
DDR-		Antonov AN-26	10409	26. 09. 88	LSK/LV, transport a/c, reg. temporarily used only (´375´ LSK/LV)	cnl 03. 10. 90	
DM-	**SBO**	Ilyushin IL-14P	6341802	13. 11. 56	DLH, pax a/c later to IF/VF wfu 1964	cnl 31. 12. 66	sold to Egyptian Air Force
DM-	**SBP***	Ilyushin IL-14P	146001041	? ? 56	?, pax a/c (possibly used as ferry flight registration for LSK/LV a/c)	cnl ?	
DM-	**SBR**	Ilyushin IL-14P	6341403	21. 06. 56	DLH, pax a/c later to IF/VF wfu 1964	cnl 31. 12. 66	
DM-	**SBS**	Ilyushin IL-14P	6341508	12. 07. 56	DLH, executive a/c	transf. 24. 05. 57	to LSK/LV as ´471´ >DM-VAB< temporarily registred as DM-SAR
DM-	**SBU**	Ilyushin IL-14P	6341509	18. 07. 56	DLH, pax a/c later to IF/VF	cnl 01. 07. 64	sold to Egyptian Air Force
DM-	**SBV**	Ilyushin IL-14	6341510	18. 07. 56	DLH, pax a/c later to IF/VF wfu 1964	cnl 31. 12. 66	sold to Egyptian Air Force
DM-	**SBW**	Ilyushin IL-14P	6341507	07. 12. 57	DLH, pax a/c later to IF/VF	cnl 01. 07. 64	sold to Egyptian Air Force
DM-	**SBX**	Ilyushin IL-14P	5340804	21. 06. 56	DLH, pax a/c later to IF/VF (ex DDR-ABX D-H)	cnl 31. 12. 64	sold to Egyptian Air Force
DM-	**SBY**	Ilyushin IL-14P	6341704	13. 11. 56	DLH, pax a/c later to IF/VF	cnl 31. 12. 64	sold to Egyptian Air Force
DM-	**SBZ**	Ilyushin IL-14P	5340803	21. 06. 56	DLH, pax a/c later to IF/VF (ex DDR-ABZ D-H)	transf. 16. 01. 61	to LSK/LV

Zwischenbemalung der DM-SCL nach der Übernahme durch die INTERFLUG von den LSK/LV
Interim-colours of the DM-SCL after taking over by INTERFLUG from LSK/LV

TU-124W DM-SDB der LSK/LV mit INTERFLUG-Leitwerk und LSK/LV-Fensterstreifen
TU-124V DM-SDB of LSK/LV with INTERFLUG-tail and LSK/LV-cheatline

DM-	SCA*	Baade-152 II	008	. 61	DLH, pax a/c main structure completed, construction abandoned 05. 04. 61	ntu	broken up
DM-		Tupolev TU-134	8350502	29. 07. 68	IF/VF, pax a/c wfu after dam. on landing 17. 10. 72	cnl ?	ferry flight to USSR and used for spares by AEROFLOT
DM- DDR-	SCB	Tupolev TU-134	8350503	26. 07. 68	IF/VF, pax a/c	cnl 18. 11. 85	stored at SXF, ferried by road to Oschersleben 10 88 and preserved
DM-	SCD	Tupolev TU-134	9350702	03. 01. 69	IF/VF, pax a/c crashed short of runway at LEJ-Schkeuditz, 25 killed	w/o 01. 09. 75	
DM- DDR-	SCE	Tupolev TU-134	9350904	31. 10. 69	LSK/LV, executive a/c (IF-colours) to IF/VF 02. 74 as pax a/c	cnl o5. o5. 85	scrapped at SXF 1985
DM- DDR-	SCF	Tupolev TU-134	9350905	31. 10. 69.	LSK/LV, executive a/c (IF-colours) to IF/VF 06. 74 as pax a/c, wfu 31. 03. 86	cnl 12. 05. 86	ferry flight to LEJ-Schkeuditz and preserved
DM- DDR-	SCG	Tupolev TU-134	9350912	19. 11. 69	LSK/LV, executive a/c (IF-colours) to IF/VF 02. 74 as pax a/c, wfu 14. 07. 85	cnl 06. 08. 85	ferry flight to ERF, destroyed in fire practice 1985
DM- DDR-	SCH	Tupolev TU-134	9350906	14. 08. 69	IF/VF, pax a/c wfu 03. 12. 83	cnl 24. 01. 84	ground-instruction airframe for mechanics at SXF
DM- DDR-	SCI	Tupolev TU-134A	3351903	19. 07. 73	IF/VF, pax a/c dam. on landing 03. 09. 77 at SXF, back in service 08. 78	re-reg. 03. 10. 90	to D-AOBA
DM- DDR-	SCK	Tupolev TU-134A	1351304	30. 07. 71.	LSK/LV, executive a/c (IF-colours) to IF/VF 11. 75 and cvtd. to pax a/c, wfu 09.09.90	sold 29. 09. 90	to Aviation Museum Augsburg, W. Germany ferry flight on 29. 09. 90
DM-	SCL	Tupolev TU-134A	1351305	30. o7. 71.	LSK/LV, executive a/c (IF-colours)	re-reg. ?	to ´182´´ LSK/LV
DM- DDR-				12. 05. 77	to IF/VF and cvd. to pax a/c, wfu 09. 09. 89 (ex ´182´ >DM-VBD< LSK/LV)	cnl 29. 01. 90	sold to HYDRO-Company, ferry flight to Stuttgart and ferried by road to Biberach, W.Germany
DM-	SCM	Tupolev TU-134A	3351904	18. 05. 73	IF/VF, pax a/c crashed on landing at SXF	w/o 22. 11. 77.	
DM- DDR-	SCN	Tupolev TU-134A	3352102	08. 01. 74	LSK/LV, executive a/c (IF-colours) to IF/VF 17. 11. 77 and cvdt. to pax a/c	re-reg. 03. 10. 90	to D-AOBC
DM- DDR-	SCO	Tupolev TU-134A	3352103	*27. 12. 73*	LSK/LV, executive a/c (IF-colours) to IF/VF 11. 05. 79 and cvdt. to pax a/c	re-reg. 03. 10. 90	to D-AOBD
DM- DDR-	SCP	Tupolev TU-134A	4352205	*07. 03. 74*	LSK/LV, executive a/c (IF-colours) to IF/VF 13. 10. 78 and cvdt. to pax a/c	re-reg. 03. 10. 90	to D-AOBE
DM-	SCR	Tupolev TU-134A	4352206	*15. 03. 74*	LSK/LV, executive a/c (IF-colours)	re-reg. 27. 05. 77	to ´176´ LSK/LV
DM- DDR-				*04. 06. 80*	to IF/VF and cvdt to pax a/c (ex ´176´ LSK/LV)	re-reg. 03. 10. 90	to D-AOBF
DM- DDR-	SCS	Tupolev TU-134A	4352207	*20. 03. 74*	LSK/LV, executive a/c (IF-colours) to IF/VF 22. 05. 79 and cvdt. to pax a/c	re-reg. 03. 10. 90	to D-AOBG
DM- DDR-	SCT	Tupolev TU-134A	08068	10. 05. 74	IF/VF, pax a/c	re-reg. 03. 10. 90	to D-AOBH
DM- DDR-	SCU	Tupolev TU-134A	09070	10. 05. 74	IF/VF, pax a/c wfu 03. 04. 90	re-reg. 03. 10. 90	to D-AOBI
DM- DDR-	SCV	Tupolev TU-134A	12095	18. 07. 74	IF/VF, pax a/c	re-reg. 03. 10. 90	to D-AOBJ
DM- DDR-	SCW	Tupolev TU-134A	31218	*07. 06. 75*	LSK/LV, executive a/c (IF-colours) to IF/VF 05. 82 and cvdt. to pax a/c	re-reg. 03. 10. 90	to D-AOBK
DM- DDR-	SCX	Tupolev TU-134A	48320	*02. 04. 76.*	IF/VF, pax a/c	re-reg. 03. 10. 90	to D-AOBL
DM- DDR-	SCY	Tupolev TU-134A	60495	*23. 06. 78*	IF/VF, pax a/c	re-reg. 03. 10. 90	to D-AOBM
DM- DDR-	SCZ	Tupolev TU-134	9350913	01. 12. 75	IF/VF, pax a/c wfu 03. 03. 86, (ex ´177´ LSK/LV)	cnl 23. 04. 86	ferry flight to DRS and then ferried by road to Bernsdorf, preserved

SD

DM-	**SDA**	Tupolev TU-124V	1508	09. 04. 65	LSK/LV, executive a/c (IF-colours)	re-reg. ? ? 74	to ´496´ LSK/LV
DM-	**SDB**	Tupolev TU-124V	1708	20. 08. 65	LSK/LV, executive a/c (IF-colours)	cnl ? 08. 75	sold to USSR
DDR-	**SDC**	Tupolev TU-134A	35180	09. 03. 82	IF/VF, pax a/c (ex ´181´ >DM-VBC< LSK/LV)	re-reg. 03. 10. 90	to D-AOBN
DM- DDR-	**SDE**	Tupolev TU-134A	38040	*21. 09. 75*	LSK/LV, executive a/c (IF-colours) to IF/VF 03.85 and cvtd to pax a/c	re-reg. 03. 10. 90	to D-AOBO
DM- DDR-	**SDF**	Tupolev TU-134A	40150	*24. 10. 75*	LSK/LV, executive a/c (IF-colours) dam. in ground accident at SXF 1979, repaired to IF/VF 03. 83 and cvtd to pax a/c	re-reg. 03. 10. 90	to D-AOBP
DM-	**SDG**	Tupolev TU-134A	46155	*13. 03. 76*	LSK/LV, executive a/c (IF-colours)	re.reg. 25. 02. 80	to ´186´ LSK/LV
DDR-				*15. 02. 88*	to IF/VF, pax a/c	re-reg. 03. 10. 90	to D-AOBQ
DM- DDR-	**SDH**	Tupolev TU-134A	46300	*29. 03. 76*	IF/VF, executive a/c, operated for MfS wfu 26. 02. 90	re-reg. 03. 10. 90	to D-AOBR stored SXF
DM- DDR-	**SDI**	Tupolev TU-134A	48560	*27. 08. 76*	IF/VF, executive a/c, operated for MfS wfu 07. 12. 89	re-reg. 03. 10. 90	to D-AOBS stored SXF
DM- DDR-	**SDK**	Tupolev TU-134A	49900	*27. 05. 77*	LSK/LV, executive a/c (IF-colours)	sold 17. 06. 90	to VIETNAM AIRLINES as VN-A122
DM- DDR-	**SDL**	Tupolev TU-134A	60108	*22. 11. 77*	LSK/LV, executive a/c (IF-colours)	sold 17. 06. 90	to VIETNAM AIRLINES as VN-A124
DM- DDR-	**SDM**	Tupolev TU-134A-1	60435	*07. 06. 78*	LSK/LV, executive a/c (IF-colours)	sold 02. 07. 90	to VIETNAM AIRLINES as VN-A126
DM- DDR-	**SDN**	Tupolev TU-134A-1	60612	*25. 08. 78*	LSK/LV, executive a/c (IF-colours)	sold 17. 06. 90	to VIETNAM AIRLINES as VN-A128
DM- DDR-	**SDO**	Tupolev TU-134A-1	62259	*31. 05. 79*	LSK/LV, executive a/c (IF-colours)	sold 02. 07. 90	to VIETNAM AIRLINES as VN-A130
DM- DDR-	**SDP**	Tupolev TU-134A-1	63260	*06. 06. 80*	LSK/LV, executive a/c (IF-colours)	sold 02. 07. 90	to VIETNAM AIRLINES as VN-A132
DDR-	**SDR**	Tupolev TU-134A-1	63967	*27. 05. 82*	LSK/LV, executive a/c (IF-colours)	transf. 03. 10. 90	to German Air Force 5th Division as 11+10
DDR-	**SDS**	Tupolev TU-134A-1	63952	*(26. 03. 82)*	Reg. reserved for ´184´ LSK/LV, executive a/c (Registration never used !)	transf. 03. 10. 90	to German Air Force 5th Division as 11+11
DDR-	**SDT**	Tupolev TU-134A-1	63998	*30. 03. 83*	LSK/LV, executive a/c (IF-colours) wfu 06. 12. 88, structural damages due overhaul error in USSR 1987	cnl 05. 05. 89	05. 05. 89 ferry flight to overhaul factory at Minsk and held back
DDR-	**SDU**	Tupolev TU-134A-1	66135	*02. 09. 83*	LSK/LV, executive a/c (IF-colours)	transf. 03. 10. 90	to German Air Force 5th Division as 11+12

DM-	**SEA**	Ilyushin IL-62	00702	*21. 04. 70*	IF/VF, pax a/c crashed after fire on board near Königswusterhausen, 156 killed	w/o 14. 08. 72	
DM- DDR-	**SEB**	Ilyushin IL-62	00704	*02. 06. 70*	IF/VF, pax a/c	cnl 29. 09. 86	stored at SXF, ferried by road to Rangsdorf 10.89 and preserved, destroyed by fire 02. 08. 90
DM- DDR-	**SEC**	Ilyushin IL-62	10903	26. 03. 71	IF/VF, pax a/c wfu 30. 04. 87	cnl 03. 08. 88	preserved at Flight-Training-Center at SXF
DM- DDR-	**SEF**	Ilyushin IL-62	31402	10. 04. 73	IF/VF, pax a/c wfu 29. 03. 89	cnl 14. 04. 89	ferry flight to LEJ-Schkeuditz and preserved
DM- DDR-	**SEG**	Ilyushin IL-62	31403	04. 05. 73	IF/VF, pax a/c wfu 16. 08. 89	cnl 23. 10. 89	ferry flight to Stölln/Rhinow and preserved as Otto-Lilienthal-Memorial
DM- DDR-	**SEH**	Ilyushin IL-62	31405	04. 07. 73	IF/VF, pax a/c wfu 12. 06. 89	cnl 26. 09. 89	ferry flight to ERF and used for security practice
DM- DDR-	**SEI**	Ilyushin IL-62M	3036931	*02. 10. 80*	IF/VF, pax a/c	re-reg. 03. 10. 90	to D-AOAD sold to AEROFLOT 25. 10. 90 as CCCP-86563
DM- DDR-	**SEK**	Ilyushin IL-62M	4831517	*23. 11. 78*	LSK/LV, executive a/c (IF-colours) to IF/VF 15. 12. 87 and cvtd to pax a/c	re-reg. 03. 10. 90	to D-AOAE sold to AEROFLOT 19. 10. 90 as CCCP-86562
DM- DDR-	**SEL**	Ilyushin IL-62M	4934734	*19. 12. 79*	LSK/LV, executive a/c (IF-colours), to IF/VF 06.85 and cvtd to pax a/c, for overhaul to TAS 26. 08. 89	sold 22. 08. 90	direct from TAS to AEROFLOT
DDR-	**SEM**	Ilyushin IL-62M	4140536	*20. 11. 81*	IF/VF, pax a/c	re-reg. 03. 10. 90	to D-AOAG
DDR-	**SEN**	Ilyushin IL-62M	3242432	21. 09. 82	LSK/LV, executive a/c (IF-colours)	transf. 03. 10. 90	to German Air Force 5th Division as 11+21
DDR-	**SEO**	Ilyushin IL-62M	3344833	*02. 01. 84*	IF/VF, pax a/c	re-reg. 03. 10. 90	to D-AOAH
DDR-	**SEP**	Ilyushin IL-62M	4445827	*04. 10. 84*	LSK/LV, executive a/c (IF-colours)	transf. 03. 10. 90	to German Air Force 5th Division as 11+22
DDR-	**SER**	Ilyushin IL-62M	2546812	*28. 05. 85*	IF/VF, pax a/c for overhaul to TAS 17. 04. 90	sold 22. 09. 90	direct from TAS to AEROFLOT
DDR-	**SES**	Ilyushin IL-62M	1647928	*26. 03. 86*	IF/VF, pax a/c	re-reg. 03. 10. 90	to D-AOAJ
DDR-	**SET**	Ilyushin IL-62M	4546257	*19. 12. 85*	IF/VF, pax a/c	re-reg. 03. 10. 90	to D-AOAK
DDR-	**SEU**	Ilyushin IL-62M	2748552	*30. 06. 87*	IF/VF, pax a/c	re-reg. 03. 10. 90	to D-AOAL
DDR-	**SEV**	Ilyushin IL-62M	3749224	*19. 11. 87*	LSK/LV, executive a/c (IF-colours)	transf. 03. 10. 90	to German Air Force 5th Division as 11+20
DDR-	**SEW**	Ilyushin IL-62M	2850324	*09. 08. 88*	IF/VF, pax a/c crashed SXF, overrun runway on aborted take off	w/o 17. 06. 89	
DDR-	**SEY**	Ilyushin IL-62M	1951525	*01. 06. 89*	IF/VF, pax a/c	re-reg. 03. 10. 90	to D-AOAM
DDR-	**SEZ**	Ilyushin IL-62M	2951636	*22. 08. 89*	IF/VF, pax a/c	reg. 03. 10. 90	to D-AOAN

Die ex DDR-SEI bereits mit UdSSR-Fahne und Registrierung in SXF
The ex DDR-SEI already with USSR-flag and registration at SXF

IL-62 DDR-SEG während der Landung auf der 900 m Rasenfläche in Stölln
IL-62 DM-SEG during landing on the 900 m unpaved grass-strip at Stölln

DDR- **SFA**	Tupolev TU-154M	799	*14. 04. 89*	LSK/LV, executive a/c (IF-colours)	transf. 03. 10. 90	to German Air Force 5th Division as 11+01
DDR- **SFB**	Tupolev TU-154M	813	*08. 09. 89*	LSK/LV, executive a/c (IF-colours)	transf. 03. 10. 90	to German Air Force 5th Division as 11+02
DDR- **SFK***	VEB IL-14P	14803005	07. 03. 57	FWD, exibition a/c for Leipzig spring fair (ferried by road to Leipzig)	re-reg. ? 12. 58	to DM-SAA DLH

VEB IL-14P DM-SFK auf der Leipziger Frühjahrsmesse 1957
VEB IL-14P DM-SFK on display at Leipzig spring-fair in 1957

DDR-SFA bei ihrer ersten Landung in SXF
DDR-SFA on there first visit at SXF

SG

DM-	**SGA**	Super Aero-45	03-009	18. 12. 56	DLH, general a/c to IF/VF 17. 07. 59 , wfu 28. 02. 60	re-reg. 31. 03. 60	to DM-ZZD MAB
DM-	**SGB**	Super Aero-45	03-010	13. 06. 58	DLH, general a/c (ex ?)	transf. 27. 01. 62	to LSK/LV
DM-	**SGC**	Super Aero-45	05-009	10. 07. 57	DLH, general a/c	sold 17. 11. 60	to WASON Ltd. Kenya as VP-KRF
DM-	**SGD**	Super Aero-45	02-011	22. 05. 59	DLH, general a/c (ex ?)	transf. 27. 01. 62	to LSK/LV
DM-	**SGE**	Super Aero-45	04-002	29. 07. 57	DLH, general a/c	transf. 23. 12. 61	to LSK/LV
DM-	**SGF**	Super Aero-45	04-003	12. 06. 57	DLH, general a/c	cnl 06. 07. 60	

DM-	SHA	L-60 Brigadyr	151023	09. 07. 59	DLH, agric. a/c later to IF/AF dam. 03. 09. 63, 31. 07. 64, 17. 11. 64	cnl 12. 02. 68.	broken up,
DM-		L-60 Brigadyr	151030	07. 05. 71	IF/AF, agric. a/c (ex DM-SHJ rebuild !)	cnl 18. 07. 74	broken up
DM-	SHB	L-60 Brigadyr	151024	07. 08. 59	DLH, agric. a/c later to IF/AF	cnl 16. 06. 69	broken up
DM-		L-60 Brigady	151223	07. 05. 71	IF/AF, agric. a/c (ex DM-SLP rebuild !)	cnl 18. 07. 74	broken up
DM-	SHC	L-60 Brigadyr	151025	20. 05. 60	DLH, agric. a/c crashed	w/o 13. 09. 60	
DM-		L-60 Brigadyr	151119	o7. 05. 71	IF/AF, agric. a/c (ex DM-SLM rebuild !)	cnl 18. 07. 74	broken up
DM-	SHD	L-60 Brigadyr	150902	20. 05. 59	DLH, agric. a/c later to IF/AF	cnl 01. 04. 69	broken up
DM-	SHE	L-60 Brigadyr	151026	09. 07. 59	DLH, agric. a/c later to IF/AF badly damaged	w/o 26. 05. 67	
DM-	SHF	L-60 Brigadyr	151028	01. 08. 59	DLH, agric. a/c crashed	w/o ? 04.60	
DM-	SHG	L-60 Brigadyr	151027	09. 07. 59	DLH, agric. a/c badly damaged on landing	w/o 03. 03. 66	
DM-	SHH	L-60 Brigadyr	151007	21. 04. 60	DLH, agric. a/c later to IF/AF	cnl 01. 04. 69	broken up
DM-	SHI	L-60 Brigadyr	151009	14. 04. 60	DLH, agric. a/c later to IF/AF crashed at Horst/ nr.Grimmen	w/o 13. 06. 67	
DM-	SHJ	L-60 Brigadyr	151030	21. 04. 60	DLH, agric. a/c later to IF/AF	cnl 25. 07. 61	
DM-				08. 12. 62	new C of A received !	cnl 04. 05. 71	rebuild as DM-SHA (2) !
DM-	SHK	L-60 Brigadyr	151101	21. 04. 60	DLH, agric. a/c later to IF/AF crashed	w/o 12. 09. 66	
DM-	SHL	L-60 Brigadyr	151103	30. 03. 60	DLH, agric. a/c later to IF/AF	cnl 01. 04. 69	broken up
DM-	SHM	L-60 Brigadyr	151104	30. 03. 60	DLH, agric. a/c later to IF/AF	cnl 01. 04. 69	broken up
DM-	SHN	L-60 Brigadyr	151107	30. 03. 60	DLH, agric. a/c badly damaged at Sandhagen	w/o 20. 05. 68	
DM-	SHO	L-60 Brigadyr	151108	30. 03. 60	DLH, agric. a/c later to IF/AF	cnl 01. 04. 69	broken up
DM-	SHP	L-60 Brigadyr	151109	30. 03. 60	DLH, agric. a/c later to IF/AF	cnl 01. 04. 69	broken up
DM-	SHQ	L-60 Brigadyr	151204	04. 05. 60	DLH, agric. a/c later to IF/AF crashed	w/o 04. 05. 66	
DM-	SHR	L-60 Brigadyr	151205	04. 05. 60	DLH, agric. a/c later to IF/AF	cnl 01. 04. 69	broken up
DM-	SHS	L-60 Brigadyr	151226	13. 04. 60	DLH, agric. a/c later to IF/AF crashed	w/o 22. 06. 62	
DM-	SHT	L-60 Brigadyr	151227	04. 05. 60	DLH, agric. a/c crashed	w/o 05. 61	
DM-	SHU	L-60 Brigadyr	151301	13. 04. 60	DLH, agric. a/c later to IF/AF	cnl 01. 04. 69	broken up
DM-	SHV	L-60 Brigadyr	151229	13. 04. 60	DLH, agric. a/c later to IF/AF	cnl 01. 04. 69	broken up

L-60 in der gelben IF/AF-Bemalung
L-60 in yellow IF/AF-colours

L-60 der DLH
L-60 of DLH

Z-37A

Z-37A2

DM-	SIA	L-60 Brigadyr	150003	12. 06. 57	DLH, multi purpose a/c later to IF/AF	cnl 01. 04. 69	broken up
DM-	SIB	L-60 Brigadyr	150310	27. 04. 57	DLH, agric. a/c damaged and wfu 05.57	cnl 06. 07. 60	
DM-	SIC	L-60 Brigadyr	150403	12. 06. 57	DLH, agric. a/c	w/o 07. 58	
DM-	SID	L-60 Brigadyr	150407	21. 03. 57	DLH, multi purpose a/c later to IF/AF	cnl 30. 05. 68	broken up
DM-	SIE	L-60 Brigadyr	150508	30. 11. 57	DLH, agric. a/c (ex OK-LKA, manufacturer demonstrator)	transf. 06. 07. 60	to DM-WAW GST
DM-	SIF	L-60 Brigadyr	150509	27. 11. 57	DLH, agric. a/c later to IF/AF	cnl 30. 05. 68	broken up
DM-	SIG	L-60 Brigadyr	150701	30. 11. 57	DLH, multi purpose a/c later to IF/AF	cnl 16. 06. 69	broken up
DM-	SIH	L-60 Brigadyr	150712	27. 02. 58	DLH, agric. a/c	w/o 04. 62	
DM-	SII	L-60 Brigadyr	150713	26. 02. 58	DLH, agric. a/c damaged and wfu 05.60	w/o 03. 05. 66	
DM-	SIJ	L-60 Brigadyr	150715	09. 08. 58	DLH, multi purpose a/c later to IF/AF	cnl 16. 06. 69	broken up
DM-	SIK	L-60 Brigadyr	150714	16. 12. 57	DLH, multi purpose a/c later to IF/AF	cnl 17. 09. 69	broken up
DM-	SIL	L-60 Brigadyr	150408	12. 06. 57	DLH, agric. a/c badly damaged on landing	w/o 21. 09. 60	
DM-	SIM	L-60 Brigadyr	150502	02. 04. 58	DLH, agric. a/c later to IF/AF	cnl 16. 06. 69	broken up
DM-	SIN	L-60 Brigadyr	150903	24. 04. 58	DLH, agric. a/c later to IF/AF	cnl 16. 02. 70	broken up
DM-	SIO	L-60 Brigadyr	150904	23. 06. 58	DLH, agric. a/c later to IF/AF crashed	w/o 06. 65	
DM-	SIP	L-60 Brigadyr	150905	23. 06. 58	DLH, agric. a/c crashed	w/o 07. 58	
DM-	SIQ	L-60 Brigadyr	150906	23. 03. 58	DLH, agric. a/c wfu 1960	cnl 01. 04. 69	broken up
DM-	SIR	L-60 Brigadyr	150907	23. 06. 58	DLH, agric. a/c crashed	w/o 04. 62	
DM-	SIS	L-60 Brigadyr	151016	01. 04. 59	DLH, agric. a/c later to IF/AF crashed	w/o 09. 08. 64	
DM-	SIT	L-60 Brigadyr	151017	01. 04. 59	DLH, agric. a/c later to IF/AF crashed	w/o 19. 05. 66	
DM-	SIU	L-60 Brigadyr	151018	07. 01. 59	DLH, agric. a/c later to IF/AF crashed	w/o 21. 11. 67	
DM-	SIV	L-60 Brigadyr	151019	01. 04. 59	DLH, agric. a/c later to IF/AF crashed	w/o 08. 12. 67	
DM-	SIW	L-60 Brigadyr	1510230	07. 01. 59	DLH, agric. a/c crashed	w/o 06. 07. 60	

SJ

DDR-SJA	Mil Mi-8T	105103	26. 03. 84	IF/FIF, multi purpose helicopter to Berliner Spezialflug 01. 09. 90	re-reg. 03. 10. 90	to D-HOXQ
DDR-SJV	PZL Mi-2	524644026	30. 03. 90	IF/AF, agric. helicopter lsd. from AEROFLOT (ex CCCP-20570)	cnl 30. 10. 90	
DDR-SJW	PZL Mi-2	524646036	30. 03. 90	IF/AF, agric. helicopter lsd. from AEROFLOT (ex CCCP-20572)	cnl 30. 10. 90	
DDR-SJX	PZL Mi-2		01. 04. 88	IF/AF, agric. helicopter lsd. from AEROFLOT (ex CCCP-15294)	cnl 15. 10. 88	
DDR-	PZL Mi-2	527131051	15. 03. 89	IF/AF, agric. helicopter lsd. from AEROFLOT (ex CCCP-15207)	cnl 20. 09. 89	
DDR-SJY	PZL Mi-2	525809088	15. 03. 89	IF/AF, agric. helicopter lsd. from AEROFLOT	cnl 20. 09. 89	
DDR-SJZ	PZL Mi-2		01. 04. 88	IF/AF, agric. helicopter lsd. from AEROFLOT (ex CCCP-20238)	cnl 15. 10. 88	
DDR-	PZL Mi-2	527518022	15. 03. 89	IF/AF, agric. helicopter lsd. from AEROFLOT	cnl 30. 10. 89	
DDR-	PZL Mi-2	527101031	30. 03. 90	IF/AF, agric. helicopter lsd. from AEROFLOT	cnl 30. 10. 89	

DM-	**SKA**	Antonov AN-2P	17207	08. 02. 57	DLH, pax a/c	transf 30. 04. 58	to ´845´ LSK/LV
DM- DDR-		PZL AN-2TP	1G 8648	29. 08. 68	IF/SF>BF, photo/survey a/c later to IF/FIF to Berliner Spezialflug 01. 09. 90	re-reg. 03. 10. 90	to D-FOKA
DM-	**SKB**	Antonov AN-2S	17302	08. 02. 57	DLH, agric. a/c later to IF/AF	cnl 27. 07. 72	broken up
DDR-		PZL AN-2TD	1G 18041	01. 03. 90	IF/AF, multi purpose a/c (ex ´799´ LSK/LV - MfS) to Flugservice & Development 01. 09. 90	re-reg. 03. 10. 90	to D-FONB
DM-	**SKC**	Antonov AN-2S	17310	07. 06. 57	DLH, agric. a/c, 1960 cvtd to pax a/c later re-cvtd to agric. a/c for IF/AF, used as trainer 1969 by IF/FAW	cnl 23. 01. 70	broken up 08. 75
DDR-		PZL AN-2TD	1G 18042	30. 03. 90	IF/AF, multi purpose a/c (ex ´800´ LSK/LV - MfS) to Flugservice & Development 01. 09. 90	re-reg. 03. 10. 90	to D-FONC
DM-	**SKD**	Antonov AN-2	17709	16. 08. 57	DLH, agric. a/c, 1960 cvtd to pax a/c, 1963 re-cvtd to agric. a/c for IF/AF	cnl 20. 08. 73	sold to BALKAN
DDR-		Antonov AN-2T	19508	20. 04. 90	IF/AF multi purpose a/c (ex ´815´ LSK/LV) to Flugservice & Development 01. 09. 90	re-reg. 03. 10. 90	to D-FOND
DM-	**SKE**	Antonov AN-2	17810	16. 10. 57	DLH, agric. a/c, 1960 cvtd to pax a/c, 1963 re-cvtd to agric. a/c for IF/AF	cnl 27. 07. 72	broken up
DDR-		Antonov AN-2T	18118	20. 04. 90	IF/AF, multi purpose a/c (ex ´459´ LSK/LV) to Flugservice & Development 01. 09. 90	re-reg. 03. 10. 90	to D-FONE
DM-	**SKF**	Antonov AN-2S	17904	05. 12. 57	DLH, agric. a/c, 1960 cvtd to pax a/c, 1963 re-cvdt to agric. a/c for IF/AF	cnl 20. 08. 73	sold to BALKAN
DDR-		Antonov AN-2TP	117419	30. 03. 90	IF/AF, multi purpose a/c (ex ´811´ LSK/LV - MfS) to Flugservice & Development 01. 09. 90	re-reg. 03. 10. 90	to D-FONF
DM-	**SKG**	Antonov AN-2	19311	16. 07. 58	DLH, agric. a/c, 1960 cvtd to pax a/c, 1963 re-cvtd to agric. a/c for IF/AF, used as trainer 1969 by IF/AF	cnl 23. 01. 70	broken up 1975
DDR-		Antonov AN-2TP	112208	02. 04. 90	IF/AF, multi purpose a/c (ex ´863´ LSK/LV) to Flugservice & Development 01. 09. 90	re-re. 03. 10. 90	to D-FONG
DM-	**SKH**	Antonov AN-2S	19401	08. 05. 58	DLH, agric. a/c later to IF/AF	cnl 20. 08. 73	sold to BALKAN
DDR-		Antonov AN-2T	17311	22. 06. 90	IF/AF, multi purpose a/c (ex ´453´ LSK/LV) to Flugservice & Development 01. 09. 90	re-reg. 03. 10. 90	to D-FONH
DM-	**SKI**	Antonov AN-2S	19402	08. 05. 58	DLH, agric. a/c later to IF/AF	cnl 21. 03. 77	broken up
DDR-		Antonov AN-2T	17807	22. 06. 90	IF/AF, multi purpose a/c (ex ´458´ LSK/LV) to Flugservice & Development 01. 09. 90	re-reg. 03. 10. 90	to D-FONI
DM-	**SKJ**	Antonov AN-2T	19503	23. 08. 58	DLH, agric. a/c later IF/AF	cnl 04. 02. 72	rebuild as DM-SKQ (2)
DDR-		Antonov AN-2T	19317	22. 06. 90	IF/AF, multi purpose a/c (ex ´866´ LSK/LV) to Flugservice & Development 01. 09. 90	re-reg 03. 10. 90	to D-FONJ
DM- DDR-	**SKK**	Antonov AN-2T	19504	12. 07. 58	DLH, agric. a/c, 1960 cvtd to pax a/c, 1963 re-cvtd to agric. a/c for IF/AF, used as trainer 1969/70 by IF/FAW, then photo survey a/c by IF/FIF to Berliner Spezialflug 01. 09. 90	re-reg. 03. 10. 90	to D-FOKK
DM-	**SKL**	Antonov AN-2	19506	01. 10. 58	DLH, agric. a/c, 1960 cvtd to pax a/c, 1963 re-cvtd to agric. a/c for IF/AF	cnl 03. 04. 74	broken up
DDR-		Antonov AN-2	17802	30. 07. 90	IF/AF, multi purpose a/c (ex ´888´ LSK/LV) to Flugservice & Development 01. 09. 90	re-reg. 03. 10. 90	to D-FONL
DM-	**SKM**	Antonov AN-2S	112215	21. 12. 59	DLH, agric. a/c later to IF/AF	cnl 19. 09. 74	broken up

...

DEUTSCHE LUFTHANSA
DM-SKE
DDR

INTERFLUG
DDR-SKG

INTERFLUG
DDR-SKY

DM-	**SKN**	Antonov AN-2S	112218	01. 12. 59	DLH, agric. a/c later to IF/AF	cnl 19. 09. 74	broken up
DM-	**SKO**	Antonov AN-2	114616	15. 04. 61	DLH, survey a/c, operated for SDAG-Wismut with towed magnetic detector, later cvtd. to agric. a/c for IF/AF	cnl 19. 09. 74	broken up
DM-	**SKP**	Antonov AN-2	116501	22. 09. 61	DLH, agric. a/c later to IF/AF	cnl 03. 04. 75	broken up
DM-	**SKQ**	Antonov AN-2	116307	23. 10. 61	DLH, agric. a/c later to IF/AF	cnl 04. 02. 72	hulk used as engine testbed at LEJ-Mockau
DM-		Antonov AN-2	19503	14. 02. 72	IF/AF, agric. a/c (ex DM-SKJ,rebuilt)	cnl 05. 08. 76	sold to BALKAN
DM-	**SKR**	Antonov AN-2	116803	16. 03. 62	DLH, agric. a/c later to IF/AF	cnl 05. 08. 76	sold to BALKAN
DM-	**SKS**	Antonov AN-.2	117015	16. 02. 63	IF/AF, agric. a/c crashed near Magdeburg, 2 killed	w/o 26. 07. 64	
DM-	**SKT**	Antonov AN-2	117312	16. 02. 63	IF/AF, agric. a/c	cnl 05. 08. 76	sold to BALKAN
DM-	**SKU**	Antonov AN-2	117315	16. 02. 63	IF/AF, agric. a/c	cnl 06. 07. 77	sold to BALKAN
DM-	**SKV**	Antonov AN-2	117316	08. 11. 62	IF/AF, agric. a/c	cnl 21. 03. 77	broken up
DM-	**SKW**	Antonov AN-2	117317	21. 02. 63	IF/AF, agric. a/c	cnl 21. 03. 77	sold to BALKAN
DM-	**SKX**	Antonov AN-2	117417	21. 02. 63	IF/AF, agric. a/c used as trainer by IF/FAW in the 70´s	cnl 21. 03. 77	broken up
DM- DDR-	**SKY**	PZL AN-2TP	1G 8649	29. 08. 68	IF/BF, photo/survey a/c later IF/FIF to Berliner Spezialflug 01. 09. 90	re-reg. 03. 10. 90	to D-FOKY

SL

DM-	SLA	L-60 Brigadyr	151318	05. 12. 62	IF/AF, agric. a/c (ex ´ ?´ LSK/LV)	cnl 10. 12. 70	broken up
DM- DDR-		Z-37A Cmelak	11-05	01. 02. 71	IF/AF, agric. a/c	cnl 31. 12. 85	
DM-	SLB	L-60 Brigadyr	151228	04. 12. 62	IF/AF, agric. a/c (ex ´ ?´ LSK/LV), crashed	w/o 10. 03. 63	
DM- DDR-		Z-37A Cmelak	11-06	01. 02. 71	IF/AF, agric. a/c	cnl 05. 11. 87	
DM-	SLC	L-60 Brigadyr	151218	04. 12. 62	IF/AF, agric. a/c (ex ´ ?´ LSK/LV)	cnl 10. 05. 64	
DM- DDR-		Z-37A Cemalk	11-07	01. 02. 71	IF/AF, agric. a/c	cnl 27. 02. 87	
DM-	SLD	L-60 Brigadyr	151302	05. 12. 62	IF/AF, agric, a/c (ex ´ ?´ LSK/LV), crashed	w/o 10. 11. 69	
DM-		Z-37A Cemalk	11-08	01. 02. 71	IF/AF, agric. a/c crashed	w/o 31. 07. 78	
DM-	SLE	L-60 Brigadyr	151113	21. 11. 62	IF/AF, agric. a/c (ex ´ ?´ LSK/LV)	cnl 17. 09. 70	broken up
DM- DDR-		Z-37A Cmelak	11-09	01. 02. 71	IF/AF, agric. a/c	cnl 31. 12. 85	
DM-	SLF	L-60 Brigadyr	151316	21. 11. 62	IF/AF, agric. a/c (ex ´ ?´ LSK/LV), crashed	w/o 09. 63	
DM-		Z-37A Cmelak	12-07	14. 05. 71	IF/AF, agric. a/c	cnl ? ? ?	
DDR-		Z-37 Cmelak	06-25	? ? ?	IF/AF, agric. a/c crashed at Gorrstorf	w/o 12. 04. 86	
DM-	SLG	L-60 Brigadyr	151225	21. 11. 62	IF/AF, agric. a/c (ex ´ ?´ LSK/LV)	cnl 17. 09. 70	broken up
DM- DDR-		Z-37A Cmelak	12-08	14. 05. 71	IF/AF, agric. a/c damaged 13. 07. 82	cnl 28. 02. 83	
DM-	SLH	L-60 Brigadyr	151224	21. 11. 62	IF/AF, agric. a/c (ex ´ ?´ LSK/LV), crashed at Horst	w/o 10. 07. 68	
DM- DDR-		Z-37A Cmelak	12-09	14. 05. 71	IF/AF, agric. a/c	cnl 01. 11. 88	
DM-	SLI	L-60 Brigadyr	151121	21. 11. 62	IF/AF, agric. a/c (ex ´ ?´ LSK/LV)	cnl 17. 09. 70	broken up
DM- DDR-		Z-37A Cmelak	12-10	14. 05. 71	IF/AF, agric. a/c	cnl 10. 07. 89	
DM- DDR-	SLJ	Z-37A Cmelak	12-11	14. 05. 71	IF/AF, agric. a/c	cnl 01. 11. 88	
DM-	SLK	L-60 Brigadyr	151230	21. 11. 62	IF/AF, agric. a/c (ex ´ ?´ LSK/LV)	cnl 10. 12. 70	broken up
DM- DDR-		Z-37A-2 Cmelak	12-20	14. 05. 71	IF/AF, trainer to Flugservice & Development 01. 09. 90	re-reg. 03. 10. 90	to D-EOZK
DM-	SLL	L-60 Brigadyr	151319	22. 11. 62	IF/AF, agric. a/c (ex ´ ?´ LSK/LV), damaged in storm on ground 03. 66	cnl 04. 05. 71	
DM- DDR-		Z-37A-2 Cmelak	12-21	14. 02. 71	IF/AF, trainer to Flugservice & Development 01. 09. 90	re-reg. 03. 10. 90	to D-EOZL

DM-	SLM	L-60 Brigadyr	151119	22. 11. 62	IF/AF, agric. a/c (ex ´ ?´ LSK/LV)	cnl 04. 05. 71	rebui d as DM-SHC (2)
DM- DDR-		Z-37A Cmelak	14-16	14. 02. 72	IF/AF, agric. a/c	cnl 12. 10. 87	
DM-	SLN	L-60 Brigadyr	151217	22. 11. 62	IF/AF, gric. a/c (ex ´ ?´ LSK/LV)	cnl 19. 12. 69	broken up
DM- DDR-		Z-37A Cmelak	14-17	14. 02. 72	IF/AF, agric. a/c	cnl 31. 12. 85	
DM-	SLO	L-60 Brigadyr	151317	22. 11. 62	IF/AF, agric. a/c (ex ´ ?´ LSK/LV), crashed	w/o 03. 02. 69	
DM- DDR-		Z-37A Cmelak	14-18	14. 02. 72	IF/AF, agric. a/c	cnl 04. 04. 88	
DM-	SLP	L-60 Brigadyr	151223	23. 11. 62	IF/AF, agric. a/c (ex ´ ?´ LSK/LV)	cnl 04. 05. 71	rebui d as DM-SHB (2)
DM- DDR-		Z-37A Cmelak	14-19	14. 02. 72	IF/AF, agric. a/c	cnl 31. 12. 85	
DM-	SLQ	L-60 Brigadyr	151111	23. 11. 62	IF/AF, agric. a/c (ex ´ ?´ LSK/LV)	cnl 17. 09. 70	broken up
DM- DDR-		Z-37A Cmelak	14-20	14. 02. 72	IF/AF, agric. a/c to Flugservice & Development 01. 09. 90		
DM-	SLR	L-60 Brigadyr	151315	23. 11. 62	IF/AF, agric. a/c (ex ´ ?´ LSK/LV), crashed	w/o 01. 11. 68	
DM- DDR-		Z-37A Cmelak	14-22	14. 02. 72	IF/AF, agric. a/c to Flugservice & Development 01. 09. 90		
DM-	SLS	L-60 Brigadyr	151115	23. 11. 62	IF/AF, agric. a/c (ex ´ ?´ LSK/LV)	cnl 17. 09. 70	broken up
DM- DDR-		Z-37A Cmelak	14-23	14. 02. 72	IF/AF, agric. a/c to Flugservice & Development 01. 09. 90		
DM-	SLT	L-60 Brigadyr	151320	23. 11. 62	IF/AF, agric. a/c 8ex ´ ?´ LSK/LV)	cnl 17. 09. 70	broken up
DM- DDR-		Z-37A Cmelak	14-24	14. 02. 72	IF/AF, agric. a/c to Flugservice & Development 01. 09. 90		
DM-	SLU	L-60 Brigadyr	151120	23. 11. 62	IF/AF, agric. a/c (ex ´ ?´ LSK/LV)	cnl 16. 02. 70	broken up
DM- DDR-		Z-37A Cmelak	14-25	14. 02. 72	IF/AF, agric. a/c to Flugservice & Development 01. 09. 90		
DM- DDR-	SLV	Z-37A Cmelak	15-11	09. 05. 72	IF/AF, agric. a/c	cnl 01. 06. 87	
DM- DDR-	SLW	Z-37A Cmelak	15-12	09. 05. 72	IF/AF, agric. a/c to Flugservice & Development 01. 09. 90		
DM- DDR	SLY	Z-37A Cmelak	15-13	09. 05. 72	IF/AF, agric. a/c	cnl 28. 12. 88	
DM- DDR-	SLZ	C-37A Cmelak	15-14	09. 05. 72	IF/AF, agric. a/c to Flugservice & Development 01. 09. 90		

DM- DDR-	SMA	Z-37-2 Cmelak	02-31	16. 03. 67	IF/AF, trainer	cnl 05. 11. 85	used as ground simulator
DM-	SMB	Z-37 Cmelak	02-11	16. 03. 67	IF/AF, agric. a/c	cnl 17. 02. 81	broken up
DM-	SMC	Z-37 Cmelak	02-12	16. 03. 67	IF/AF, agric. a/c	cnl 04. 11. 76	broken up
DM-	SMD	Z-37 Cmelak	03-20	27. 09. 67	IF/AF, agric. a/c	cnl 22. 09. 81	broken up
DM-	SME	Z-37 Cmelak	03-21	27. 09. 67	IF/AF, agric. a/c	cnl 22. 09. 81	broken up
DM- DDR-	SMF	Z-37 Cmelak	03-22	27. 09. 67	IF/AF, agric. a/c	cnl 16. 05. 83	broken up
DM-	SMG	Z-.37 Cmelak	03-23	27. 09. 67	IF/AF, agric. a/c crashed	w/o 03. 04. 77	
DM-	SMH	Z-37 Cmelak	03-24	27. 09. 67	IF/AF, agric. a/c	cnl 17. 02. 81	broken up
DM-	SMI	Z-37 Cmelak	03-25	27. 09. 67	IF/AF, agric. a/c	cnl 22. 09. 81	broken up
DM- DDR-	SMJ	Z-37 Cmelak	03-26	27. 09. 67	IF/AF, agric. a/c	cnl 02. 12. 83	broken up
DM-	SMK	Z-37 Cmelak	03-27	27. 09. 67	IF/AF, agric. a/c	cnl 27. 07. 72	broken up
DM-	SML	Z-37 Cmelak	03-28	27. 09. 67	IF/AF, agric. a/c crashed	w/o 27. 04. 69	
DM- DDR-	SMM	Z-37 Cmelak	03-29	27. 09. 67	IF/AF, agric. a/c	cnl 31. 12. 85	
DM-	SMN	Z-37 Cmelak	03-30	27. 09. 67	IF/AF, agric. a/c	cnl 22. 09. 81	broken up
DM- DDR-	SMO	Z-37 Cmelak	04-01	27. 09. 67	IF/AF, agric. a/c	cnl 31. 12. 85	
DM- DDR-	SMP	Z-37 Cmelak	04-02	27. 09. 67	IF/AF, agric. a/c	cnl 17. 07. 84	
DM-	SMQ	Z-37 Cmelak	04-03	27. 09. 67	IF/AF, agric. a/c crashed	w/o 02. 11. 70	
DM- DDR-	SMR	Z-37 Cmelak	04-04	27. 09. 67	IF/AF, agric. a/c	cnl 31. 12. 85	
DM-	SMS	Z-37 Cmelak	04-05	10. 01. 68	IF/AF, agric. a/c crashed at Liederstadt	w/o 25. 07. 71	
DM-	SMT	Z-37 Cmelak	04-06	10. 01. 68	IF/AF, agric. a/c badly damaged on landing	w/o 02. 02. 76	
DM- DDR-	SMU	Z-37 Cmelak	04-07	10. 01. 68	IF/AF, agric. a/c to Flugservice & Development 01. 09. 90		
DM- DDR-	SMV	Z-37-2 Cmelak	05-17	10. 01. 68	IF/AF, trainer to Flugservice & Development 01. 09. 90	re-reg. 03. 10. 90	to D-EOZV
DM- DDR-	SMW	Z-37 Cmelak	05-11	10. 01. 68	IF/AF, agric. a/c to Flugservice & Development 01. 09. 90		
DM- DDR-	SMX	Z-37 Cmelak	05-12	10. 01. 68	IF/AF, agric. a/c to Flugservice & Development 01. 09. 90		
DM- DDR-	SMY	Z-37-2 Cmelak	06-26	10. 01. 68	IF/AF, trainer to Flugservice & Development 01. 09. 90	re-reg. 03. 10. 90	to D-EONY
DM-	SMZ	Z-37 Cmelak	05-10	10. 01. 68	IF/AF, agric. a/c badly damaged	w/o 02. 02. 76	rebuild as DM-SWC (2)

DM-	SNA	Z-37 Cmelak	06-02	10. 01. 68	IF/AF, agric. a/c crashed at Wüsterhagen	w/o 25. 03. 70	
DM- DDR-	SNB	Z-37 Cmelak	06-03	10. 01. 68	IF/AF, agric. a/c	cnl 10. 12. 84	sold to MEM/RSz, Hungary for museum
DM-	SNC	Z-37 Cmelak	06-04	10. 01. 68	IF/AF, agric. a/c	cnl 02. 11. 70	broken up
DM- DDR-	SND	Z-37 Cmelak	06-07	10. 01. 68	IF/AF, agric. a/c	cnl 31. 12. 85	
DM-	SNE	Z-37 Cmelak	06-09	10. 01. 68	IF/AF, agric. a/c damaged 10. 70	cnl 02. 11. 70	broken up
DM- DDR-	SNF	Z-37 Cmelak	06-10	10. 01. 68	IF/AF, agric. a/c	cnl 01. 11. 88	
DM- DDR-	SNG	Z-37 Cmelak	06-11	10. 01. 68	IF/AF, agric. a/c	cnl 12. 01. 84	broken up
DM- DDR-	SNH	Z-37 Cmelak	06-12	10. 01. 68	IF/AF, agric. a/c crashed Niederbobritzsch/nr.Freiberg	w/o 18. 03. 88	
DM- DDR-	SNI	Z-37 Cmelak	06-13	10. 01. 68	IF/AF, agric. a/c	cnl 01. 06. 87	
DM- DDR-	SNJ	Z-37 Cmelak	06-14	10. 01. 68	IF/AF, agric. a/c	cnl 31. 12. 85	
DM- DDR-	SNK	Z-37 Cmelak	06-15	10. 01. 68	IF/AF, agric. a/c	cnl 08. 05. 84	
DM- DDR-	SNL	Z-37 Cmelak	06-16	10. 01. 68	IF/AF, agric. a/c	cnl 31. 12. 85	
DM- DDR-	SNM	Z-37 Cmelak	06-17	10. 01. 68	IF/AF, agric. a/c	cnl 31. 12. 85	
DM- DDR-	SNN	Z-37 Cmelak	06-18	10. 01. 68	IF/AF, agric. a/c to Flugservice & Development 01. 09. 90		
DM- DDR-	SNO	Z-37 Cmelak	06-19	10. 01. 68	IF/AF, agric. a/c	cnl 08. 08. 84	broken up
DM- DDR-	SNP	Z-37 Cmelak	06-20	10. 01. 68	IF/AF, agric. a/c to Flugservice & Development 01. 09. 90		
DM- DDR-	SNQ	Z-37 Cmelak	06-21	10. 01. 68	IF/AF, agric. a/c	cnl 04. 04. 88	
DM- DDR-	SNR	Z-37 Cmelak	06-22	10. 01. 68	IF/AF, agric. a/c crashed	cnl 12. 01. 84	broken up
DM-	SNS	Z-37 Cmelak	06-23	10. 01. 68	IF/AF, agric. a/c	w/o 10. 02. 69	
DM- DDR-	SNT	Z-37 Cmelak	06-24	10. 01. 68	IF/AF, agric. a/c to Flugservice & Development 01. 09. 90		
DM-	SNU	Z-37 Cmelak	06-25	10. 01. 68	IF/AF, agric. a/c	cnl 02. 02. 76	broken up
DM- DDR-	SNV	Z-37 Cmelak	07-15	02. 01. 69	IF/AF, agric. a/c crashed	cnl 03. 08. 89	
DM-	SNW	Z-37 Cmelak	07-16	02. 01. 69	IF/AF, agric. a/c	w/o 02. 02. 76	
DM- DDR-	SNX	Z-37 Cmelak	07-17	02. 01. 69	IF/AF, agric. a/c crashed	cnl 08. 08. 84	broken up
DM-	SNY	Z-37 Cmelak	07-18	02. 01. 69	IF/AF, agric. a/c	w/o 29. 05. 69	
DM- DDR-	SNZ	Z-37-2 Cmelak	06-29	02. 01. 69	IF/AF, trainer to Flugservice & Development 01. 09. 90	re-reg. 03. 10. 90	to D-EOYZ

SO

DM- DDR-	**SOA**	Z-37-2 Cmelak	07-06	02. 01. 69	IF/AF, trainer to Flugservice & Development 01. 09. 90	re-reg. 03. 10. 90	to D-EOOA
DM- DDR-	**SOB**	Z-37 Cmelak	07-12	02. 01. 69	IF/AF, agric. a/c crashed	w/o 10. 05. 84	
DM- DDR-	**SOC**	Z-37 Cmelak	07-13	02. 01. 69	IF/AF, agric. a/c	cnl 05. 11. 87	
DM- DDR-	**SOD**	Z-37 Cmelak	07-20	02. 01. 69	IF/AF, agric. a/c	cnl 27. 02. 87	
DM- DDR-	**SOE**	Z-37 Cmelak	07-22	01. 04. 69	IF/AF, agric. a/c	cnl 31. 12. 85	
DM- DDR-	**SOF**	Z-37 Cmelak	07-23	01. 04. 69	IF/AF, agric. a/c	cnl 31. 12. 85	
DM- DDR-	**SOG**	Z-37 Cmelak	07-24	29. 09. 69	IF/AF, agric. a/c	cnl 31. 12. 85	
DM- DDR-	**SOH**	Z-37 Cmelak	07-25	29. 09. 69	IF/AF, agric. a/c	cnl 05. 11. 87	
DM- DDR-	**SOI**	Z-37 Cmelak	07-26	29. 09. 69	IF/AF, agric. a/c	cnl 27. 02. 87	
DM- DDR-	**SOJ**	Z-37 Cmelak	07-27	29. 09. 69	IF/AF, agric. a/c to Flugservice & Development 01. 09. 90		
DM-	**SOK**	Z-37 Cmelak	07-28	29. 09. 69	IF/AF, agric. a/c crashed	w/o 21. 02. 71	
DM- DDR-	**SOL**	Z-37 Cmelak	07-29	29. 09. 69	IF/AF, agric. a/c wfu 1987	cnl 07. 03. 89	
DM- DDR-	**SOM**	Z-37 Cmelak	07-30	29. 09. 69	IF/AF, agric. a/c	cnl 04. 04. 88	
DM-	**SON**	Z-37 Cmelak	07-31	29. 09. 69	IF/AF, agric. a/c badly damaged	w/o 01. 76	
DM-	**SOO**	Z-37 Cmelak	08-06	02. 12. 69	IF/AF, agric. a/c badly damaged	w/o 01. 76	
DM- DDR-	**SOP**	Z-37 Cmelak	08-08	03. 12. 69	IF/AF, agric. a/c	cnl 27. 02. 87	
DM- DDR-	**SOQ**	Z-37 Cmelak	08-09	03. 12. 69	IF/AF, agric. a/c	cnl 31. 12. 85	
DM-	**SOR**	Z-37 Cmelak	08-10	03. 12. 69	IF/AF, agric. a/c badly damaged during heavy weather and cnl	cnl 04. 08. 74	
DM- DDR-	**SOT**	Z-37 Cmelak	08-11	03. 12. 69	IF/AF, agric. a/c to Flugservice & Development 01. 09. 90		
DM- DDR-	**SOU**	Z-37 Cmelak	08-12	03. 12. 69	IF/AF, agric. a/c	cnl 22. 10. 84	
DM- DDR-	**SOV**	Z-37 Cmelak	08-13	03. 12. 69	IF/AF, agric. a/c	cnl 31. 12. 85	
DM- DDR-	**SOW**	Z-37 Cmelak	08-15	03. 12. 69	IF/AF, agric. a/c	cnl 02. 12. 83	
DM- DDR-	**SOX**	Z-37 Cmelak	08-16	03. 12. 69	IF/AF, agric. a/c	cnl 17. 07. 84	
DM- DDR-	**SOY**	Z-37 Cmelak	08-17	03. 12. 69	IF/AF, agric. a/c	cnl 27. 02. 87	
DM- DDR-	**SOZ**	Z-37 Cmelak	08-18	03. 12. 69	IF/AF, agric. a/c to Flugservice & Development 01. 09. 90		

DM-	**SPA**	Mil Mi-4T	1263	18. 07. 59	DLH, multi purpose helicopter later to IF (ex ´ ? ´ LSK/LV)	returned 28. 01. 64	to LSK/LV
DM- DDR-		Mil Mi-8T	0211	30. 06. 67	IF/SF>BF, multi purpose helicopter later to IF/FIF to Berliner Spezialflug 01. 09. 90	re-reg. 03. 10. 90	to D-HOXA
DM-	**SPB**	Mil Mi-4T	0251	26. 05. 62	DLH, multi purpose helicopter (ex ´ ? ´ LSK/LV)	returned 28. 01. 64	to LSK/LV
DM- DDR-		Mil Mi-8T	0623	26. 07. 68	IF/SF>BF, multi purpose helicopter later to IF/FIF to Berliner Spezialflug 01. 09. 90	re-reg. 03. 10. 90	to D-HOXB
DM-	**SPC**	Mil Mi-4T	15104	18. 07. 61	DLH, multi purpose helicopter (ex ´ ? ´ LSK/LV), chrashed at Thüringer Wald	w/o 23. 02. 62	
DM- DDR-		Mil Mi-8T	10583	14. 04. 77	IF/SF>BF, multi purpose helicopter later to IF/FIF to Berliner Spezialflug 01. 09. 90	re-reg. 03. 10. 90	to D-HOXC
DM-	**SPD**	Mil Mi-4T	06142	07. 63	DLH, multi purpose helicopter (ex ´ ? ´ LSK/LV)	re-reg. 30. 07. 63	to DM-SPE
DM-	**SPE**	Mil Mi-4T	06142	30. 07. 63	IF/SF>BF, (ex DM-SPD), crashed at Brandenburg, 1 killed	w/o 20. 06. 65	
DM- DDR-		Mil Mi-8T	10595	18. 01. 80	IF/SF>BF, multi purpose helicopter later to IF/FIF to Berliner Spezialflug 01. 09. 90	re-reg. 03. 10. 90	to D-HOXE
DM-	**SPF**	Mil Mi-4T	05142	30. 09. 63	IF/SF>BF, multi purpose helicopter (ex ´ ? ´ LSK/LV)	cnl 20. 10. 72	broken up
DM- DDR-		Mil Mi-8T	10596	17. 03. 80	IF/BF>SF, multi purpose helicopter later to IF/FIF) to Berliner Spezialflug 01. 09. 90	re-reg. 03. 10. 90	to D-HOXF
DM- DDR-	**SPG**	Kamov Ka-26	7705908	14. 04. 77	IF/AF, agric. helicopter to Flugservice & Development 01. 09. 90	re-reg. 03. 10. 90	to D-HOAG
DM- DDR-	**SPH**	Kamov Ka-26	7705909	14. 04. 77	IF/AF, agric. helicopter to Flugservice & Development 01. 09. 90	re-reg. 03. 10. 90	to D-HOAH
DM- DDR-	**SPI**	Kamov Ka-26	7605406	04. 03. 76	IF/AF, agric. helicopter to Flugservice & Development 01. 09. 90	re-reg. 03. 10. 90	to D-HOAI
DM- DDR-	**SPJ**	Kamov Ka-26	7404804	29. 01. 75	IF/AF, agric. helicopter to Flugservice & Development 01. 09. 90	re-reg. 03. 10. 90	to D-HOAJ
DM- DDR-	**SPK**	Kamov Ka-26	7505120	16. 10. 75	IF/AF, agric. helicopter to Flugservice & Development 01. 09. 90	re-reg. 03. 10. 90	to D-HOAK
DM- DDR-	**SPL**	Kamov Ka-26	7505201	15. 10. 75	IF/AF, agric. helicopter to Flugservice & Development 01. 09. 90	re-reg. 03. 10. 90	to D-HOAL
DM- DDR-	**SPM**	Kamov Ka-26	7505202	18. 10. 75	IF/AF, agric. helicopter to Flugservice & Development 01. 09. 90	re-reg. 03. 10. 90	to D-HOAM
DM- DDR-	**SPN**	Kamov Ka-26	7404616	22. 11. 74	IF/AF, agric. helicopter to Flugservice & Development 01. 09. 90	re-reg. 03. 10. 90	to D-HOAN
DM- DDR-	**SPO**	Kamov Ka-26	7404617	25. 11. 74	IF/AF, agric. helicopter to Flugservice & Development 01. 09. 90	re-reg. 03. 10. 90	to D-HOAO
DDR-	**SPP**	Mil Mi-8T	105102	26. 03. 84	IF/FIF, multi purpose helicopter to Berliner Spezialflug 01. 09. 90	re-reg. 03. 10. 90	to D-HOXP
DM- DDR-	**SPQ**	Kamov Ka-26	7404618	23. 11. 74	IF/AF, agric. helicopter to Flugservice & Development 01. 09. 90	re-reg. 03. 10. 90	to D-HOAQ
DM- DDR-	**SPR**	Kamov Ka-26	7404619	22. 11. 74	IF/AF, agric. helicopter to Flugservice & Development 01. 09. 90	re-reg. 03. 10. 90	to D-HOAR
DM- DDR-	**SPS**	Kamov Ka-26	7404620	03. 12. 74	IF/AF, agric. helicopter to Flugservice & Development 01. 09. 90	re-reg. 03. 10. 90	to D-HOAS
DM- DDR-	**SPT**	Kamov Ka-26	7303404	12. 04. 73	IF/AF, agric. helicopter to Flugservice & Development 01. 09. 90	re-reg. 03. 10. 90	to D-HOAT

...

INTERFLUG
DDR-SPM

DM- DDR-	**SPU**	Kamov Ka-26	7303405	12. 04. 73	IF/AF, agric. helicopter to Flugservice & Development 01. 09. 90	re-reg. 03. 10. 90re-	to D-HOAU
DM- DDR-	**SPV**	Kamov Ka-26	7303406	12. 04. 73	IF/BF>SF, multi purpose helicopter later to IF/AF as agric. helicopter, to Flugservice & Development 01. 09. 90	reg. 03. 10. 90	to D-HOAV
DM-	**SPW**	Kamov Ka-26	7303805	12. 04. 73	IF/AF, agric. helicopter crashed	w/o 20. 07. 76	
DDR-		Kamov Ka-26	7001404	15. 01. 87	IF/AF agric. helicopter (ex `404´ Hungarian Air Force), to Flugservice & Development 01. 09. 90	re-reg. 03. 10. 90	to D-HOAW
DM-	**SPX**	Mil Mi-4T	?	05.63	IF, retranslation helicopter operated for GDR-TV (ex ´ ? ´ leased from LSK/LV)	returned 05. 63	to LSK/LV
DM- DDR-		Kamov Ka-26	7303806	12. 04. 73	IF/AF, agric. helicopter to Flugservice & Development 01. 09. 90	re-reg. 03. 10. 90	to D-HOAX
DM- DDR-	**SPY**	Kamov Ka-26	7001309	02. 04. 70	IF/SF>BF, multi purpose helicopter later to IF/AF as agric. helicopter, to Flugservice & Development 01. 09. 90	re-reg. 03. 10. 90	to D-HOAY
DM-	**SPZ**	Kamov Ka-26	7001306	17. 02. 70	IF/SF>BF, multi purpose helicopter later to IF/AF as agric. helicopter, wfu	cnl ? ? ?	used as ground instruction airframe at LEJ-Mockau
DDR-		Kamov Ka-26	7605615	25. 05. 83	IF/AF, agric. helicopter (ex ?), to Flugservice & Development 01. 09. 90	re-reg. 03. 10. 90	to D-HOAZ

Mi-4 der INTERFLUG mit HOWA-Werbeaufschrift
Mi-4 of INTERFLUG with HOWA-publicy titles

Mi-4 DM-SPA der Deutschen Lufthansa-DDR
Mi-4 DM-SPA of Deutsche Lufthansa-DDR

DM- DDR-	SQA	Z-37 Cmelak	08-25	02. 01. 69	IF/AF, agric. a/c to Flugservice & Development 01. 09. 90	
DM- DDR-	SQB	Z-37 Cmelak	08-26	02. 01. 69	IF/AF, agric. a/c	cnl 01. 11. 88
DM- DDR-	SQC	Z-37 Cmelak	08-27	02. 01. 69	IF/AF, agric. a/c	cnl 05. 11. 87
DM- DDR-	SQD	Z-37 Cmelak	08-28	02. 01. 69	IF/AF, agric. a/c	cnl 12. 10. 87
DM- DDR-	SQE	Z-37 Cmelak	08-29	01. 04. 69	IF/AF, agric. a/c to Flugservice & Development 01. 09. 90	
DM- DDR-	SQF	Z-37 Cmelak	08-30	01. 04. 69	IF/AF, agric. a/c	cnl 27. 02. 87
DM-	SQG	Z-37-2 Cmelak	08-14	29. 09. 69	IF/AF, trainer crashed	w/o 10. 04. 76
DM- DDR-	SQH	Z-37 Cmelak	09-04	29. 09. 69	IF/AF, agric. a/c	cnl 01. 06. 87
DM- DDR-	SQI	Z-37 Cmelak	09-05	29. 09. 69	IF/AF, agric. a/c	cnl 28. 12. 88
DM-	SQJ	Z-37 Cmelak	09-06	29. 09. 69	IF/AF, agric. a/c crashed	w/o 11. 03. 75
DM- DDR-	SQK	Z-37 Cmelak	09-07	29. 09. 69	IF/AF, agric. a/c	cnl 31. 12. 85
DM- DDR-	SQL	Z-37 Cmelak	09-08	29. 09. 69	IF/AF, agric. a/c	cnl 01. 11. 88
DM- DDR-	SQM	Z-37 Cmelak	10-16	29. 09. 69	IF/AF, agric. a/c	cnl 04. 04. 88
DM- DDR-	SQN	Z-37 Cmelak	10-17	29. 09. 69	IF/AF, agric. a/c	cnl 31. 12. 85
DM- DDR-	SQO	Z-37 Cmelak	10-18	02. 12. 69	IF/AF, agric. a/c to Flugservice & Development 01. 09. 90	
DM-	SQP	Z-37 Cmelak	10-19	03. 12. 69	IF/AF, agric. a/c crashed	w/o 19. 04. 73
DM- DDR-	SQR	Z-37 Cmelak	10-20	03. 12. 69	IF/AF, agric. a/c	cnl 09. 11. 89
DM- DDR-	SQS	Z-37 Cmelak	10-21	03. 12. 69	IF/AF, agric. a/c crashed	w/o 21. 06. 82
DM- DDR-	SQT	Z-37 Cmelak	10-22	03. 12. 69	IF/AF, agric. a/c to Flugservice & Development 01. 09. 90	
DM- DDR-	SQU	Z-37 Cmelak	10-23	03. 12. 69	IF/AF, agric. a/c to Flugservice & Development 01. 09. 90	
DM- DDR-	SQV	Z-37 Cmelak	10-24	03. 12. 69	IF/AF, agric. a/c	cnl 27. 02. 87
DM-	SQW	Z-37 Cmelak	10-25	03. 12. 69	IF/AF, agric. a/c crashed	w/o 05. 08. 77
DM- DDR-	SQX	Z-37 Cmelak	10-26	03. 12. 69	IF/AF, agric. a/c	cnl 01. 11. 88

DM- DDR-	**SRA**	Z-37A Cmelak	15-15	09. 05. 72	IF/AF, agric. a/c	cnl 05. 11. 87	
DM- DDR-	**SRB**	Z-37A Cmelak	15-16	09. 05. 72	IF/AF, agric. a/c to Flugservice & Development 01. 09. 90		
DM- DDR-	**SRC**	Z-37A Cmelak	15-17	09. 05. 72	IF/AF, agric. a/c	cnl 28. 12. 88	
DM- DDR-	**SRD**	Z-37A Cmelak	15-18	09. 05. 72	IF/AF, agric. a/c	cnl 12. 10. 87	
DM- DDR-	**SRE**	Z-37A-2 Cmelak	16-01	26. 07. 72	IF/AF, trainer to Flugservice & Development 01. 09. 90	re-reg. 03. 10. 90	to D-EOXE
DM- DDR-	**SRF**	Z-37A Cmelak	16-03	26. 07. 72	IF/AF, agric. a/c to Flugservice & Development 01. 09. 90		
DM- DDR-	**SRG**	Z-37A Cmelak	16-04	26. 07. 72	IF/AF, agric. a/c to Flugservice & Development 01. 09. 90		
DM- DDR-	**SRH**	Z-37A Cmelak	15-19	30. 11. 72	IF/AF, agric. a/c	cnl 05. 11. 87	
DM- DDR-	**SRI**	Z-37A Cmelak	15-23	30. 11. 72	IF/AF, agric. a/c to Flugservice & Development 01. 09. 90		
DM- DDR-	**SRJ**	Z-37A Cmelak	15-24	30. 11. 72	IF/AF, agric. a/c to Flugservice & Development 01. 09. 90		
DM- DDR-	**SRK**	Z-37A Cmelak	15-25	30. 11. 72	IF/AF, agric. a/c	cnl 27. 02. 87	
DM- DDR-	**SRL**	Z-37A Cmelak	16-05	30. 11. 72	IF/AF, agric. a/c to Flugservice & Development 01. 09. 90		
DM- DDR-	**SRM**	Z-37A Cmelak	16-06	30. 11. 72	IF/AF, agric. a/c	cnl 12. 10. 87	
DM- DDR-	**SRN**	Z-37A Cmelak	16-07	30. 11. 72	IF/AF, agric. a/c to Flugservice & Development 01. 09. 90		
DM- DDR-	**SRO**	Z-37A Cmelak	16-08	30. 11. 72	IF/AF, agric. a/c to Flugservice & Development 01. 09. 90		
DM- DDR-	**SRP**	Z-37A Cmelak	16-09	30. 11. 72	IF/AF, agric. a/c to Flugservice & Development 01. 09. 90		
DM- DDR-	**SRQ**	Z-37A Cmelak	16-10	30. 11. 72	IF/AF, agric. a/c	cnl 09. 11. 89	
DM- DDR-	**SRR**	Z-37A Cmelak	16-11	30. 11. 72	IF/AF, agric. a/c	cnl 12. 10. 87	
DM- DDR-	**SRS**	Z-37A Cmelak	16-12	30. 11. 72	IF/AF, agric. a/c to Flugservice & Development 01. 09. 90		
DM-	**SRT**	Z-37A Cmelak	16-13	30. 11. 72	IF/AF, agric. a/c crashed	w/o 29. 04. 77	
DM- DDR-	**SRU**	Z-37A Cmelak	16-19	30. 11. 72	IF/AF, agric. a/c	cnl 05. 11. 87	
DM- DDR-	**SRV**	Z-37A Cmelak	16-20	30. 11. 72	IF/AF, agric. a/c to Flugservice & Development 01. 09. 90		
DM- DDR-	**SRW**	Z-37A-2 Cmelak	19-01	25. 06. 73	IF/AF, trainer to Flugservice & Development 01. 09. 90	re-reg. 03. 10. 90	to D-EOYW
DM- DDR-	**SRX**	Z-37A-2 Cmelak	19-02	25. 08. 73	IF/AF, trainer to Flugservice & Development 01. 09. 90	re-reg. 03. 10. 90	to D-EOZX
DM- DDR-	**SRY**	Z-37A-2 Cmelak	19-03	20. 09. 73	IF/AF, trainer to Flugservice & Development 01. 09. 90	re-reg. 03. 10. 90	to D-EOXY
DM- DDR-	**SRZ**	Z-37A-2 Cmelak	19-04	20. 09. 73	IF/AF, trainer to Flugservice & Development 01. 09. 90	re-reg. 03. 10. 90	to D-EOYX

SS

DM- DDR-	**SSA**	Z-37A-2 Cmelak	17-03	20. 09. 73	IF/AF, trainer to Flugservice & Development 01. 09. 90		
DM- DDR-	**SSB**	Z-37A Cmelak	17-04	20. 09. 73	IF/AF, agric. a/c to Flugservice & Development 01. 09. 90		
DM- DDR-	**SSC**	Z-37A Cmelak	17-21	10. 07. 74	IF/AF, agric. a/c to Flugservice & Development 01. 09. 90		
DM- DDR-	**SSD**	Z-37A Cmelak	17-22	26. 08. 74	IF/AF, agric. a/c to Flugservice & Development 01. 09. 90		
DM- DDR-	**SSE**	Z-37A Cmelak	17-23	10. 07. 74	IF/AF, agric. a/c to Flugservice & Development 01. 09. 90		
DM- DDR-	**SSF**	Z-37A Cmelak	17-24	26. 08. 74	IF/AF, agric. a/c	cnl 01. 11. 88	
DM- DDR-	**SSG**	Z-37A Cmelak	17-25	12. 07. 74	IF/AF, agric. a/c to Flugservice & Development 01. 09. 90	re-reg. 03. 10. 90	to D-ENSG
DM- DDR-	**SSH**	Z-37A Cmelak	17-26	12. 07. 74	IF/AF, agric. a/c to Flugservice & Development 01. 09. 90	re-reg. 03. 10. 90	to D-ENSH
DM- DDR-	**SSI**	Z-37A Cmelak	17-27	12. 07. 74	IF/AF, agric. a/c to Flugservice & Development 01. 09. 90		
DM- DDR-	**SSJ**	Z-37A Cmelak	17-28	26. 08. 74	IF/AF, agric. a/c to Flugservice & Development 01. 09. 90		
DM- DDR-	**SSK**	Z-37A Cmelak	17-29	10. 07. 74	IF/AF, agric. a/c to Flugservice & Development 01. 09. 90	re-reg. 03. 10. 90	to D-ENSK
DM- DDR-	**SSL**	Z-37A Cmelak	17-30	09. 07. 74	IF/AF, agric. a/c to Flugservice & Development 01. 09. 90	re-reg. 03. 10. 90	to D-ENSL
DM- DDR-	**SSM**	Z-37A Cmelak	18-01	25. 08. 74	IF/AF, agric. a/c	cnl 12. 10. 87	
DM- DDR-	**SSN**	Z-37A Cmelak	18-02	20. 08. 74	IF/AF, agric. a/c to Flugservice & Development 01. 09. 90		
DM- DDR-	**SSO**	Z-37A Cmelak	18-03	25. 08. 74	IF/AF, agric. a/c to Flugservice & Development 01. 09. 90		
DM- DDR-	**SSP**	Z-37A Cmelak	18-06	25. 08. 74	IF/AF, agric. a/c to Flugservice & Development 01. 09. 90		
DM- DDR-	**SSQ**	Z-37A Cmelak	18-07	20. 09. 74	IF/AF, agric. a/c to Flugservice & Development 01. 09. 90		
DM- DDR-	**SSR**	Z-37A Cmelak	18-08	20. 09. 74	IF/AF, agric. a/c to Flugservice & Development 01. 09. 90		
DM- DDR-	**SSS**	Z-37A Cmelak	18-09	20. 09. 74	IF/AF, agric. a/c to Flugservice & Development 01. 09. 90		
DM- DDR-	**SST**	Z-37A Cmelak	18-10	20. 09. 74	IF/AF, agric. a/c	cnl 04. 04. 88	
DM- DDR-	**SSU**	Z-37A Cmelak	18-11	26. 08. 74	IF/AF, agric. a/c crashed	w/o 15. 09. 82	
DM- DDR-	**SSV**	Z-37A Cmelak	18-12	26. 08. 74	IF/AF, agric. a/c to Flugservice & Development 01. 09. 90		
DM- DDR-	**SSW**	Z-37A Cmelak	18-13	25. 08. 74	IF/AF, agric. a/c to Flugservice & Development 01. 09. 90		
DM-	**SSX**	Z-37A Cmelak	18-14	25. 08. 74	IF/AF, agric. a/c crashed	w/o 12. 12. 75	
DM- DDR-	**SSY**	Z-37A Cmelak	18-15	25. 08. 74	IF/AF, agric. a/c to Flugservice & Development 01. 09. 90		
DM- DDR-	**SSZ**	Z-37A Cmelak	18-16	25. 08. 74	IF/AF, agric. a/c to Flugservice & Development 01. 09. 90		

DM- DDR-	**STA**	Ilyushin IL-18V	180001905	28. 03. 60	DLH, pax a/c later to IF/VF wfu 12. 09. 88	cnl 26. 09. 88	ferry flight to LEJ-Schkeuditz and preserved
DM- DDR-	**STB**	Ilyushin IL-18V	180002001	02. 04. 60	DLH, pax a/c later to IF/VF wfu 19. 10. 87	cnl 05. 11. 87	stored partially dismantled at SXF
DM- DDR-	**STC**	Ilyushin IL-18V	180002202	16. 07. 60	DLH, pax a/c later to IF/VF wfu 29. 07. 87	sold 30. 11. 87	to VZLU (CSFR) as OK-018 as engine testbed and flying laboratory
DM- DDR-	**STD**	Ilyushin IL-18V	180002302	03. 09. 64	IF/VF, pax a/c (ex ´493´ LSK/LV), wfu 26. 10. 86	cnl 24. 10. 88	stored SXF
DM- DDR-	**STE**	Ilyushin IL-18V	182005101	27. 09. 62	LSK/LV, executive a/c (IF-colours) to IF/VF 03. 06. 64 and cvtd to pax a/c, wfu 01. 11. 89	cnl 24. 11. 89	ferry flight to Borkheide and preserved as Hans-Grade-Memorial
DM-	**STF**	Ilyushin IL-18V	181004105	13. 02. 62	IF/VF, pax a/c destroyed in hangar-fire during overhaul at Moskau	w/o ? 01. 67	
DM- DDR-		Ilyushin IL-18V	184007405	07. 03. 67	IF/VF, pax a/c (ex CCCP-75553)	re-reg. 03. 10. 90	to D-AOAO
DM- DDR-	**STG**	Ilyushin IL-18V	182004402	24. 03. 62	IF/VF, pax a/c wfu 09. 11. 88	cnl 15. 11. 88	ferry flight to Erfurt and stored
DM- DDR-	**STH**	Ilyushin IL-18V	184007305	12. 09. 64	LSK/LV, executive a/c (IF-colours) to IF/VF 02. 70 and cvtd to pax a/c, wfu 29. 04. 90	sold 05. 05. 90	ferry flight to Augsburg and preserved in museum
DM- DDR-	**STI**	Ilyushin IL-18V	185008404	26. 11. 65	LSK/LV, executive a/c (IF-colours) to IF/VF 24. 01. 74 and cvtd to pax a/c, 10.74 cvtd to freighter, wfu 01. 09. 90	re-reg. 03. 10. 90	to D-AOAP
DM- DDR-	**STK**	Ilyushin IL-18D	186009202	12. 07. 67	IF/VF, pax a/c 1979 cvtd to freighter, 19. 04. 88 re-cvtd to pax a/c, cvtd to freighter 10.90	re-reg. 03. 10. 90	to D-AOAR sold to POLNIPPON 02. 11. 90
DM-	**STL**	Ilyushin IL-18D	186009402	09. 09. 66	IF/VF, pax a/c 10. 78 cvtd to freighter, crashed on take off at LAD, 4 killed	w/o 26. 03. 79	
DM- DDR-	**STM**	Ilyushin IL-18D	188010805	*22. 06. 68*	LSK/LV, executive a/c (IF-colours) to IF/VF 03. 74 and cvtd to pax a/c, 05. 75 cvtd to freighter	re-reg. 03. 10. 90	to D-AOAS
DM- DDR-	**STN**	Ilyushin IL-18D	188010903	15. 04. 68	IF/VF, pax a/c wfu 08. 10. 90, cvtd to freighter 11. 90	re-reg. 03. 10. 90	to D-AOAT sold to POLNIPPON 11. 90
DM- DDR-	**STO**	Ilyushin IL-18D	188010904	15. 04. 68	IF/VF, pax a/c	re-reg. 03. 10. 90	to D-AOAU
DM- DDR-	**STP**	Ilyushin IL-18V	184007401	01. 04. 70	IF/VF, pax a/c, 1978 to IF/TP-FSNW and cvtd to calibration a/c, (ex ´497´ >DM-VAZ< LSK/LV)	re-reg. 03. 10. 90	to D-AOAQ

IL-18 Meßflugzeug DDR-STP
IL-18 calibrator DDR-STP

Die DM-STM im Rot-Kreuz-Charter
DM-STM in Red Cross charter

DM- DDR-	**SUA**	Z-37A Cmelak	18-17	25. 08. 74	IF/AF, agric. a/c to Flugservice & Development 01. 09. 90	
DM- DDR-	**SUB**	Z-37A Cmelak	18-20	26. 08. 74	IF/AF, agric. a/c to Flugservice & Development 01. 09. 90	
DM- DDR-	**SUC**	Z-37A Cmelak	18-21	28. 08. 74	IF/AF, agric. a/c to Flugservice & Development 01. 09. 90	
DM- DDR-	**SUD**	Z-37A Cmelak	18-22	26. 08. 74	IF/AF, agric. a/c to Flugservice & Development 01. 09. 90	
DM- DDR-	**SUE**	Z-37A Cmelak	18-23	26. 08. 74	IF/AF, agric. a/c to Flugservice & Development 01. 09. 90	
DM- DDR-	**SUF**	Z-37A Cmelak	18-24	20. 10. 74	IF/AF, agric. a/c to Flugservice & Development 01. 09. 90	
DM-	**SUG**	Z-37A Cmelak	18-25	20. 10. 74	IF/AF, agric. a/c crashed	w/o 06. 08. 80
DM- DDR-	**SUH**	Z-37A Cmelak	18-26	20. 10. 74	IF/AF, agric. a/c to Flugservice & Development 01. 09. 90	
DM- DDR-	**SUI**	Z-37A Cmelak	18-27	20. 10. 74	IF/AF, agric. a/c to Flugservice & Development 01. 09. 90	
DM- DDR-	**SUJ**	Z-37A Cmelak	18-28	20. 10. 74	IF/AF, agric. a/c to Flugservice & Development 01. 09. 90	
DM- DDR-	**SUK**	Z-37A Cmelak	18-29	26. 08. 74	IF/AF, agric. a/c to Flugservice & Development 01. 09. 90	
DM- DDR-	**SUL**	Z-37A Cmelak	18-30	20. 10. 74	IF/AF, agric. a/c to Flugservice & Development 01. 09. 90	
DM- DDR-	**SUM**	Z-37A Cmelak	19-07	20. 10. 74	IF/AF, agric. a/c	cnl 28. 12. 88
DM- DDR-	**SUN**	Z-37A Cmelak	19-08	20. 10. 74	IF/AF, agric. a/c	cnl 04. 04. 88
DM- DDR-	**SUO**	Z-37A Cmelak	19-09	26. 08. 74	IF/AF, agric. a/c to Flugservice & Development 01. 09. 90	
DM- DDR-	**SUP**	Z-37A Cmelak	19-10	26. 08. 74	IF/AF, agric. a/c to Flugservice & Development 01. 09. 90	
DM- DDR-	**SUQ**	Z-37A Cmelak	19-14	26. 08. 74	IF/AF, agric. a/c to Flugservice & Development 01. 09. 90	
DM-	**SUR**	Z-37A Cmelak	19-15	20. 10. 74	IF/AF, agric. a/c crashed	w/o 02. 08. 77
DM- DDR-	**SUS**	Z-37A Cmelak	19-16	20. 10. 74	IF/AF, agric. a/c to Flugservice & Development 01. 09. 90	
DM- DDR-	**SUT**	Z-37A Cmelak	19-17	20. 10. 74	IF/AF, agric. a/c to Flugservice & Development 01. 09. 90	
DM- DDR-	**SUU**	Z-37A Cmelak	19-18	20. 10. 74	IF/AF, agric. a/c to Flugservice & Development 01. 09. 90	
DM- DDR-	**SUV**	Z-37A Cmelak	19-19	20. 10. 74	IF/AF, agric. a/c to Flugservice & Development 01. 09. 90	
DM- DDR-	**SUW**	Z-37A Cmelak	19-20	20. 10. 74	IF/AF, agric. a/c to Flugservice & Development 01. 09. 90	
DM- DDR-	**SUX**	Z-37A Cmelak	19-21	20. 10. 74	IF/AF, agric. a/c to Flugservice & Development 01. 09. 90	
DM- DDR-	**SUY**	Z-37A Cmelak	20-03	24. 10. 74	IF/AF, agric. a/c to Flugservice & Development 01. 09. 90	
DM- DDR-	**SUZ**	Z-37A Cmelak	20-04	28. 10. 74	IF/AF, agric. a/c to Flugservice & Development 01. 09. 90	

DM- DDR-	SVA	Z-37A Cmelak	20-05	28. 10. 74	IF/AF, agric. a/c to Flugservice & Development 01. 09. 90
DM- DDR-	SVB	Z-37A Cmelak	20-06	13. 01. 75	IF/AF, agric. a/c to Flugservice & Development 01. 09. 90
DM- DDR-	SVD	Z-37A Cmelak	20-07	13. 01. 75	IF/AF, agric. a/c to Flugservice & Development 01. 09. 90
DM- DDR-	SVE	Z-37A Cmelak	20-08	13. 01. 75	IF/AF, agric. a/c to Flugservice & Development 01. 09. 90
DM- DDR-	SVF	Z-37A Cmelak	20-09	27. 08. 75	IF/AF, agric. a/c to Flugservice & Development 01. 09. 90
DM- DDR-	SVG	Z-37A Cmelak	20-10	27. 08. 75	IF/AF, agric. a/c to Flugservice & Development 01. 09. 90
DM- DDR-	SVH	Z-37A Cmelak	20-11	27. 08. 75	IF/AF, agric. a/c to Flugservice & Development 01. 09. 90
DM- DDR-	SVI	Z-37A Cmelak	20-12	27. 08. 75	IF/AF, agric. a/c to Flugservice & Development 01. 09. 90
DM- DDR-	SVJ	Z-37A Cmelak	20-13	27. 08. 75	IF/AF, agric. a/c to Flugservice & Development 01. 09. 90
DM- DDR-	SVK	Z-37A Cmelak	20-14	13. 01. 75	IF/AF, agric. a/c to Flugservice & Development 01. 09. 90
DM- DDR-	SVL	Z-37A Cmelak	20-15	10. 06. 75	IF/AF, agric. a/c to Flugservice & Development 01. 09. 90
DM- DDR-	SVM	Z-37A Cmelak	20-16	10. 06. 75	IF/AF, agric. a/c to Flugservice & Development 01. 09. 90
DM- DDR-	SVN	Z-37A Cmelak	20-17	10. 06. 75	IF/AF, agric. a/c to Flugservice & Development 01. 09. 90
DM- DDR-	SVO	Z-37A Cmelak	20-18	27. 08. 75	IF/AF, agric. a/c to Flugservice & Development 01. 09. 90
DM- DDR-	SVP	Z-37A Cmelak	20-19	29. 08. 75	IF/AF, agric. a/c to Flugservice & Development 01. 09. 90
DM- DDR-	SVQ	Z-37A Cmelak	20-20	10. 06. 75	IF/AF, agric. a/c to Flugservice & Development 01. 09. 90
DM- DDR-	SVR	Z-37A Cmelak	20-21	10. 06. 75	IF/AF, agric. a/c to Flugservice & Development 01. 09. 90
DM- DDR-	SVS	Z-37A Cmelak	20-22	10. 06. 75	IF/AF, agric. a/c to Flugservice & Development 01. 09. 90
DM- DDR-	SVT	Z-37A Cmelak	20-23	19. 06. 75	IF/AF, agric. a/c to Flugservice & Development 01. 09. 90
DM- DDR-	SVU	Z-37A Cmelak	20-24	27. 08. 75	IF/AF, agric. a/c to Flugservice & Development 01. 09. 90
DM- DDR-	SVV	Z-37A Cmelak	20-25	27. 10. 75	IF/AF, agric. a/c to Flugservice & Development 01. 09. 90
DM- DDR-	SVW	Z-37A Cmelak	20-26	21. 10. 75	IF/AF, agric. a/c to Flugservice & Development 01. 09. 90
DM- DDR-	SVX	Z-37A Cmelak	20-27	22. 10. 75	IF/AF, agric. a/c to Flugservice & Development 01. 09. 90
DM- DDR-	SVY	Z-37A Cmelak	20-28	21. 10. 75	IF/AF, agric. a/c to Flugservice & Development 01. 09. 90
DM- DDR-	SVZ	Z-37A Cmelak	20-29	21. 10. 75	IF/AF, agric. a/c to Flugservice & Development 01. 09. 90

DM- DDR-	**SWA**	Z-37A Cmelak	20-30	27. 10. 75	IF/AF, agric. a/c to Flugservice & Development 01. 09. 90		
DM- DDR-	**SWB**	Z-37A Cmelak	21-01	27. 10. 75	IF/AF, agric. a/c to Flugservice & Development 01. 09. 90		
DM-	**SWC**	Z-37A Cmelak	21-02	13. 01. 76	IF/AF, agric. a/c crashed	w/o ? ? 78	
DM- DDR-		Z-37 Cmelak	05-10	24. 08. 81	IF/AF, agric. a/c to Flugservice & Development 01. 09. 90		
DM- DDR-	**SWD**	Z-37A Cmelak	21-03	13. 01. 76	IF/AF, agric. a/c to Flugservice & Development 01. 09. 90		
DM- DDR-	**SWE**	Z-37A Cmelak	21-04	28. 10. 75	IF/AF, agric. a/c crashed at Ribbeck	w/o 08. 04. 85	
DM- DDR-	**SWF**	Z-37A Cmelak	21-05	13. 01. 76	IF/AF, agric. a/c to Flugservice & Development 01. 09. 90		
DM- DDR-	**SWG**	Z-37A Cmelak	21-06	13. 01. 76	IF/AF, agric. a/c to Flugservice & Development 01. 09. 90		
DM- DDR-	**SWH**	Z-37A Cmelak	21-07	13. 01. 76	IF/AF, agric. a/c to Flugservice & Development 01. 09. 90		
DM- DDR-	**SWI**	Z-37A-2 Cmelak	20-02	13. 01. 76	IF/AF, trainer to Flugservice & Development 01. 09. 90	re-reg. 03. 10. 90	to-D-EOUI
DM- DDR-	**SWJ**	Z-37A Cmelak	22-01	01. 04. 76	IF/AF, agric. a/c to Flugservice & Development 01. 09. 90		
DM-	**SWK**	Z-37A Cmelak	22-02	01. 04. 76	IF/AF, agric. a/c crashed	w/o 10. 07. 77	
DM- DDR-	**SWL**	Z-37A Cmelak	22-03	01. 04. 76	IF/AF, agric. a/c to Flugservice & Development 01. 09. 90		
DM- DDR-	**SWM**	Z-37A Cmelak	22-04	01. 04. 76	IF/AF, agric. a/c to Flugservice & Development 01. 09. 90		
DM- DDR-	**SWN**	Z-37A Cmelak	22-05	01. 04. 76	IF/AF, agric. a/c to Flugservice & Development 01. 09. 90		
DM- DDR-	**SWO**	Z-37A Cmelak	17-05	02. 04. 79	IF/AF, agric. a/c to Flugservice & Development 01. 09. 90		

SX

DDR- **SXA**	Let L-410UVP	820923	*10. 12. 82*	IF/FIF, photo/survey a/c to Berliner Spezialflug 01. 09. 90	damaged 02. 83 at SXF, repaired	re-reg. 03. 10. 90	to D-COXA
DDR- **SXB**	Let L-410UVP	820924	*10. 12. 82*	IF/FIF, photo/survey a/c to Berliner Spezialflug 01. 09. 90		re-reg. 03. 10. 90	to D-COXB
DDR- **SXC**	Let L-410UVP	820925	*10. 12. 82*	IF/FIF, photo/survey a/c to Berliner Spezialflug 01. 09. 90		re-reg. 03. 10. 90	to D-COXC
DDR- **SXD**	Let L-410UVP	831105	*29. 09. 83*	IF/FIF, photo/survey a/c to Berliner Spezialflug 01. 09. 90		re-reg. 03. 10. 90	to D-COXD
DDR- **SXE**	Let L-410UVP	831106	*29. 09. 83*	IF/FIF, photo/survey a/c to Berliner Spezialflug 01. 09. 90		re-reg. 03. 10. 90	to D-COXE
DDR- **SXF**	Let L-410UVP	831107	*29. 09. 83*	IF/FIF, photo/survey a/c to Berliner Spezialflug 01. 09. 90		re-reg. 03. 10. 90	to D-COXF

DM- DDR-	**TAA**	PZL-106A Kruk	48039	17. 09. 79	IF/AF, agric. a/c to Flugservice & Development 01. 09. 90	re-reg. 03. 10. 90	to D-FOAA
DM- DDR-	**TAB**	PZL-106A Kruk	48040	17. 09. 79	IF/AF, agric. a/c to Flugservice & Development 01. 09. 90	re-reg. 03. 10. 90	to D-FOAB
DM- DDR-	**TAC**	PZL-106A Kruk	48041	17. 09. 79	IF/AF, agric. a/c to Flugservice & Development 01. 09. 90	re-reg. 03. 10. 90	to D-FOAC
DM- DDR-	**TAD**	PZL-106A Kruk	48042	17. 09. 79	IF/AF, agric. a/c to Flugservice & Development 01. 09. 90	re-reg. 03. 10. 90	to D-FOAD
DM- DDR-	**TAE**	PZL-106A Kruk	48043	17. 09. 79	IF/AF, agric. a/c to Flugservice & Development 01. 09. 90	re-reg. 03. 10. 90	to D-FOAE
DM- DDR-	**TAF**	PZL-106A Kruk	48044	17. 09. 79	IF/AF, agric. a/c to Flugservice & Development 01. 09. 90	re-reg. 03. 10. 90	to D-FOAF
DM- DDR-	**TAG**	PZL-106A Kruk	48045	17. 09. 79	IF/AF, agric. a/c crashed	w/o 17. 04. 81	
DM-	**TAH**	PZL-106A Kruk	48046	17. 09. 79	IF/AF, agric. a/c to Flugservice & Development 01. 09. 90	re-reg. 03. 10. 90	to D-FOAH
DM- DDR-	**TAI**	PZL-106A Kruk	48047	07. 02. 80	IF/AF, agric. a/c to Flugservice & Development 01. 09. 90	re-reg. 03. 10. 90	to D-FOAI
DM- DDR-	**TAJ**	PZL-106A Kruk	48048	17. 09. 79	IF/AF, agric. a/c to Flugservice & Development 01. 09. 90	re-reg. 03. 10. 90	to D-FOAJ
DM- DDR-	**TAK**	PZL-106A Kruk B	59073	07. 02. 80	IF/AF, agric. a/c to Flugservice & Development 01. 09. 90	re-reg. 03. 10. 90	to D-FOAK
DM- DDR-	**TAL**	PZL-106A Kruk B	59074	07. 02. 80	IF/AF, agric. a/c to Flugservice & Development 01. 09. 90	re-reg. 03. 10. 90	to D-FOAL
DM- DDR-	**TAM**	PZL-106A Kruk B	59075	16. 08. 80	IF/AF, agric. a/c to Flugservice & Development 01. 09. 90	re-reg. 03. 10. 90	to D-FOAM
DM- DDR-	**TAN**	PZL-106A Kruk	59076	07. 02. 80	IF/AF, agric. a/c to Flugservice & Development 01. 09. 90	re-reg. 03. 10. 90	to D-FOAN
DM- DDR-	**TAO**	PZL-106A Kruk B	59077	07. 02. 80	IF/AF, agric. a/c to Flugservice & Development 01. 09. 90	re-reg. 03. 10. 90	to D-FOAO
DM- DDR-	**TAP**	PZL-106A Kruk B	59078	07. 02. 80	IF/AF, agric. a/c to Flugservice & Development 01. 09. 90	re-reg. 03. 10. 90	to D-FOAP
DM- DDR-	**TAQ**	PZL-106A Kruk B	59079	07. 02. 80	IF/AF, agric. a/c to Flugservice & Development 01. 09. 90	re-reg. 03. 10. 90	to D-FOAQ
DM- DDR-	**TAR**	PZL-106A Kruk B	59080	07. 02. 80	IF/AF, agric. a/c to Flugservice & Development 01. 09. 90	re-reg. 03. 10. 90	to D-FOAR
DM- DDR-	**TAS**	PZL-106A Kruk B	59081	07. 02. 80	IF/AF, agric. a/c to Flugservice & Development 01. 09. 90	re-reg. 03. 10. 90	to D-FOAS
DM- DDR-	**TAT**	PZL-106A Kruk B	59082	07. 02. 80	IF/AF, agric. a/c to Flugservice & Development 01. 09. 90	re-reg. 03. 10. 90	to D-FOAT
DM- DDR-	**TAU**	PZL-106A Kruk B	59083	07. 02. 80	IF/AF, agric. a/c to Flugservice & Development 01. 09. 90	re-reg. 03. 10. 90	to D-FOAU
DM- DDR-	**TAV**	PZL-106A Kruk B	59084	07. 02. 80	IF/AF, agric. a/c to Flugservice & Development 01. 09. 90	re-reg. 03. 10. 90	to D-FOAV
DM- DDR-	**TAW**	PZL-106A Kruk B	59085	07. 02. 80	IF/AF, agric. a/c to Flugservice & Development 01. 09. 90	re-reg. 03. 10. 90	to D-FOAW
DM- DDR-	**TAX**	PZL-106A Kruk B	59086	07. 02. 80	IF/AF, agric. a/c cvtd 1983 to trainer with additional cockpit and dual controls, to Flugservice & Development 01. 09. 90	re-reg. 03. 10. 90	to D-FOAX
DM- DDR-	**TAY**	PZL-106A Kruk	60089	11. 07. 80	IF/AF, agric. a/c to Flugservice & Development 01. 09. 90	re-reg. 03. 10. 90	to D-FOAY
DM- DDR-	**TAZ**	PZL-106A Kruk	60090	11. 07. 80	IF/AF, agric. a/c to Flugservice & Development 01. 09. 90	re-reg. 03. 10. 90	to D-FOAZ

DDR-TDI

DDR-TBP
DDR-TBF
DDR-TCB
DDR-TAR
DDR-TBW

DM- DDR-	**TBA**	PZL-106A Kruk	60091	11. 07. 80	IF/AF, agric. a/c to Flugservice & Development 01. 09. 90	re-reg. 03. 10. 90	to D-FOBA
DM- DDR-	**TBB**	PZL-106A Kruk	60092	11. 07. 80	IF/AF, agric. a/c crashed at Beyendorf	w/o 15. 05. 87	
DM- DDR-	**TBC**	PZL-106A Kruk	60093	11. 07. 80	IF/AF, agric. a/c to Flugservice & Development 01. 09. 90	re-reg. 03. 10. 90	to D-FOBC
DM- DDR-	**TBD**	PZL-106A Kruk	60107	15. 07. 80	IF/AF, agric. a/c to Flugservice & Development 01. 09. 90	re-reg. 03. 10. 90	to D-FOBD
DM- DDR-	**TBE**	PZL-106A Kruk	60108	15. 07. 80	IF/AF, agric. a/c to Flugservice & Development 01. 09. 90	re-reg. 03. 10. 90	to D-FOBE
DM- DDR-	**TBF**	PZL-106A Kruk	60109	15. 07. 80	IF/AF, agric. a/c to Flugservice & Development 01. 09. 90	re-reg. 03. 10. 90	to D-FOBF
DM- DDR-	**TBG**	PZL-106A Kruk	60110	15. 07. 80	IF/AF, agric. a/c to Flugservice & Development 01. 09. 90	re-reg. 03. 10. 90	to D-FOBG
DM- DDR-	**TBH**	PZL-106A Kruk	60111	15. 07. 80	IF/AF, agric. a/c to Flugservice & Development 01. 09. 90	re-reg. 03. 10. 90	to D-FOBH
DM- DDR-	**TBI**	PZL-106A Kruk	60112	08. 09. 80	IF/AF, agric. a/c to Flugservice & Development 01. 09. 90	re-reg. 03. 10. 90	to D-FOBI
DM- DDR-	**TBJ**	PZL-106A Kruk	60113	08. 09. 80	IF/AF agric. a/c to Flugservice & Development 01. 09. 90	re-reg. 03. 10. 90	to D-FOBJ
DM- DDR-	**TBK**	PZL-106A Kruk	60114	08. 09. 80	IF/AF, agric. a/c to Flugservice & Development 01. 09. 90	re-reg. 03. 10. 90	to D-FOBK
DM- DDR-	**TBL**	PZL-106A Kruk	60117	08. 09. 80	IF/AF, agric. a/c to Flugservice & Development 01. 09. 90	re-reg. 03. 10. 90	to D-FOBL
DM- DDR-	**TBM**	PZL-106A Kruk	60118	08. 09. 80	IF/AF, agric. a/c to Flugservice & Development 01. 09. 90	re-reg. 03. 10. 90	to D-FOBM
DM- DDR-	**TBN**	PZL-106A Kruk	60119	08. 09. 80	IF/AF, agric. a/c to Flugservice & Development 01. 09. 90	re-reg. 03. 10. 90	to D-FOBN
DM- DDR-	**TBO**	PZL-106A Kruk	60120	17. 09. 80	IF/AF, agric. a/c to Flugservice & Development 01. 09. 90	re-reg. 03. 10. 90	to D-FOBO
DM- DDR-	**TBP**	PZL-106A Kruk	60121	17. 09. 80	IF/AF, agric. a/c to Flugservice & Development 01. 09. 90	re-reg. 03. 10. 90	to D-FOBP
DM- DDR-	**TBQ**	PZL-106A Kruk	60122	17. 09. 80	IF/AF, agric. a/c to Flugservice & Development 01. 09. 90	re-reg. 03. 10. 90	to D-FOBQ
DM- DDR-	**TBR**	PZL-106A Kruk	60123	17. 09. 80	IF/AF, agric. a/c to Flugservice & Development 01. 09. 90	re-reg. 03. 10. 90	to D-FOBR
DM-	**TBS**	PZL-106A Kruk	60124	08. 10. 80	IF/AF, agric. a/c wfu 04. 82, to Flugservice & Development 01. 09. 90	cnl 21. 05. 82	used as ground-testbed for PZL-3S piston engine at Leipzig-Mockau
DM- DDR-	**TBT**	PZL-106A Kruk	60125	08. 10. 80	IF/AF, agric. a/c to Flugservice & Development 01. 09. 90	re-reg. 03. 10. 90	to D-FOBT
DM- DDR-	**TBU**	PZL-106A Kruk	60126	08. 10. 80	IF/AF, agric. a/c to Flugservice & Development 01. 09. 90	re-reg. 03. 10. 90	to D-FOBU
DM- DDR-	**TBV**	PZL-106A Kruk	60127	02. 04. 81	IF/AF, agric. a/c to Flugservice & Development 01. 09. 90	re-reg. 03. 10. 90	to D-FOBV
DM- DDR-	**TBW**	PZL-106A Kruk	60128	29. 10. 81	IF/AF, agric. a/c to Flugservice & Development 01. 09. 90	re-reg. 03. 10. 90	to D-FOBW
DM- DDR-	**TBX**	PZL-106A Kruk	37021	16. 04. 81	IF/AF, agric. a/c (ex HA-MIA MEM/RSz), to Flugservice & Development 01. 09. 90	re-reg. 03. 10. 90	to D-FOBX
DM- DDR-	**TBY**	PZL-106A Kruk	37022	16. 04. 81	IF/AF, agric. a/c (ex HA-MIB MEM/RSz), to Flugservice & Development 01. 09. 90	re-reg. 03. 10. 90	to D-FOBY
DM- DDR-	**TBZ**	PZL-106A Kruk	07810139	15. 02. 82	IF/AF, agric. a/c to Flugservice & Development 01. 09. 90	re-reg. 03. 10. 90	to D-FOBZ

TC

DDR- **TCA**	PZL-106A Kruk	07810140	15. 02. 82	IF/AF, agric. a/c to Flugservice & Development 01. 09. 90	re-reg. 03. 10. 90	to D-FOCA
DDR- **TCB**	PZL-106A Kruk	07810141	15. 02. 82	IF/AF, agric. a/c to Flugservice & Development 01. 09. 90	re-reg. 03. 10. 90	to D-FOCB
DDR- **TCC**	PZL-106A Kruk	07810142	15. 02. 82	IF/AF, agric. a/c to Flugservice & Development 01. 09. 90	re-reg. 03. 10. 90	to D-FOCC
DDR- **TCD**	PZL-106A Kruk	07810143	15. 02. 82	IF/AF, agric. a/c to Flugservice & Development 01. 09. 90	re-reg. 03. 10. 90	to D-FOCD
DDR- **TCE**	PZL-106A Kruk	48049	09. 12. 86	IF/AF, agric. a/c (ex OK-IZN SLOVAIR), to Flugservice & Development 01. 09. 90	re-reg. 03. 10. 90	to D-FOCE
DDR- **TCF**	PZL-106A Kruk	48050	13. 02. 85	IF/AF, agric. a/c (ex OK-IZO SLOVAIR), to Flugservice & Development 01. 09. 90	re-reg. 03. 10. 90	to D-FOCF

PZL-106BR zweitweilig umgerüstet zur Trainer-Version / PZL-106BR temporary converded to trainer version

DDR- TDA	PZL-106BR Kruk	08860177	07. 86	IF/AF, agric. a/c used for tests and evaluation only	cnl 11. 86	returned to manufacturer
DDR-	PZL-106BR Kruk	09870204	15. 09. 87	IF/AF, agric. a/c to Flugservice & Development 01. 09. 90	re-reg. 03. 10. 90	to D-FODA
DDR- TDB	PZL-106BR Kruk	09860179	22. 09. 87	IF/AF, agric. a/c to Flugservice & Development 01. 09. 90	re-reg. 03. 10. 90	to D-FODB
DDR- TDC	PZL-106BR Kruk	09860180	16. 09. 87	IF/AF, agric. a/c to Flugservice & Development 01. 09. 90	re-reg. 03. 10. 90	to D-FODC
DDR- TDD	PZL-106BR Kruk	09860181	25. 09. 87	IF/AF, agric. a/c to Flugservice & Development 01. 09. 90	re-reg. 03. 10. 90	to D-FODD
DDR- TDE	PZL-106BR Kruk	09860182	16. 09. 87	IF/AF, agric. a/c to Flugservice & Development 01. 09. 90	re-reg. 03. 10. 90	to D-FODE
DDR- TDF	PZL-106BR Kruk	09860183	16. 09. 87	IF/AF, agric. a/c to Flugservice & Development 01. 09. 90	re-reg. 03. 10. 90	to D-FODF
DDR- TDG	PZL-106BR Kruk	09860184	11. 09. 87	IF/AF, agric. a/c to Flugservice & Development 01. 09. 90	re-reg. 03. 10. 90	to D-FODG
DDR- TDH	PZL-106BR Kruk	09860185	11. 09. 87	IF/AF, agric. a/c to Flugservice & Development 01. 09. 90	re-reg. 03. 10. 90	to D-FODH
DDR- TDI	PZL-106BR Kruk	09860186	11. 09. 87	IF/AF, agric. a/c to Flugservice & Development 01. 09. 90	re-reg. 03. 10. 90	to D-FODI
DDR- TDJ	PZL-106BR Kruk	09860187	16. 09. 87	IF/AF, agric. a/c to Flugservice & Development 01. 09. 90	re-reg. 03. 10. 90	to D-FODJ
DDR- TDK	PZL-106BR Kruk	09860188	16. 09. 87	IF/AF, agric. a/c to Flugservice & Development 01. 09. 90	re-reg. 03. 10. 90	to D-FODK
DDR- TDL	PZL-106BR Kruk	09860189	11. 09. 87	IF/AF, agric. a/c to Flugservice & Development 01. 09. 90	re-reg. 03. 10. 90	to D-FODL
DDR- TDM	PZL-106BR Kruk	09860190	15. 09. 87	IF/AF, agric. a/c to Flugservice & Development 01. 09. 90	re-reg. 03. 10. 90	to D-FODM
DDR- TDN	PZL-106BR Kruk	09870200	15. 09. 87	IF/AF, agric. a/c to Flugservice & Development 01. 09. 90	re-reg. 03. 10. 90	to D-FODN
DDR- TDO	PZL-106BR Kruk	09860192	11. 09. 87	IF/AF, agric. a/c to Flugservice & Development 01. 09. 90	re-reg. 03. 10. 90	to D-FODO
DDR- TDP	PZL-106BR Kruk	09860193	15. 09. 87	IF/AF, agric. a/c to Flugservice & Development 01. 09. 90	re-reg. 03. 10. 90	to D-FODP
DDR- TDQ	PZL-106BR Kruk	09860194	11. 09. 87	IF/AF, agric. a/c to Flugservice & Development 01. 09. 90	re-reg. 03. 10. 90	to D-FODQ
DDR- TDR	PZL-106BR Kruk	09860195	15. 09. 87	IF/AF, agric. a/c to Flugservice & Development 01. 09. 90	re-reg. 03. 10. 90	to D-FODR
DDR- TDS	PZL-106BR Kruk	09860206	16. 09. 87	IF/AF, agric. a/c to Flugservice & Development 01. 09. 90	re-reg. 03. 10. 90	to D-FODS
DDR- TDT	PZL-106BR Kruk	09860197	15. 09. 87	IF/AF, agric. a/c to Flugservice & Development 01. 09. 90	re-reg. 03. 10. 90	to D-FODT
DDR- TDU	PZL-106BR Kruk	09860191	12. 87	IF/AF, agric. a/c to Flugservice & Development 01. 09. 90	re-reg. 03. 10. 90	to D-FODU
DDR- TDV	PZL-106BR Kruk	09860196	12. 87	IF/AF, agric. a/c to Flugservice & Development 01. 09. 90	re-reg. 03. 10. 90	to D-FODV
DDR- TDW	PZL-106BR Kruk	09870198	01. 88	IF/AF, agric. a/c to Flugservice & Development 01. 09. 90	re-reg. 03. 10. 90	to D-FODW
DDR- TDX	PZL-106BR Kruk	09870205	01. 88	IF/AF, agric. a/c to Flugservice & Development 01. 09. 90	re-reg. 03. 10. 90	to D-FODX
DDR- TDY	PZL-106BR Kruk	09870207	01. 88	IF/AF, agric. a/c to Flugservice & Development 01. 09. 90	re-reg. 03. 10. 90	to D-FODY
DDR- TDZ	PZL-106BR Kruk	09870208	01. 88	IF/AF, agric. a/c to Flugservice & Development 01. 09. 90	re-reg. 03. 10. 90	to D-FODZ

TE

DDR- **TEA**	PZL-106BR Kruk	10880209	*02. 06. 88*	IF/AF, agric. a/c to Flugservice & Development 01. 09. 90	re-reg. 03. 10. 90	to D-FOEA
DDR- **TEB**	PZL-106BR Kruk	10880210	*02. 06. 88*	IF/AF, agric. a/c to Flugservice & Development 01. 09. 90	re-reg. 03. 10. 90	to D-FOEB
DDR- **TEC**	PZL-106BR Kruk	10880211	*02. 06. 88*	IF/AF, agric. a/c to Flugservice & Development 01. 09. 90	re-reg. 03. 10. 90	to D-FOEC
DDR- **TED**	PZL-106BR Kruk	10880212	*02. 06. 88*	IF/AF, agric. a/c to Flugservice & Development 01. 09. 90	re-reg. 03. 10. 90	to D-FOED
DDR- **TEE**	PZL-106BR Kruk	10880213	*11. 01. 89*	IF/AF, agric. a/c to Flugservice & Development 01. 09. 90	re-reg. 03. 10. 90	to D-FOEE
DDR- **TEF**	PZL-106BR Kruk	10880214	*11. 01. 89*	IF/AF, agric. a/c to Flugservice & Development 01. 09. 90	re-reg. 03. 10. 90	to D-FOEF
DDR- **TEG**	PZL-106BR Kruk	10880215	*11. 01. 89*	IF/AF, agric. a/c to Flugservice & Development 01. 09. 90	re-reg. 03. 10. 90	to D-FOEG
DDR- **TEH**	PZL-106BR Kruk	10880216	*11. 01. 89*	IF/AF, agric. a/c to Flugservice & Development 01. 09. 90	re-reg. 03. 10. 90	to D-FOEH
DDR- **TEI**	PZL-106BR Kruk	10880222	*05. 02. 89*	IF/AF, agric. a/c to Flugservice & Development 01. 09. 90	re-reg. 03. 10. 90	to D-FOEI
DDR- **TEJ**	PZL-106BR Kruk	10880223	*07. 02. 89*	IF/AF, agric. a/c to Flugservice & Development 01. 09. 90	re-reg. 03. 10. 90	to D-FOEJ
DDR- **TEK**	PZL-106BR Kruk	10880224	*07. 02. 89*	IF/AF, agric. a/c to Flugservice & Development 01. 09. 90	re-reg. 03. 10. 90	to D-FOEK
DDR- **TEL**	PZL-106BR Kruk	10880225	*07. 02. 89*	IF/AF, agric. a/c to Flugservice & Development 01. 09. 90	re-reg. 03. 10. 90	to D-FOEL
DDR- **TEM**	PZL-106BR Kruk	10880226	*22. 02. 89*	IF/AF, agric. a/c to Flugservice & Development 01. 09. 90	re-reg. 03. 10. 90	to D-FOEM
DDR- **TEN**	PZL-106BR Kruk	10880227	*22. 02. 89*	IF/AF, agric. a/c to Flugservice & Development 01. 09. 90	re-reg. 03. 10. 90	to D-FOEN
DDR- **TEO**	PZL-106BR Kruk	10890233	*10. 12. 98*	IF/AF, agric. a/c to Flugservice & Development 01. 09. 90	re-reg. 03. 10. 90	to D-FOEO
DDR- **TEP**	PZL-106BR Kruk	10890234	*10. 12. 89*	IF/AF, agric. a/c to Flugservice & Development 01. 09. 90	re-reg. 03. 10. 90	to D-FOEP
DDR- **TEQ**	PZL-106BR Kruk	10890235	*10. 12. 89*	IF/AF, agric. a/c to Flugservice & Development 01. 09. 90	re-reg. 03. 10. 90	to D-FOEQ
DDR **TER**	PZL-106BR Kruk	10890236	*10. 12. 89*	IF/AF, agric. a/c to Flugservice & Development 01. 09. 90	re-reg. 03. 10. 90	to D-FOER
DDR- **TES**	PZL-106BR Kruk	10890237	*10. 12. 89*	IF/AF, agric. a/c to Flugservice & Development 01. 09. 90	re-reg. 03. 10. 90	to D-FOES

DDR-	**TKA**	PZL M-18 Dromader	1Z 013-21	15. 01. 85	IF/AF, agric. a/c to Flugservice & Development 01. 09. 90	re-reg. 03. 10. 90	to D-FOHA
DDR-	**TKB**	PZL M-18 Dromader	1Z 013-22	29. 11. 84	IF/AF agric. a/c to Flugservice & Development 01. 09. 90	re-reg. 03. 10. 90	to D-FOHB
DDR-	**TKC**	PZL M-18 Dromader	1Z 013-23	15. 01. 85	IF/AF, agric. a/c to Flugservice & Development 01. 09. 90	re-reg. 03. 10. 90	to D-FOHC
DDR-	**TKD**	PZL M-18 Dromader	1Z 013-24	15. 01. 85	IF/AF, agric. a/c crashed at Glövzin, 1 killed	w/o 16. 05. 86	
DDR-	**TKE**	PZL M-18 Dromader	1Z 013-25	15. 01. 85	IF/AF, agric. a/c to Flugservice & Development 01. 09. 90	re-reg. 03. 10. 90	to D-FOHE
DDR-	**TKF**	PZL M-18 Dromader	1Z 013-26	07. 01. 85	IF/AF, agric. a/c to Flugservice & Development 01. 09. 90	re-reg. 03. 10. 90	to D-FOHF
DDR-	**TKG**	PZL M-18 Dromader	1Z 013-27	07. 01. 85	IF/AF, agric. a/c to Flugservice & Development 01. 09. 90	re-reg. 03. 10. 90	to D-FOHG
DDR-	**TKH**	PZL M-18 Dromader	1Z 013-28	07. 01. 85	IF/AF, agric. a/c to Flugservice & Development 01. 09. 90	re-reg. 03. 10. 90	to D-FOHH
DDR-	**TKI**	PZL M-18 Dromader	1Z 013-29	07. 01. 85	IF/AF, agric. a/c to Flugservice & Development 01. 09. 90	re-reg. 03. 10. 90	to D-FOHI
DDR-	**TKJ**	PZL M-18 Dromader	1Z 013-30	07. 01. 85	IF/AF, agric. a/c to Flugservice & Development 01. 09. 90	re-reg. 03. 10. 90	to D-FOHJ
DDR-	**TKK**	PZL M-18 Dromader	1Z 013-31	07. 01. 85	IF/AF, agric. a/c to Flugservice & Development 01. 09. 90	re-reg. 03. 10. 90	to D-FOHK
DDR-	**TKL**	PZL M-18 Dromader	1Z 013-32	16. 01. 85	IF/AF, agric. a/c to Flugservice & Development 01. 09. 90	re-reg. 03. 10. 90	to D-FOHL
DDR-	**TKM**	PZL M-18 Dromader	1Z 013-33	16. 01. 85	IF/AF, agric. a/c to Flugservice & Development 01. 09. 90	re-reg. 03. 10. 90	to D-FOHM
DDR-	**TKN**	PZL M-18 Dromader	1Z 013-34	16. 01. 85	IF/AF, agric. a/c to Flugservice & Development 01. 09. 90	re-reg. 03. 10. 90	to D-FOHN
DDR-	**TKO**	PZL M-18 Dromader	1Z 015-04	10. 01. 86	IF/AF, agric. a/c to Flugservice & Development 01. 09. 90	re-reg. 03. 10. 90	to D-FOHO
DDR-	**TKP**	PZL M-18 Dromader	1Z 015-05	18. 12. 85	IF/AF, agric. a/c to Flugservice & Development 01. 09. 90	re-reg. 03. 10. 90	to D-FOHP
DDR-	**TKQ**	PZL M-18 Dromader	1Z 015-06	09. 01. 86	IF/AF, agric. a/c to Flugservice & Development 01. 09. 90	re-reg. 03. 10. 90	to D-FOHQ
DDR	**TKR**	PZL M-18 Dromader	1Z 015-07	20. 12. 85	IF/AF, agric. a/c to Flugservice & Development 01. 09. 90	re-reg. 03. 10. 90	to D-FOHR
DDR-	**TKS**	PZL M-18 Dromader	1Z 015-08	15. 01. 86	IF/AF, agric. a/c to Flugservice & Development 01. 09. 90	re-reg. 03. 10. 90	to D-FOHS
DDR-	**TKT**	PZL M-18 Dromader	1Z 015-09	08. 01. 86	IF/AF, agric. a/c to Flugservice & Development 01. 09. 90	re-reg. 03. 10. 90	to D-FOHT
DDR-	**TKU**	PZL M-18 Dromader	1Z 015-10	15. 01. 86	IF/AF, agric. a/c to Flugservice & Development 01. 09. 90	re-reg. 03. 10. 90	to D-FOHU
DDR-	**TKV**	PZL M-18 Dromader	1Z 015-11	16. 01. 86	IF/AF, agric. a/c to Flugservice & Development 01. 09. 90	re-reg. 03. 10. 90	to D-FOHV
DDR-	**TKW**	PZL M-18 Dromader	1Z 015-12	15. 01. 86	IF/AF, agric. a/c to Flugservice & Development 01. 09. 90	re-reg. 03. 10. 90	to D-FOHW
DDR-	**TKX**	PZL M-18 Dromader	1Z 015-13	22. 01. 86	IF/AF, agric. a/c to Flugservice & Development 01. 09. 90	re-reg. 03. 10. 90	to D-FOHX
DDR-	**TKY**	PZL M-18 Dromader	1Z 015-14	23. 01. 86	IF/AF, agric. a/c to Flugservice & Development 01. 09. 90	re-reg. 03. 10. 90	to D-FOHY
DDR-	**TKZ**	PZL M-18 Dromader	1Z 015-15	22. 02. 86	IF/AF, agric. a/c to Flugservice & Development 01. 09. 90	re-reg. 03. 10. 90	to D-FOHZ

INTERFLUG
DDR-TKM
M18A-DROMEDAR

DDR- **TLA**	PZL M-18 Dromader	1Z 015-16	22. 02. 86	IF/AF, agric. a/c to Flugservice & Development 01. 09. 90		re-reg. 03. 10. 90	to D-FOLA
DDR- **TLB**	PZL M-18 Dromader	1Z 015-17	21. 02. 86	IF/AF, agric. a/c to Flugservice & Development 01. 09. 90		re-reg. 03. 10. 90	to D-FOLB
DDR- **TLC**	PZL M-18 Dromader	1Z 015-18	25. 02. 86	IF/AF, agric. a/c to Flugservice & Development 01. 09. 90		re-reg. 03. 10. 90	to D-FOLC
DDR- **TLD**	PZL M-18 Dromader	1Z 015-19	24. 02. 86	IF/AF, agric. a/c to Flugservice & Development 01. 09. 90		re-reg. 03. 10. 90	to D-FOLD
DDR- **TLE**	PZL M-18 Dromader	1Z 015-20	26. 02. 86	IF/AF, agric. a/c to Flugservice & Development 01. 09. 90		re-reg. 03. 10. 90	to D-FOLE
DDR- **TLF**	PZL M-18 Dromader	1Z 015-21	26. 02. 86	IF/AF, agric. a/c to Flugservice & Development 01. 09. 90		re-reg. 03. 10. 90	to D-FOLF
DDR- **TLG**	PZL M-18A Dromader	1Z 018-01	09. 02. 88	IF/AF, agric. a/c to Flugservice & Development 01. 09. 90		re-reg. 03. 10. 90	to D-FOLG
DDR- **TLH**	PZL M-18A Dromader	1Z 018-02	09. 02. 88	IF/AF, agric. a/c to Flugservice & Development 01. 09. 90		re-reg. 03. 10. 90	to D-FOLH
DDR- **TLI**	PZL M-18A Dromader	1Z 018-03	09. 02. 88	IF/AF, agric. a/c to Flugservice & Development 01. 09. 90		re-reg. 03. 10. 90	to D-FOLI
DDR- **TLJ**	PZL M-18A Dromader	1Z 018-04	09. 02. 88	IF/AF, agric. a/c to Flugservice & Development 01. 09. 90		re-reg. 03. 10. 90	to D-FOLJ
DDR- **TLK**	PZL M-18A Dromader	1Z 018-05	09. 02. 88	IF/AF, agric. a/c to Flugservice & Development 01. 09. 90		re-reg. 03. 10. 90	to D-FOLK
DDR- **TLL**	PZL M-18A Dromader	1Z 018-06	09. 02. 88	IF/AF, agric. a/c to Flugservice & Development 01. 09. 90		re-reg. 03. 10. 90	to D-FOLL
DDR- **TLM**	PZL M-18A Dromader	1Z 018-07	09. 02. 88	IF/AF, agric. a/c to Flugservice & Development 01. 09. 90		re-reg. 03. 10. 90	to D-FOLM
DDR- **TLN**	PZL M-18A Dromader	1Z 019-22	04. 02. 89	IF/AF, agric. a/c to Flugservice & Development 01. 09. 90		re-reg. 03. 10. 90	to D-FOLN
DDR- **TLO**	PZL M-18A Dromader	1Z 019-23	04. 02. 89	IF/AF, agric. a/c to Flugservice & Development 01. 09. 90		re-reg. 03. 10. 90	to D-FOLO
DDR- **TLP**	PZL M-18A Dromader	1Z 019-24	04. 02. 89	IF/AF, agric. a/c to Flugservice & Development 01. 09. 90		re-reg. 03. 10. 90	to D-FOLP
DDR- **TLQ**	PZL M-18A Dromader	1Z 019-25	04. 02. 89	IF/AF, agric. a/c to Flugservice & Development 01. 09. 90		re-reg. 03. 10. 90	to D-FOLQ
DDR **TLR**	PZL M-18A Dromader	1Z 019-26	04. 02. 89	IF/AF, agric. a/c to Flugservice & Development 01. 09. 90		re-reg. 03. 10. 90	to D-FOLR
DDR- **TLS**	PZL M-18A Dromader	1Z 019-27	04. 02. 89	IF/AF, agric. a/c to Flugservice & Development 01. 09. 90		re-reg. 03. 10. 90	to D-FOLS
DDR- **TLT**	PZL M-18A Dromader	1Z 019-03	17. 02. 89	IF/AF, agric. a/c to Flugservice & Development 01. 09. 90	cvtd to trainer-version 1989,	re-reg. 03. 10. 90	to D-FOLT
DDR- **TLU**	PZL M-18A Dromader	1Z 020-02	17. 02. 89	IF/AF, agric. a/c to Flugservice & Development 01. 09. 90		re-reg. 03. 10. 90	to D-FOLU
DDR- **TLV**	PZL M-18A Dromader	1Z 020-02	17. 02. 89	IF/AF, agric. a/c to Flugservice & Development 01. 09. 90		re-reg. 03. 10. 90	to D-FOLV

TM

DDR- **TMB**	PZL M-18A Dromader	1Z 021-08	15. 11. 89	IF/AF, agric. a/c to Flugservice & Development 01. 09. 90	re-reg. 03. 10. 90	to D-FOMB
DDR- **TMC**	PZL M-18A Dromader	1Z 021-09	15. 11. 89	IF/AF, agric. a/c to Flugservice & Development 01. 09. 90	re-reg. 03. 10. 90	to D-FOMC
DDR- **TMD**	PZL M-18A Dromader	1Z 021-10	15. 11. 89	IF/AF, agric. a/c to Flugservice & Development 01. 09. 90	re-reg. 03. 10. 90	to D-FOMD
DDR- **TME**	PZL M-18A Dromader	1Z 021-11	15. 11. 89	IF/AF, agric. a/c to Flugservice & Development 01. 09. 90	re-reg. 03. 10. 90	to D-FOME
DDR- **TMF**	PZL M-18A Dromader	1Z 021-12	15. 11. 89	IF/AF, agric. a/c to Flugservice & Development 01. 09. 90	re-reg. 03. 10. 90	to D-FOMF
DDR- **TMG**	PZL M-18A Dromader	1Z 021-13	15. 11. 89	IF/AF, agric. a/c to Flugservice & Development 01. 09. 90	re-reg. 03. 10. 90	to D-FOMG
DDR- **TMH**	PZL M-18A Dromader	1Z 021-14	15. 11. 89	IF/AF, agric. a/c to Flugservice & Development 01. 09. 90	re-reg. 03. 10. 90	to D-FOMH
DDR- **TMI**	PZL M-18A Dromader	1Z 021-15	15. 11. 89	IF/AF, agric. a/c to Flugservice & Development 01. 09. 90	re-reg. 03. 10. 90	to D-FOMI
DDR- **TMJ**	PZL M-18A Dromader	1Z 021-16	15. 11. 89	IF/AF, agric. a/c to Flugservice & Development 01. 09. 90	re-reg. 03. 10. 90	to D-FOMJ
DDR- **TMK**	PZL M-18A Dromader	1Z 021-17	15. 11. 89	IF/AF, agric. a/c to Flugservice & Development 01. 09. 90	re-reg. 03. 10. 90	to D-FOMK

DM-	**UAA**	VEB IL-14P	14803003	28. 09. 56	LSK/LV [registered as DM-ZZD also]	cnl 03. 09. 56	to ´400´ LSK/LV
DM-	**UAB**	VEB IL-14P	14803004	22. 12. 56	LSK/LV [registered as DM-ZZG also]	cnl 11. 03. 57	to ´437´ LSK/LV

VA

The following registration where only used as radio call signs for some transport aircrafts of the LSK/LV untill the mid seventies. They were never applied visible on the aircrafts! VA = Volksarmee (National Peoples Army)

DM-	**VAA**	Ilyushin IL-14P	146000831	28. 08. 58	LSK/LV, executive a/c ['470']	cnl ? ? ?
DM-	**VAB**	Ilyushin IL-14P	6341508	28. 08. 58	LSK/LV, pax a/c ['471']	cnl ? ? ?
DM-	**VAC**	VEB IL-14P	14803025	28. 08. 58	LSK/LV, executive a/c ['475']	cnl ? ? ?
DM-	**VAD**	VEB IL-14P	14803035	28. 08. 58	LSK/LV ['482']	cnl ? ? ?
DM-	**VAE**	VEB IL-14P	14803027	24. 10. 58	LSK/LV ['485']	cnl ? ? ?
DM-	**VAF**	VEB IL-14P	14803002	21. 11. 58	LSK/LV ['411']	cnl 24. 03. 77
DM-	**VAG**	VEB IL-14P	14803003	21. 11. 58	LSK/LV ['437']	cnl 24. 03. 77
DM-	**VAH**	VEB IL-14P	14803004	09. 11. 60	LSK/LV ['400']	cnl 24. 03. 77
DM-	**VAI**	VEB IL-14P	14803006	21. 11. 58	LSK/LV ['421']	cnl 24. 03. 77
DM-	**VAJ**	VEB IL-14P	14803007	21. 11. 58	LSK/LV ['445']	cnl 24. 03. 77
DM-	**VAK**	VEB IL-14P	14803021	21. 11. 58	LSK/LV ['401']	cnl 24. 03. 77
DM-	**VAL**	VEB IL-14P	14803022	21. 11. 58	LSK/LV ['426']	cnl 24. 03. 77
DM-	**VAM**	VEB IL-14P	14803031	21. 11. 58	LSK/LV ['433']	cnl 24. 03. 77
DM-	**VAN**	VEB IL-14P	14803032	21. 11. 58	LSK/LV ['444']	cnl 24. 03. 77
DM-	**VAO**	VEB IL-14P	14803042	21. 11. 58	LSK/LV ['409']	cnl 24. 03. 77
DM-	**VAP**	VEB IL-14P	14803043	21. 11. 58	LSK/LV ['405']	cnl 24. 03. 77
DM-	**VAQ**	VEB IL-14P	14803044	21. 11. 58	LSK/LV ['416']	cnl 24. 03. 77
DM-	**VAR**	VEB IL-14P	14803045	21. 11. 58	LSK/LV ['422']	cnl 24. 03. 77
DM-	**VAS**	VEB IL-14P	14803041	29. 11. 58	LSK/LV ['488']	cnl ? ? ?
DM-	**VAX**	Ilyushin IL-18V	180002302	28. 10. 60	LSK/LV ['493']	cnl 06. 07. 64
DM-	**VAY**	Ilyushin IL-18V	182005101	10. 10. 62	LSK/LV ['DM-STE']	cnl ? ? ?
DM-	**VAZ**	Ilyushin Il-18V	184007401	06. 07. 64	LSK/LV ['497']	cnl ? ? ?

The following registration where only used as radio call signs for some transport aircrafts of the LSK/LV untill the mid seventies. They were never applied visible on the aircrafts!

DM-	**VBA**	Tupolev TU-124V	1505	1965	LSK/LV, executive a/c ['495']	cnl ? ? ?
DM-	**VBB**	Tupolev TU-134	9350913	1969	LSK/LV, executive a/c ['177']	cnl ? ? ?
DM-	**VBC**	Tupolev TU-134A	35180	1975	LSK/LV, executive a/c ['181']	cnl ? ? ?
DM-	**VBD**	Tupolev TU-134A	1351305	1975	LSK/LV, executive a/c ['182']	cnl ? ? ?

Also used as radio call sign by LSK/LV DM-UAA to DM-UZZ, but no direct adjusted to an aircraft! (except UAA and UAB)

IL-18 der LSK/LV ´493´, Rufzeichen DM-VAX
IL-18 of LSK/LV ´493`, call sign DM-VAX

´181´ TU-134A der LSK/LV , Rufzeichen DM-VBC
´181´TU-134A of LSK/LV, call sign DM-VBC

VG

DDR-	**VGA**	PZL Mi-2	563402034	24. 09. 90	VP, police helicopter (ex ´302´ NVA/GT)
DDR-	**VGB**	PZL Mi-2	563404044	24. 09. 90	VP, police helicopter (ex ´304´ NVA/GT)
DDR-	**VGC**	PZL Mi-2	563821114	24. 09. 90	VP, police helicopter (ex ´307´ NVA/GT)
DDR-	**VGD**	PZL Mi-2	568837104	24. 09. 90	VP, police helicopter (ex ´311´ NVA/GT)
DDR-	**VGE**	PZL Mi-2	568838104	24. 09. 90	VP, police helicopter (ex ´312´ NVA/GT)
DDR-	**VGF**	PZL Mi-2	569341085	24. 09. 90	VP, police helicopter (ex ´314´ NVA/GT)
DDR-	**VGH**	PZL Mi-2	569342085	24. 09. 90	VP, police helicopter (ex ´322´ NVA/GT)
DDR-	**VGI**	PZL Mi-2	563150103	24. 09. 90	VP, police helicopter (ex ´401´ NVA/GT)
DDR-	**VGJ**	PZL Mi-2	562817043	24. 09. 90	VP, police helicopter (ex ´420´ NVA/GT)
DDR-	**VGK**	PZL Mi-2	543048083	24. 09. 90	VP, police helicopter (ex ´500´ NVA/GT)
DDR-	**VGL**	PZL Mi-2	562819043	24. 09. 90	VP, police helicopter (ex ´501´ NVA/GT)
DDR-	**VGM**	PZL Mi-2	562945063	24. 09. 90	VP, police helicopter (ex ´504´ NVA/GT)
DDR-	**VGN**	PZL Mi-2	543620074	24. 09. 90	VP, police helicopter (ex ´555´ NVA/GT)
DDR-	**VGO**	PZL Mi-2	543624074	24. 09. 90	VP, police helicopter (ex ´556´ NVA/GT)
DDR-	**VGP**	PZL Mi-2	543625074	24. 09. 90	VP, police helicopter (ex ´557´ NVA/GT)

DM-	**VPD**	Kamov Ka-26	7303307	01. 03. 73	VP, police helicopter crashed near Bad Düben	w/o 01. 10. 80	
DDR-	**VPE**	PZL Mi-2	538117033	27. 06. 83	VP, police helicopter		
DDR-	**VPF**	PZL Mi-2	538118033	27. 06. 83	VP, police helicopter		
DDR-	**VPG**	PZL Mi-2	538839114	27. 02. 85	VP, police helicopter		
DDR-	**VPH**	PZL Mi-2	538840114	27. 02. 85	VP, police helicopter		
DDR-	**VPI**	PZL Mi-2	539810066	30. 07. 86	VP, police helicopter		
DDR-	**VPJ**	PZL Mi-2	539811066	30. 07. 86	VP, police helicopter		
DM- DDR-	**VPK**	Kamov Ka-26	7404609	22. 11. 74	VP, police helicopter		
DM- DDR-	**VPR**	Kamov Ka-26	7404108	10. 05. 74	VP, police helicopter		
DDR-	**VPS**	PZL-104 Wilga 35A	61110	05. 08. 82	VP, utility a/c (ex DM-WBE GST), crashed at Magdeburg on take off	w/o 05. 04. 83	
DDR-	**VPT**	PZL-104 Wilga 35A	61108	05. 08. 82	VP, utility a/c (ex DM-WBC GST), 06. 86 transf. to IF/FIF as photo a/c	cnl 21. 11. 89	stored at SXF

PO-2's

DM-	**WAA**	Polikarpov PO-2	10918	16. 09. 56	GST, glider tug/para drop a/c (ex Soviet AF)	cnl 04. 03. 59	
DM-		CSS-13 (PO-2)	420-32	19. 08. 65	GST, glider tug a/c (ex SP-AFN APRL)	cnl 06. 12. 71	preserved at Armeemuseum at Dresden in Soviet AF markings
DM-	**WAB**	Polikarpov PO-2	10998	16. 09. 56	GST, glider tug/para drop a/c (ex Soviet AF)	cnl 06. 07. 60	
DM-		CSS-13 (PO-2)	420-91	19. 08. 65	GST, glider tug a/c (ex SP- ? APRL)	cnl 06. 12. 71	
DM-	**WAC**	Zlin Z-126T2	763	25. 04. 62	GST, trainer/glider tug a/c (ex LSK/LV)	cnl 31. 05. 73	
DM-	**WAD**	Zlin Z-126T2	761	10. 01. 57	GST, trainer/glider tug a/c (ex LSK/LV)	cnl 10. 09. 70	
DM-	**WAE**	Zlin Z-126T2	766	25. 04. 62	GST, trainer/glider tug a/c (ex LSK/LV)	cnl 25. 09. 72	
DM-	**WAF**	Zlin Z-126T2	805	10. 01. 57	GST, trainer/glider tug a/c (ex LSK/LV)	cnl 27. 02. 73	broken up
DM-	**WAG**	Zlin Z-126T2	806	10. 01. 57	GST, trainer/glider tug a/c (ex LSK/LV)	cnl 10. 09. 70	
DM-	**WAH**	Zlin Z-126T2	807	27. 02. 57	GST, trainer/glider tug a/c (ex LSK/LV)	cnl 06. 07. 60	
DM-		CSS-13 (PO-2)	0408	21. 07. 67	GST, glider tug a/c (ex SP-ATA APRL)	cnl 10. 05. 76	broken up
DM-	**WAI**	Zlin Z-126T2	813	10. 01. 57	GST, trainer/glider tug a/c (ex LSK/LV)	cnl 16. 08. 71	
DM-	**WAJ**	Zlin Z-126T2	814	10. 01. 57	GST, trainer/glider tug a/c (ex LSK/LV)	w/o 29. 10. 60	
DM-		CSS-13 (PO-2)	0412	21. 07. 67	GST, glider tud a/c (ex SP- ? APRL)	cnl 18. 12. 70	
DM-	**WAK**	Zlin Z-126T2	842	10. 01. 57	GST, trainer/glider tug a/c (ex LSK/LV)	cnl 06. 10. 65	
DM-		CSS-13 (PO-2)	420-90	21. 07. 67	GST, glider tug a/c (ex SP- ? APRL)	cnl 21. 03. 75	
DM-	**WAL**	Polikarpov PO-2	642.615	12. 11. 56	GST, glider tud/para drop a/c (ex Soviet AF)	cnl 06. 07. 60	
DM-		CSS-13 (PO-2)	0410	19. 08. 65	GST, glider tug a/c (ex SP-ATB APRL)	cnl 16. 08. 71	
DM-	**WAM**	Zlin Z-126T2	742	21. 11. 56	GST, trainer/glider tug a/c (ex LSK/LV)	cnl 04. 05. 71	
DM-	**WAN**	Zlin Z-126T2	743	08. 04. 58	GST, trainer/glider tug a/c (ex LSK/LV)	cnl 17. 07. 77	broken up
DM-	**WAO**	Zlin Z-126T2	744	21. 05. 58	GST, trainer/glider tug a/c (ex LSK/LV)	cnl 17. 07. 77	broken up
DM-	**WAP**	Mraz M-1D Sokol	366	20. 03. 57	GST, touring a/c	cnl 20. 02. 67	broken up
DM-		CSS-13 (PO-2)	420-101	21. 07. 67	GST, glider tug a/c (ex SP- ? APRL)	cnl 16. 08. 71	
DM-	**WAQ**	Zlin Z-126T2	815	18. 02. 57	TH-Dresden-Institut for Aerodynamic, trainer/glider tug a/c later to GST, (ex LSK/LV)	cnl 04. 05. 71	
DM-	**WAR**	Zlin Z-126T2	816	04. 03. 59	GST, trainer/glider tug a/c (ex LSK/LV)	cnl 10. 05. 76	

CSS-13 (PO-2)

CSS-13 (PO-2)

DM-	**WAS**	Mraz M-1D Sokol	365	06. 10. 59	GST, touring a/c (ex LSK/LV)	transf. 11. 05. 62	to LSK/LV (ASV) as '5008'
DM-		CSS-13 (PO-2)	420-104	21. 07. 67	GST, glider tug a/c (ex SP- ? APRL) crashed	w/o 09. 08. 68	
DM-	**WAT**	Polikarpov PO-2	22671	08. 05. 57	GST, glider tug/para drop a/c (ex Soviet AF)	cnl 05. 06. 59	
DM-		CSS-13 (PO-2)	0403	19. 08. 65	GST, glider tug a/c (ex SP-ASW APRL)	cnl 16. 12. 70	
DM-	**WAU**	Polikarpov PO-2	11222	05. 10. 57	GST, glider tug/para drop a/c (ex Soviet AF)	cnl 30. 12. 65	
DM-	**WAV**	Polikarpov PO-2	0158	15. 05. 57	GST, glider tug/para drop a/c (ex Soviet AF)	cnl 06. 12. 65	
DM-	**WAW**	Zlin Z-226B	38	01. 04. 57	GST, glider tug a/c	cnl 08. 10. 65	
DM-		L-60 Brigadyr	150508	04. 60	GST, para drop a/c, for test flights only (ex DM-SIE DLF, ex OK-LKA)	cnl ?	returned to manufacturer
DM-		CSS-13 (PO-2)	8-0509	21. 07. 67	GST, glider tug a/c (ex SP- ? APRL)	cnl 30. 09. 71	broken up
DM-	**WAX**	Zlin Z-126T2	810	01. 04. 57	GST, trainer/glider tug a/c (ex LSK/LV)	cnl 17. 10. 77	broken up
DM-	**WAY**	Polikarpov Po-2	11130	18. 12. 57	GST, glider tug/para drop a/c (ex Soviet AF) crashed	w/o 10. 08. 59	
DM-		CSS-13 (PO-2)	0460	19. 08. 65	GST, glider tug a/c (ex SP-ANM APRL)	cnl 31. 05. 73	
DM-	**WAZ**	Zlin Z-126T2	834	07. 03. 62	GST, trainer/glider tug a/c (ex DM-ZZF FWD)	cnl 28. 09. 71	

M-WBG
DDR

DM-	**WBA**	Yakovlev Yak-18	6116	05. 03. 57	GST, trainer (ex LSK/LV)	transf. 31. 08. 65	to APRL in exchange for CSS-13 (PO-2)
DM- DDR-		PZL-104 Wilga-	61106	24. 05. 71	GST, glider tug a/c		
DM-	**WBB**	35AYakovlev Yak-18	6127	05. 03. 57	GST, trainer (ex LSK/LV)	transf. 19. 12. 67	to APRL in exchange for CSS-13 (PO-2)
DM- DDR-		PZL-104 Wilga-35A	61107	02. 05. 71	GST, glider tug a/c		
DM-	**WBC**	Yakovlev Yak-18	6005	05. 05. 57	GST, trainer (ex LSK/LV)	transf. 31. 12. 67	to APRL in exchange for CSS-13 (PO-2)
DM-		PZL-104 Wilga-35A	61108	*08. 05. 71*	GST, glider tug a/c transferred 1980 to VP	re-reg. 05. 08. 82	to DDR-VPT
DM-	**WBD**	Yakovlev Yak-18	6222	04. 03. 57	GST, trainer (ex LSK/LV)	transf. 19. 12. 67	to APRL in exchange for CSS-13 (PO-2)
DM-		PZL-104 Wilga-35A	61109	*08. 05. 71*	GST, glider tug a/c crashed	w/o 21. 03. 75	
DM-	**WBE**	Yakovlev Yak-18	5938	04. 03. 57	GST, trainer (ex LSK/LV)	transf. 19. 12. 67	to APRL in exchange for CSS-13 (PO-2)
DM-		PZL-104 Wilga-35A	61110	*08. 05. 71*	GST, glider tug a/c transferred 1980 to VP	re-reg. 05. 08. 82	to DDR-VPS
DM-	**WBF**	Yakovlev Yak-18	6034	05. 03. 57	GST, trainer (ex LSK/LV)	cnl 01. 12. 65	
DM- DDR-		PZL-104 Wilga-35A	61111	*08. 05. 71*	GST, glider tug a/c		
DM-	**WBG**	Yakovlev Yak-18	6015	05. 03. 57	GST, trainer (ex LSK/LV)	cnl 31. 12. 65	
DM- DDR-		PZL-104 Wilga-35A	61112	24. 05. 71	GST, glider tug a/c		
DM-	**WBH**	Yakovlev Yak-18	6216	05. 03. 57	GST, trainer (ex LSK/LV)	transf. 31. 12. 67	to APRL in exchange for CSS-13 (PO-2)
DM- DDR-		PZL-104 Wilga-35A	61113	24. 05. 71	GST, glider tug a/c		
DM-	**WBI**	Yakovlev Yak-18	6119	19. 06. 57	GST, trainer (ex LSK/LV)	cnl 08. 10. 65	
DM-		PZL-104 Wilga-35A	61114	24. 05. 71	GST, glider tug a/c badly damaged	w/o . 78	
DM- DDR-		PZL-104 Wilga-35A	140535	? ? ?	GST, glider tug a/c test flights with agric. equipment at Kyritz, 1982 transf. to IF/FIF as utility a/c, wfu		
DM-	**WBJ**	Yakovlev Yak-18	6014	05. 05. 58	GST, trainer (ex LSK/LV)	transf. 19. 12. 67	to APRL in exchange for CSS-13 (PO-2)
DM- DDR-		PZL-104 Wilga-35A	61115	24. 05. 71	GST, glider tug a/c		
DM-	**WBK**	Yakovlev Yak-18	6138	20. 01. 59	GST, trainer (ex LSK/LV)	cnl 01. 12. 65	
DM-		PZL-104 Wilga-35A	61116	02. 05. 71	GST, glider tug a/c badly damaged	w/o . 75	

DM-	WBL	Yakovlev Yak-18	6001	16. 05. 61	GST, trainer (ex LSK/LV)	cnl 01. 09. 65	
DM-		PZL-104 Wilga-35A	61117	02. 05. 71	GST, glider tug a/c crashed	w/o ?	
DM-		PZL-104 Wilga-35A	74217	. 74	GST, glider tug a/c badly damaged	w/o ?	
DM- DDR-		PZL-104 Wilga-35A	140536	. 80	GST, glider tug a/c		
DM-	WBM	Yakovlev Yak-18	6011	19. 06. 57	GST, trainer (ex LSK/LV)	cnl 06. 07. 60	
DM- DDR-		PZL-104 Wilga-35A	61118	02. 05. 71	GST, glider tug a/c		
DM-	WBN	Yakovlev Yak-18	6129	19. 06. 57	GST, trainer (ex LSK/LV)	cnl 01. 09. 65	
DM- DDR-		PZL-104 Wilga-35A	62175	23. 04. 73	GST, glider tug a/c		
DM-	WBO	Yakovlev Yak-18	6213	26. 06. 57	GST, trainer (ex LSK/LV)	cnl 01. 12. 65	
DM- DDR-		PZL-104 Wilga-35A	62177	23. 04. 73	GST, glider tug a/c		
DM-	WBP	Yakovlev Yak-18	6227	25. 06. 57	GST, trainer (ex LSK/LV)	transf. 19. 12. 67	to APRL in exchange for CSS-13 (PO-2)
DM-		PZL-104 Wilga-35A	62178	23. 04. 73	GST, glider tug a/c badly damaged	w/o 29. 01. 74	
DM-	WBQ	Yakovlev Yak-18	6218	19. 06. 57	GST, trainer (ex LSK/LV)	transf. 31. 12. 67	to APRL in exchange for CSS-13 (PO-2)
DM- DDR-		PZL-104 Wilga-35A	62179	23. 04. 73	GST, glider tug a/c		
DM-	WBR	Yakovlev Yak-18	5926	19. 06. 57	GST, trainer (ex LSK/LV)	cnl 06. 07. 60	
DM- DDR-		PZL-104 Wilga-35A	62180	23. 04. 73	GST, glider tug a/c		
DM-	WBS	Yakovlev Yak-18	6112	12. 12. 57	GST, trainer (ex LSK/LV)	transf. 31. 12. 67	to APRL in exchange for CSS-13 (PO-2)
DM- DDR-		PZL-104 Wilga-35A	62181	23. 04. 73	GST, glider tug a/c		
DM-	WBT	Yakovlev Yak-18	6318	12. 12. 57	GST, trainer (ex LSK/LV)	cnl 06. 03. 69	
DM- DDR-		PZL-104 Wilga-35A	62182	23. 04. 73	GST, glider tug a/c		
DM-	WBU	Yakovlev Yak-18	6012	12. 02. 57	GST, trainer (ex LSK/LV)	cnl 08. 10. 65	
DM- DDR-		PZL-104 Wilga-35A	62183	10. 01. 74	GST, glider tug a/c		
DM-	WBV	Yakovlev Yak-18	6124	12. 12. 57	GST, trainer (ex LSK/LV)	cnl 06. 07. 60	
DM-		PZL-104 Wilga-35A	62160	. 72	GST, glider tug a/c badly damaged	w/o ?	
DM- DDR-		PZL-1o4 Wilga-35A	62166	10. 01. 74	GST, glider tug a/c		

DM-	**WBW**	Yakovlev Yak-18	6006	06. 01. 58	GST, trainer (ex LSK/LV)	transf. 31. 12. 67	to APRL in exchange for CSS-13 (PO-2)
DM-		PZL-104 Wilga-35A	62161	. . 72	GST, glider tug a/c badly damaged	w/o ?	
DM- DDR-		PZL-104 Wilga-35A	62167	10. 01. 74	GST, glider tug a/c		
DM-	**WBX**	Yakovlev Yak-18	6121	12. 12. 57	GST, trainer (ex LSK/LV)	cnl 24. 08. 61	
DM- DDR-		PZL-104 Wilga-35A	62162	10. 01. 74	GST, glider tug a/c		
DM-	**WBY**	Yakovlev Yak-18	5932	27. 02. 58	GST, trainer (ex LSK/LV)	transf. 31. 12. 67	to APRL in exchange for CSS-13 (PO-2)
DM- DDR-		PZL-104 Wilga-35A	62163	10. 01. 74	GST, glider tug a/c		
DM-	**WBZ**	Yakovlev Yak-18	6016	10. 05. 58	GST, trainer (ex LSK/LV)	cnl 10. 03. 66	
DM-		PZL-104 Wilga-35A	74212	12. 02. 75	GST, glider tug a/c badly damaged	w/o ?	
DM- DDR-		PZL-104 Wilga-35A	140537	. 80	GST, glider tug a/c		

PZL-104 Wilga-35A

AN-2 DM-WCZ

AN-2 DM-WCY

Zlin Z-226B DM-WCH

L-40 Meta Sokol DM-WCP

DM-	**WCA**	Zlin Z-226B	75	30. 03. 58	GST, glider tug a/c	cnl 27. 02. 73	broken up
DM-	**WCB**	Zlin Z-226B	46	03. 05. 62	GST, glider tug a/c	cnl 13. 12. 78	broken up
DM-	**WCC**	Zlin Z-226B	50	22. 05. 62	GST, glider tug a/c	cnl 17. 10. 77	broken up
DM-	**WCD**	Zlin Z-226T6	8612-892	17. 07. 65	GST, trainer/glider tug a/c	cnl 13. 01. 78	broken up
DM-	**WCE**	Zlin Z-226T6	141	01. 04. 58	GST, trainer/glider tug a/c crashed	w/o 29. 10. 60	
DM-	**WCF**	Zlin Z-226T6	142	14. 04. 58	GST, trainer/glider tug a/c crashed	w/o 06. 07. 60	
DM-	**WCG**	Zlin Z-226T6	143	14. 04. 58	GST, trainer/glider tug a/c	cnl 17. 10. 77	broken up
DM-	**WCH**	Zlin Z-226B	74	30. 03. 58	GST, glider tug a/c	cnl 30. 06. 78	broken up
DM-	**WCI**	Polikarpov PO-2	11259	17. 03. 59	GST, glider tug a/c	cnl 22. 03. 66	
DM-	**WCJ**	Polikarpov PO-2	16806007	18. 03. 59	GST, glider tug a/c crashed	w/o 01. 02. 60	
DM-	**WCK**	Polikarpov PO-2	16806010	23. 01. 59	GST, glider tug a/c	cnl 30. 12. 65	
DM-	**WCL**	L-40 Meta Sokol	150508	29. 04. 59	GST, touring a/c	cnl 24. 05. 76	broken up
DM-	**WCM**	L-40 MetaSokol	150509	05. 05. 59	GST, touring a/c	cnl 17. 10. 77	broken up
DM- DDR-	**WCN**	L-40 Meta Sokol	150511	05. 05. 59	GST, touring a/c	cnl 20. 01. 83	
DM-	**WCO**	L-40 Meta Sokol	150512	05. 05. 59	GST, touring a/c	cnl 08. 10. 65	
DM- DDR-	**WCP**	L-40 Meta Sokol	150513	05. 05. 59	GST, touring a/c	cnl 23. 02. 84	
DM-	**WCQ**	Polikarpov PO-2	944050	25. 05. 59	GST, glider tug a/c	transf. 01. 07. 61	to LSK/LV (ASV)
DM-		CSS-13 (PO-2)	02-58	22. 05. 65	GST, glider tug a/c	cnl 17. 04. 69	broken up
DM-	**WCR**	Polikarpov PO-2	010	16. 06. 58	GST, glider tug a/c	cnl 08. 12. 67	broken up
DM-	**WCT**	L-60 Brigadyr	150913	21. 04. 60	GST, para drop/glider tug a/c damaged 13. 06. 60, repaired	cnl 1. 12. 72	
DM-	**WCU**	L-60 Brigadyr	151114	21. 04. 60	GST, para drop/glider tug a/c badly damaged	w/o 19. 09. 60	
DM-	**WCV**	L-60 Brigadyr	151122	03. 02. 60	GST, para drop/glider tug a/c	cnl 27. 02. 73	broken up
DM-	**WCW**	L-60 Brigadyr	151123	03. 02. 60	GST, para drop/glider tug a/c	cnl 25. 09. 72	
DM-	**WCX**	Antonov AN-2T	113901	24. 06. 60	GST, para drop a/c	cnl 29. 08. 79	to LSK/LV as ´469´
DM-	**WCY**	Antonov AN-2T	18119	01. 02. 58	GST, para drop a/c	cnl 29. 01. 74	
DM-	**WCZ**	Antonov AN-2T	18120	01. 02. 58	GST, para drop a/c	cnl 15. 04. 76	

DM-WDA

DM-	WDA	Yakovlev Yak-18	6010	10. 04. 58	GST, trainer	cnl 06. 03. 69	
DM-	WDB	Yakovlev Yak-18	6231	03. 05. 61	GST, trainer	cnl 31. 12. 67	sold to Poland in exchange for SZD-9bis 1D
DM-		Yakovlev Yak-18A	1905	08. 12. 69	GST, trainer	cnl 21. 03. 75	
DM-	WDC	Yakovlev Yak-18	6113	27. 02. 58	GST, trainer	cnl 02. 06. 65	
DM-		Yakovlev Yak-18A	1914	08. 12. 69	GST, trainer	cnl 24. 08. 78	broken up
DM-	WDD	Yakovlev Yak-18	5936	09. 12. 58	GST, trainer	cnl 01. 12. 65	
DM-		Yakovlev Yak-18A	0504	31. 03. 70	GST, trainer	cnl 13. 01. 78	broken up
DM-	WDE	Yakovlev Yak-18	6206	19. 12. 58	GST, trainer	cnl 31. 12. 67	sold to Poland in exchange for SZD-9bis 1D
DM-		Yakovlev Yak-18A	1911	31. 03. 70	GST, trainer	cnl 24. 08. 78	broken up
DM-	WDF	Yakovlev Yak-18	6118	28. 10. 58	GST, trainer	cnl 19. 12. 67	sold to Poland in exchange for SZD-9bis 1D
DM-		Yakovlev Yak-18A	0508	14. 01. 71	GST, trainer	cnl 10. 05. 76	broken up
DM-	WDG	Yakovlev Yak-18	6131	14. 11. 58	GST, trainer	cnl 31. 12. 67	sold to Poland in exchange for SZD-9bis 1D
DM-		Yakovlev Yak-18A	1908	14. 01. 71	GST, trainer	cnl 29. 01. 74	
DM-	WDH	Yakovlev Yak-18U	2018	19. 09. 58	GST, trainer	cnl 16. 08. 71	
DM-	WDI	Yakovlev Yak-18U	2019	19. 09. 58	GST, trainer	cnl 20. 07. 72	
DM-	WDJ	Yakovlev Yak-18U	2017	19. 09. 58	GST, trainer	cnl 16. 12. 70	
DM-	WDK	Yakovlev Yak-18U	2021	19. 09. 58	GST, trainer	cnl 16. 08. 71	
DM-	WDL	Yakovlev Yak-18U	2022	29. 08. 58	GST, trainer crashed	w/o 13. 07. 60	
DM-	WDM	Yakovlev Yak-18U	2023	19. 09. 58	GST, trainer	cnl 28. 09. 71	broken up
DM-	WDN	Yakovlev Yak-18U	2020	08. 01. 59	GST, trainer	cnl 10. 09. 70	
DM-	WDO	Yakovlev Yak-18U	2327	08. 01. 59	GST, trainer	cnl 04. 05. 71	
DM-	WDP	Yakovlev Yak-18U	2027	08. 01. 59	GST, trainer	cnl 06. 12. 71	
DM-	WDQ	Yakovlev Yak-18U	2405	08. 01. 59	GST, trainer	cnl 01. 07. 70	
DM-	WDR	Yakovlev Yak-18U	2406	08. 01. 59	GST, trainer	cnl 30. 09. 71	broken up
DM-	WDS	Yakovlev Yak-18U	2407	08. 01. 59	GST, trainer	cnl 25. 07. 72	
DM-	WDT	Yakovlev Yak-18U	2408	08. 01. 59	GST, trainer	cnl 06. 12. 71	

DM-	**WDU**	Yakovlev Yak-18U	2409	08. 01. 59	GST, trainer	cnl 16. 08. 71
DM-	**WDV**	Yakovlev Yak-18U	2410	08. 01. 59	GST, trainer	cnl 16. 12. 70
DM-	**WDW**	Yakovlev Yak-18U	2611	08. 01. 59	GST, trainer	cnl 23. 07. 71
DM-	**WDX**	Yakovlev Yak-18U	2016	06. 01. 59	GST, trainer	cnl 16. 08. 71
DM-	**WDY**	Yakovlev Yak-18U	2026	06. 01. 59	GST, trainer	cnl 25. 07. 72
DM-	**WDZ**	Yakovlev Yak-18U	2623	06. 01. 59	GST, trainer	cnl 01. 09. 65

Zlin Z-226T6 (DDR-WEJ)

DM- DDR-	**WEA**	Zlin Z-226T6	231	12. 05. 59	GST, trainer/glider tug a/c	cnl 23. 02. 84	
DM-	**WEB**	Zlin Z-226T6	232	06. 05. 59	GST, trainer/glider tug a/c	cnl 29. 08. 79	
DM-	**WEC**	Zlin Z-226T6	233	29. 04. 59	GST, trainer/glider tug a/c	cnl 15. 04. 76	
DM-	**WED**	Zlin Z-226T6	234	06. 05. 59	GST, trainer/glider tug a/c	cnl 15. 04. 76	
DM-	**WEE**	Zlin Z-226T6	235	29. 04. 59	GST, trainer/glider tug a/c crashed	w/o 07. 07. 64	
DM-	**WEF**	Zlin Z-226T6	239	06. 05. 59	GST, trainer/glider tug a/c	cnl 13. 01. 78	broken up
DM- DDR-	**WEG**	Zlin Z-226T6	240	06. 05. 59	GST, trainer/glider tug a/c	cnl 20. 01. 83	
DM-	**WEH**	Zlin Z-226T6	241	29. 04. 59	GST, trainer/glider tug a/c	cnl 03. 04. 78	
DM-	**WEI**	Zlin Z-226T6	242	29. 04. 59	GST, trainer/glider tug a/c	cnl 15. 04. 76	
DM- DDR-	**WEJ**	Zlin Z-226T6	243	06. 05. 59	GST, trainer/glider tug a/c, later cvtd. to special aerobatic a/c	cnl 20. 01. 83	preserved at Finsterwalde/ Aeroclub-Museum
DM-	**WEK**	Zlin Z-226T6	244	06. 05. 59	GST, trainer/glider tug a/c	cnl 31. 05. 73	
DM-	**WEL**	Zlin Z-226T6	245	12. 05. 59	GST, trainer/glider tug a/c	cnl 17. 10. 77	broken up
DM-	**WEM**	Zlin Z-226T6	286	25. 06. 59	GST, trainer/glider tug a/c	cnl 13. 11. 69	
DM-	**WEN**	Zlin Z-226T6	287	25. 06. 59	GST, trainer/glider tug a/c	cnl 30. 06. 78	broken up
DM-	**WEO**	Zlin Z-226T6	288	25. 06. 59	GST, trainer/glider tug a/c	cnl 01. 12. 72	
DM-	**WEP**	Zlin Z-226T6	289	25. 06. 59	GST, trainer/glider tug a/c	cnl 17. 10. 77	broken up
DM-	**WEQ**	Zlin Z-226T6	165	25. 06. 59	GST, trainer/glider tug a/c	cnl 17. 10. 77	broken up
DM-	**WER**	Zlin Z-226T6	291	25. 06. 59	GST, trainer/glider tug a/c	cnl 27. 02. 73	broken up
DM-	**WES**	Zlin Z-226T6	292	25. 06. 59	GST, trainer/glider tug a/c	cnl 17. 10. 77	broken up
DM-	**WET**	Zlin Z-226T6	293	25. 06. 59	GST, trainer/glider tug a/c	cnl 17. 10. 73	broken up
DM-	**WEU**	Zlin Z-226T6	294	25. 06. 59	GST, trainer/glider tug a/c	cnl 17. 10. 73	broken up
DM-	**WEV**	Zlin Z-226T6	295	25. 06. 59	GST, trainer/glider tug a/c badly damaged	w/o 06. 12. 71	
DM-	**WEW**	Zlin Z-226T6	296	25. 06. 59	GST, trainer/glider tug a/c	cnl 01. 02. 77	broken up
DM-	**WEX**	Zlin Z-226T6	297	22. 06. 59	GST, trainer/glider tug a/c	cnl 17. 10. 77	broken up
DM-	**WEY**	Zlin Z-226T6	352	20. 04. 67	GST, glider tug a/c	cnl 17. 10. 77	broken up
DM-	**WEZ**	Zlin Z-226T6	22-364	27. 10. 66	GST, glider tug a/c (ex DM-ZZC FWD)	cnl 15. 04. 76	broken up

Jak-18A der Zwickauer GST-Kunstflugstaffel
Yak-18A of the GST-Aerobatic Team Zwickau

DM-	**WFA**	Yakovlev Yak-18U	2028	11. 07. 59	GST, trainer crashed	w/o 04. 07. 62	
DM-		Yakovlev Yak-18A	1906	18. 07. 68	GST, trainer crashed	w/o 10. 09. 70	
DM- DDR-		Zlin Z-43	0038/01	11. 06. 74	GST, touring a/c		
DM-	**WFB**	Yakovlev Yak-18U	2328	25. 05. 59	GST, trainer	cnl 16. 12. 70	
DM- DDR-		Zlin Z-43	0039/01	11. 06. 74	GST, touring a/c		
DM-	**WFC**	Yakovlev Yak-18U	2326	25. 05. 59	GST, trainer	cnl 30. 09. 71	broken up
DM- DDR-		Zlin Z-43	0040/01	11. 06. 74	GST, touring a/c		
DM-	**WFD**	Yakovlev Yak-18U	2330	11. 07. 59	GST, trainer	cnl 30. 09. 71	broken up
DM- DDR-		Zlin Z-43	0041/01	11. 09. 74	GST, touring a/c		
DM-	**WFE**	Yakovlev Yak-18U	2404	14. 07. 59	GST, trainer	cnl 01. 07. 70	
DM- DDR-		Zlin Z-43	0042/02	11. 09. 74	GST, touring a/c		
DM-	**WFF**	Yakovlev Yak-18U	2409	15. 07. 59	GST, trainer	cnl 13. 11. 69	
DM-	**WFG**	Yakovlev Yak-18U	2624	14. 07. 59	GST, trainer	cnl 01. 07. 70	
DM- DDR-		Zlin Z-43	0043/02	11. 09. 74	GST, touring a/c		
DM-	**WFH**	Yakovlev Yak-18U	2401	15. 07. 59	GST, trainer	cnl 30. 09. 71	broken up
DM- DDR-		Zlin Z-43	0044/02	11. 09. 74	GST, touring a/c		
DM-	**WFI**	Yakovlev Yak-18U	2329	11. 07. 59	GST, trainer	cnl 16. 02. 72	
DM- DDR-		Zlin Z-43	0074	14. 07. 76	GST, touring a/c		
DM-	**WFJ**	Yakovlev Yak-18U	2402	14. 07. 59	GST, trainer	cnl 16. 08. 71	
DM-	**WFK**	Yakovlev Yak-18U	2625	11. 07. 59	GST, trainer	cnl 17. 04. 69	
DM-	**WFL**	Yakovlev Yak-18A	0503	06. 02. 60	GST, trainer	cnl 15. 04. 76	
DM-	**WFM**	Yakovlev Yak-18A	0506	06. 02. 60	GST, trainer	cnl 01. 12. 72	
DM-	**WFN**	Yakovlev Yak-18A	0510	06. 02. 60	GST, trainer	cnl 21. 03. 75	
DM-	**WFO**	Yakovlev Yak-18A	0430	06. 02. 60	GST, trainer	cnl 01. 02. 77	
DM-	**WFP**	Yakovlev Yak-18A	0514	06. 02. 60	GST, trainer	cnl 01. 02. 77	

DM-	**WFQ**	Yakovlev Yak-18A	0517	06. 02. 60	GST, trainer crashed	w/o 06. 07. 60	
DM-		Yakovlev Yak-18A	1907	18. 07. 68	GST, trainer	cnl 25. 09. 72	
DM-	**WFR**	Yakovlev Yak-18A	0518	06. 02. 60	GST, trainer	cnl 26. 02. 74	
DM-	**WFS**	Yakovlev Yak-18A	0522	06. 02. 60	GST, trainer	cnl 21. 03. 75	
DM-	**WFT**	Yakovlev Yak-18A	0523	06. 02. 60	GST, trainer	cnl 01. 12. 72	
DM-	**WFU**	Yakovlev Yak-18A	0528	06. 02. 60	GST, trainer	cnl 09. 08. 78	broken up
DM-	**WFV**	Yakovlev Yak-18A	0530	06. 02. 60	GST, trainer	cnl 21. 03. 75	broken up
DM-	**WFW**	Yakovlev Yak-18A	0602	06. 02. 60	GST, trainer	cnl 17. 10. 77	broken up
DM-	**WFX**	Yakovlev Yak-18A	0608	06. 02. 60	GST, trainer	cnl 25. 09. 72	
DM-	**WFY**	Yakovlev Yak-18A	0611	06. 02. 60	GST, trainer	cnl 01. 02. 77	broken up
DM-	**WFZ**	Yakovlev Yak-18A	0614	06. 02. 60	GST, trainer	cnl 15. 04. 76	

DM-	WGA	Yakovlev Yak-18A	0612	06. 02. 60	GST, trainer	cnl 24. 05. 76	broken up
DM-	WGB	Yakovlev Yak-18A	0512	03. 08. 64	GST, trainer	cnl 17. 10. 77	broken up
DM-	WGC	Yakovlev Yak-18A	0519	03. 08. 64	GST, trainer	cnl 13. 01. 78	broken up
DM-	WGD	Yakovlev Yak-18A	0524	03. 08. 64	GST, trainer	cnl 15. 04. 76	
DM-	WGE	Yakovlev Yak-18A	0526	03. 08. 64	GST, trainer	cnl 27. 02. 73	broken up
DM-	WGF	Yakovlev Yak-18A	0604	03. 08. 64	GST, trainer	cnl 17. 10. 77	broken up
DM-	WGG	Yakovlev Yak-18A	0515	03. 08. 64	GST, trainer	cnl 27. 06. 75	
DM-	WGH	Yakovlev Yak-18A	0525	03. 08. 64	GST, trainer	cnl 24. 08. 78	broken up
DM-	WGI	Yakovlev Yak-18A	0527	03. 08. 64	GST, trainer	cnl 21. 01. 80	
DM-	WGJ	Yakovlev Yak-18A	0511	03. 08. 64	GST, trainer	cnl 27. 02. 73	broken up
DM-		Yakovlev Yak-18A	1902	15. 01. 74	GST, trainer	cnl 17. 10. 77	broken up
DM-	WGK	Yakovlev Yak-18A	0520	03. 08. 64	GST, trainer	cnl 27. 02. 73	broken up
DM-		Yakovlev Yak-18A	1913	28. 12. 73	GST, trainer	cnl 01. 02. 77	broken up
DM-	WGL	Yakovlev Yak-18A	0505	03. 08. 64	GST, trainer	cnl 27. 02. 73	broken up
DM-		Yakovlev Yak-18A	0613	28. 12. 73	GST, trainer	cnl 01. 02. 77	
DM-	WGM	Yakovlev Yak-18A	0601	03. 08. 64	GST, trainer	cnl 27. 06. 75	broken up
DM-	WGN	Yakovlev Yak-18A	0502	27. 08. 64	GST, trainer badly damaged	w/o 31. 05. 73	
DM-	WGO	Yakovlev Yak-18A	0501	27. 08. 64	GST, trainer	cnl 15. 04. 76	broken up
DM-	WGP	Yakovlev Yak-18A	0513	27. 08. 64	GST, trainer	cnl 21. 03. 75	broken up
DM-	WGQ	Yakovlev Yak-18A	1909	07. 11. 64	GST, trainer	cnl 24. 08. 78	broken up
DM-	WGR	Yakovlev Yak-18A	0507	27. 08. 64	GST, trainer	cnl 17. 10. 77	broken up
DM-	WGS	Yakovlev Yak-18A	0606	27. 08. 64	GST, trainer	cnl 01. 02. 77	broken up
DM-	WGT	Yakovlev Yak-18A	0529	27. 08. 64	GST, trainer	cnl 17. 10. 77	broken up
DM-	WGU	Yakovlev Yak-18A	0610	27. 08. 64	GST, trainer	cnl 01. 02. 77	broken up
DM-	WGV	Yakovlev Yak-18A	0609	27. 08. 64	GST, trainer	cnl 27. 02. 73	broken up
DM-	WGW	Yakovlev Yak-18A	0516	07. 11. 64	GST, trainer	cnl 21. 01. 80	broken up

WG cont.

DM-	**WGX**	Yakovlev Yak-18A	0521	07. 11. 64	GST, trainer	cnl 24. 05. 76	broken up
DM-	**WGY**	Yakovlev Yak-18A	0616	07. 11. 64	GST, trainer	cnl 01. 02. 77	broken up
DM-	**WGZ**	Yakovlev Yak-18A	1904	07. 11. 64	GST, trainer	cnl 01. 02. 77	broken up

DM-	WHA	L-60 Brigadyr	151124	03. 02. 60	GST, para drop/glider tug a/c	cnl 29. 01. 74
DM- DDR-		PZL-104 Wilga-35A	74213	12. 02. 75	GST, glider tug a/c	
DM-	WHB	L-60 Brigadyr	151216	03. 02. 60	GST, para drop/glider tug a/c	cnl 16. 02. 72
DM- DDR-		PZL-104 Wilga-35A	74214	18. 04. 75	GST, glider tug a/c crashed	w/o 26. 08. 89
DM-	WHC	L-60 Brigadyr	151219	03. 02. 60	GST, para drop/glider tug a/c	cnl 25. 07. 72
DM- DDR-		PZL-104 Wilga-35A	74215	18. 04. 75	GST, glider tug a/c	
DM-	WHD	L-60 Brigadyr	151220	03. 02. 60	GST, para drop/glider tug a/c	cnl 01. 12. 72
DM- DDR-		PZL-104 Wilga-35A	74216	18. 04. 75	GST, glider tug a/c	
DM-	WHE	L-60 Brigadyr	151221	03. 02. 60	GST, para drop/glider tug a/c badly damaged	w/o 30. 12. 65
DM- DDR-		PZL-104 Wilga-35A	85226	16. 06. 76	GST, glider tug a/c	
DM-	WHF	L-60 Brigadyr	151122	25. 03. 60	GST, para drop/glider tug a/c	cnl 06. 12. 71
DM- DDR-		PZL-104 Wilga-35A	85227	16. 06. 76	GST, glider tug a/c	
DM-	WHG	L-60 Brigadyr	151105	25. 03. 60	GST, para drop/glider tug a/c	cnl 31. 05. 73
DM- DDR-		PZL-104 Wilga-35A	85228	16. 06. 76	GST, glider tug a/c	
DM-	WHH	L-60 Brigadyr	151106	25. 03. 60	GST, para drop/glider tug a/c crashed at Anklam	w/o 30. 05. 68
DM-	WHI	L-60 Brigadyr	151118	25. 03. 60	GST, para drop/glider tug a/c	cnl 10. 09. 70
DM- DDR-		PZL-104 Wilga-35A	85229	16. 06. 76	GST, glider tug a/c	
DM-	WHJ	L-60 Brigadyr	151117	25. 03. 60	GST, para drop/glider tug a/c crashed at LEJ-Mockau	w/o 08. 05. 66
DM-	WHK	PZL-104 Wilga-35A	85230	30. 06. 76	GST, glider tug a/c	
DM-	WHL	PZL-104 Wilga-35A	85231	16. 06. 76	GST, glider tug a/c	
DM-	WHM	PZL-104 Wilga-35A	85232	30. 06. 76	GST, glider tug a/c	
DM-	WHN	PZL-104 Wilga-35A	85233	30. 06. 76	GST, glider tug a/c	
DM-	WHP	PZL-104 Wilga-35A	86264	30. 06. 76	GST, glider tug a/c	
DM-	WHQ	PZL-104 Wilga-35A	86265	30. 06. 76	GST, glider tug a/c	
DM-	WHR	PZL-104 Wilga-35A	86266	30. 06. 76	GST, glider tug a/c	
DM-	WHS	PZL-104 Wilga-35A	86267	30. 06. 76	GST, glider tug a/c	

DM-	**WHT**	PZL-104 Wilga-35A	86268	30. 06. 76	GST, glider tug a/c
DM-	**WHU**	PZL-104 Wilga-35A	86269	16. 06. 76	GST, glider tug a/c
DM-	**WHV**	PZL-104 Wilga-35A	96319	25. 07. 76	GST, glider tug a/c
DM-	**WHW**	PZL-104 Wilga-35A	96320	25. 07. 76	GST, glider tug a/c
DM-	**WHX**	PZL-104 Wilga-35A	96321	25. 07. 76	GST, glider tug a/c
DM-	**WHY**	PZL-104 Wilga-35A	96322	25. 07. 76	GST, glider tug a/c
DM-	**WHZ**	PZL-104 Wilga-35A	96323	25. 07. 76	GST, glider tug a/c

DM- DDR-	**WIA**	Zlin Z-226T6	353	02. 04. 60	GST, trainer/glider tug a/c	cnl 23. 02. 84	stored and later rebuilt
				22. 03. 89	new C of A received !		
DDR-							
DM-	**WIB**	Zlin Z-226T6	354	26. 04. 60	GST, trainer/glider tug a/c	cnl 10. 05. 76	broken up
DM-	**WIC**	Zlin Z-226T6	355	26. 04. 60	GST, trainer/glider tug a/c	cnl 17. 10. 77	broken up
DM-	**WID**	Zlin Z-226T6	356	26. 04. 60	GST, trainer/glider tug a/c	cnl 17. 10. 77	broken up
DM- DDR-	**WIE**	Zlin Z-226T6	357	26. 04. 60	GST, trainer/glider tug a/c	cnl 23. 02. 84	
DM-	**WIF**	Zlin Z-226T6	358	26. 04. 60	GST, trainer/glider tug a/c	cnl 15. 04. 76	
DM-	**WIG**	Zlin Z-226T6	359	26. 04. 60	GST, trainer/glider tug a/c	cnl 17. 10. 77	broken up
DM-	**WIH**	Zlin Z-226T6	360	02. 04. 60	GST, trainer/glider tug a/c	cnl 21. 01. 80	
DM-	**WII**	Zlin Z-226T6	361	02. 04. 60	GST, trainer/glider tug a/c	cnl 17. 10. 77	broken up
DM-	**WIJ**	Zlin Z-226T6	362	26. 04. 60	GST, trainer/glider tug a/c	cnl 13. 12. 78	broken up

DM-WJD

DDR-WJC

DDR-WJP

DM- DDR-	**WJA**	PZL AN-2T	1G 8641	29. 03. 68	GST, para drop a/c		
DM- DDR-	**WJB**	PZL AN-2T	1G 8642	29. 03. 68	GST, para drop a/c		
DM- DDR-	**WJC**	PZL AN-2T	1G 8650	10. 10. 68	GST, para drop a/c		
DM- DDR-	**WJD**	PZL AN-2T	1G 9851	18. 03. 69	GST, para drop a/c		
DM- DDR-	**WJE**	PZL AN-2T	1G 10869	31. 03. 70	GST, para drop a/c damaged in take off incident at DRS 27. 10. 87, repaired		
DM- DDR-	**WJF**	PZL AN-2T	1G 10870	31. 03. 70	GST, para drop a/c		
DM- DDR-	**WJG**	PZL AN-2T	1G 14232	23. 04. 74	GST, para drop a/c		
DM- DDR-	**WJH**	PZL AN-2TD	1G 14233	11. 03. 74	GST, para drop a/c		
DM- DDR-	**WJK**	PZL AN-2TD	1G 14234	11. 03. 74	GST, para drop a/c		
DM- DDR-	**WJL**	PZL AN-2TD	1G 15704	04. 02. 75	GST, para drop a/c		
DM- DDR-	**WJM**	PZL AN-2TD	1G 16638	20. 02. 76	GST, para drop a/c		
DM- DDR-	**WJN**	PZL AN-2TD	1G 16639	20. 02. 76	GST, para drop a/c		
DM- DDR-	**WJO**	PZL AN-2TD	1G 17426	27. 05. 77	GST, para drop a/c		
DDR-	**WJP**	Antonov AN-2T	19318	09. 90	Fliegerschule Strausberg, para drop a/c (ex ´839´LSK/LV)	sold 11. 90	to Luftwerbung Steber/Hamburg

Zlin Z-326A

DM- DDR-	**WKA**	Zlin Z-326A	555	04. 07. 60	aerobatic a/c	cnl 25. 10. 83	
DM-	**WKB**	Zlin Z-326A	596	22. 12. 60	aerobatic a/c	cnl 13. 12. 78	broken up
DM-	**WKC**	Zlin Z-326A	597	10. 01. 62	aerobatic a/c crashed	w/o 13. 12. 69	
DM- DDR-	**WKD**	Zlin Z-326A	598	22. 12. 60	aerobatic a/c	cnl 20. 01. 83	
DM-	**WKE**	Zlin Z-326A	599	22. 12. 60	aerobatic a/c	cnl 01. 12. 72	
DM-	**WKF**	Zlin Z-326TM	705	26. 01. 62	aerobatic-trainer/glider tug a/c	cnl 31. 05. 73	
DM-	**WKG**	Zlin Z-326TM	706	12. 05. 62	aerobatic-trainer/glider tug a/c	cnl 31. 05. 73	
DM-	**WKH**	Zlin Z-326TM	707	26. 01. 62	aerobatic-trainer/glider tug a/c	cnl 29. 01. 74	
DM-	**WKI**	Zlin Z-326TM	708	26. 01. 62	aerobatic-trainer/glider tug a/c	cnl 31. 05. 73	
DM-	**WKJ**	Zlin Z-326TM	709	12. 03. 62	aerobatic-trainer/glider tug a/c	cnl 29. 01. 74	
DM-	**WKK**	Zlin Z-326TM	710	26. 01. 62	aerobatic-trainer/glider tug a/c	cnl 31. 05. 73	
DM- DDR-	**WKR**	Zlin Z-526A	1042	05. 05. 70	aerobatic a/c	cnl 25. 10. 83	
DM- DDR-	**WKS**	Zlin Z-526A	1045	05. 05. 70	aerobatic a/c	cnl 25. 10. 83	
DM- DDR-	**WKT**	Zlin Z-526F	1109	05. 05. 70	aerobatic-trainer		
DM- DDR-	**WKU**	Zlin Z-526A	1038	16. 04. 68	aerobatic a/c	cnl 25. 10. 83	
DM- DDR-	**WKV**	Zlin Z-526A	1039	05. 04. 68	aerobatic a/c	cnl 25. 10. 83	
DM-	**WKW**	Zlin Z-526A	1040	05. 04. 68	aerobatic a/c	cnl 15. 04. 76	
DM- DDR-	**WKX**	Zlin Z-526A	1041	16. 04. 68	aerobatic a/c	cnl 25. 10. 83	preserved on private ground at Grossrörsdorf
DM-	**WKY**	Zlin Z-526A	1016	17. 07. 67	aerobatic a/c	cnl 04. 05. 71	
DM- DDR-	**WKZ**	Zlin Z-526A	1017	14. 07. 67	aerobatic a/c	cnl 25. 10. 83	

DM- DDR-	**WLA**	L-200A Morava	171214 / 170712	16. 04. 68	GST, touring a/c (ex OK-PHA, DM-WZY rebuilt by manufacturer from parts of both c/n´s)	cnl 03. 12. 87	stored at Schönhagen
DM- DDR-	**WLB**	L-200D Morava	171213	21. 03. 68	GST, touring a/c (ex OK-RHF)	cnl 03. 12. 87	stored at Schönhagen

DM- DDR-	**WMA**	Zlin Z-42MU	0012	21. 07. 71	GST, trainer	
DM- DDR-	**WMB**	Zlin Z-42MU	0013	21. 07. 71	GST, trainer	
DM- DDR-	**WMC**	Zlin Z-42	0014	20. 07. 71	GST, trainer	
DM- DDR-	**WMD**	Zlin Z-42MU	0015	21. 07. 71	GST, trainer	
DM-	**WME**	Zlin Z-42	0016	21. 07. 71	GST, trainer badly damaged during pilot instruction	w/o 06. 12. 71
DM- DDR-		Zlin Z-42M	0069	08. 10. 75	GST, trainer	
DM- DDR-	**WMF**	Zlin Z-42MU	0017	21. 07. 71	GST, trainer	
DM-	**WMG**	Zlin Z-42	0018	21. 07. 71	GST, trainer badly damaged	w/o 01. 02. 77
DM- DDR-	**WMH**	Zlin Z-42	0019	21. 07. 71	GST, trainer	
DM- DDR-	**WMJ**	Zlin Z-42	0020	20. 07. 71	GST, trainer	
DM- DDR-	**WMK**	Zlin Z-42	0021	01. 10. 71	GST, trainer	
DM- DDR-	**WML**	Zlin Z-42	0022	02. 10. 71	GST, trainer	
DM- DDR-	**WMM**	Zlin Z-42MU	0023	02. 10. 71	GST, trainer	
DM- DDR-	**WMN**	Zlin Z-42MU	0024	02. 10. 71	GST, trainer	
DM- DDR-	**WMO**	Zlin Z-42	0025	02. 10. 71	GST, trainer	
DM- DDR-	**WMP**	Zlin Z-42MU	0026	02. 10. 71	GST, trainer	
DM- DDR-	**WMQ**	Zlin Z-42MU	0028	10. 04. 73	GST, trainer	
DM- DDR-	**WMR**	Zlin Z-42	0029	10. 04. 73	GST, trainer	
DM- DDR-	**WMS**	Zlin Z-42	0030	10. 04. 73	GST, trainer	
DM- DDR-	**WMT**	Zlin Z-42	0031	10. 04. 73	GST, trainer	
DM- DDR-	**WMU**	Zlin Z-42	0032	10. 04. 73	GST, trainer	
DM- DDR-	**WMV**	Zlin Z-42	0033	10. 04. 73	GST, trainer	
DM- DDR-	**WMW**	Zlin Z-42MU	0034	16. 05. 73	GST, trainer	
DM- DDR-	**WMX**	Zlin Z-42	0035	10. 04. 73	GST, trainer	
DM- DDR-	**WMY**	Zlin Z-42	0036	16. 05. 73	GST, trainer	
DM- DDR-	**WMZ**	Zlin Z-42MU	0037	10. 04. 73	GST, trainer	

WN

DM- DDR-	**WNA**	Zlin Z-42MU	0038	10. 04. 73	GST, trainer	
DM- DDR-	**WNB**	Zlin Z-42MU	0039	16. 05. 73	GST, trainer	
DM- DDR-	**WNC**	Zlin Z-42MU	0040	10. 04. 73	GST, trainer	
DM- DDR-	**WND**	Zlin Z-42MU	0041	10. 04. 73	GST, trainer	
DM- DDR-	**WNE**	Zlin Z-42MU	0042	10. 04. 73	GST, trainer	
DM- DDR-	**WNF**	Zlin Z-42	0043	10. 04. 73	GST, trainer	cnl 22. 04. 85
DM-	**WNG**	Zlin Z-42	0044	10. 04. 73	GST, trainer crashed	w/o 17. 10. 77
DM-	**WNH**	Zlin Z-42	0045	16. 05. 73	GST, trainer crashed	w/o 12. 07. 78
DM-	**WNJ**	Zlin Z-42	0046	10. 04. 73	GST, trainer crashed	w/o 26. 02. 75
DM- DDR-	**WNK**	Zlin Z-42MU	0047	16. 05. 73	GST, trainer	
DM- DDR-	**WNL**	Zlin Z-42MU	0049/02	11. 06. 74	GST, trainer	
DM- DDR-	**WNM**	Zlin Z-42MU	0050/02	11. 06. 74	GST, trainer	
DM- DDR-	**WNO**	Zlin Z-42MU	0051/02	11. 06. 74	GST, trainer	
DM- DDR-	**WNP**	Zlin Z-42MU	0052/02	11. 06. 74	GST, trainer	
DM- DDR-	**WNQ**	Zlin Z-42MU	0053/02	11. 06. 74	GST, trainer	
DM- DDR-	**WNR**	Zlin Z-42M	0060	08. 10. 75	GST, trainer	
DM-	**WNS**	Zlin Z-42	0061	08. 10. 75	GST, trainer crashed	w/o 29. 08. 79
DM- DDR-	**WNT**	Zlin Z-42M	0062	08. 10. 75	GST, trainer	
DM- DDR-	**WNU**	Zlin Z-42M	0063	08. 10. 75	GST, trainer	
DM- DDR-	**WNV**	Zlin Z-42	0064	08. 10. 75	GST, trainer	cnl 23. 01. 84
DM- DDR-	**WNW**	Zlin Z-42M	0065	08. 10. 75	GST, trainer	
DM- DDR-	**WNX**	Zlin Z-42M	0066	08. 10. 75	GST, trainer	
DM- DDR-	**WNY**	Zlin Z-42M	0067	08. 10. 75	GST, trainer	
DM- DDR-	**WNZ**	Zlin Z-42M	0068	08. 10. 75	GST, trainer	

DM- DDR-	**WOA**	Zlin Z-42M	0083	14. 07. 76	GST, trainer
DM- DDR-	**WOB**	Zlin Z-42M	0084	14. 07. 76	GST, trainer
DM- DDR-	**WOC**	Zlin Z-42M	0085	14. 07. 76	GST, trainer
DM- DDR-	**WOD**	Zlin Z-42M	0086	14. 07. 76	GST, trainer
DM- DDR-	**WOE**	Zlin Z-42M	0087	14. 07. 76	GST, trainer
DM- DDR-	**WOF**	Zlin Z-42M	0111	05. 05. 77	GST, trainer
DM- DDR-	**WOG**	Zlin Z-42M	0112/04	05. 05. 77	GST, trainer
DM- DDR-	**WOH**	Zlin Z-42M	0113	05. 05. 77	GST, trainer
DM- DDR-	**WOI**	Zlin Z-42M	0114	05. 05. 77	GST, trainer
DM- DDR-	**WOK**	Zlin Z-42M	0115	05. 05. 77	GST, trainer
DM- DDR-	**WOL**	Zlin Z-42M	0130/05	12. 04. 78	GST, trainer
DM- DDR-	**WOM**	Zlin Z-42M	0131/05	12. 04. 78	GST, trainer
DM- DDR-	**WON**	Zlin Z-42M	0132/05	12. 04. 78	GST, trainer
DM- DDR-	**WOP**	Zlin Z-42M	0133/05	12. 04. 78	GST, trainer
DM- DDR-	**WOQ**	Zlin Z-42M	0157	22. 01. 79	GST, trainer

DM- DDR-	**WPA**	PZL-104 Wilga-35A	118411	11. 07. 78	GST, glider tug a/c

DM- DDR-	**WQA**	Zlin Z-526AFS	1205	14. 02. 72	aerobatic a/c		
DM- DDR-	**WQB**	Zlin Z-526AFS	1206	14. 02. 72	aerobatic a/c	cnl 11. 02. 85	
DM- DDR-	**WQC**	Zlin Z-526AFS	1207	14. 02. 72	aerobatic a/c		
DM- DDR-	**WQD**	Zlin Z-526AFS	1208	14. 02. 72	aerobatic a/c	cnl 19. 08. 88	
DM- DDR-	**WQE**	Zlin Z-526AFS	1209	14. 02. 72	aerobatic a/c		
DM- DDR-	**WQF**	Zlin Z-526AFS	1210	14. 02. 72	aerobatic a/c	cnl 10. 07. 89	
DM- DDR-	**WQG**	Zlin Z-526AFS	1211	14. 02. 72	aerobatic a/c		
DM- DDR-	**WQH**	Zlin Z-526AFS	1212	14. 02. 72	aerobatic a/c		
DM- DDR-	**WQI**	Zlin Z-526AFS	1215	10. 05. 72	aerobatic a/c	cnl 23. 02. 84	
DM- DDR-	**WQK**	Zlin Z-526AFS	1216	10. 05. 72	aerobatic a/c	cnl 05. 12. 88	
DM- DDR-	**WQL**	Zlin Z-526AFS	1217	10. 05. 72	aerobatic a/c		
DM- DDR-	**WQN**	Yakovlev Yak-50	801704	23. 06. 81	aerobatic a/c wfu 1985	sold 17. 11. 87	to West Germany, ferry flight to Neuburg/Eckweil as D-EIWJ
DM- DDR-	**WQO**	Yakovlev Yak-50	801705	23. 06. 81	aerobatic a/c wfu 1985	sold 30. 10. 87	to West Germany, ferry flight to Neuburg/Eckweil as D-EEJA
DM- DDR-	**WQP**	Yakovlev Yak-50	791505	21. 11. 79	aerobatic a/c	cnl 01. 11. 85	
DM- DDR-	**WQR**	Yakovlev Yak-50	791502	21. 11. 79	aerobatic a/c wfu 1985	sold 29. 10. 87	to West Germany, ferry flight to Neuburg/Eckweil as N51980 ntu, to D-EIVR
DM- DDR-	**WQS**	Yakovlev Yak-50	791503	21. 11. 79	aerobatic a/c wfu 1985	sold 30. 10. 87	to West Germany, ferry flight to Neuburg/Eckweil as N5203V transf. to USA
DM- DDR-	**WQT**	Yakovlev Yak-50	791504	21. 11. 79	aerobatic a/c wfu 1985	sold 29. 10. 87	to West Germany, ferry flight to Neuburg/Eckweil as N5219K ntu, to D-EIWI
DM-	**WQU**	Yakovlev Yak-50	781205	22. 02. 79	aerobatic a/c crashed	w/o 10. 02. 81	
DM- DDR-	**WQV**	Yakovlev Yak-50	781206	22. 02. 79	aerobatic a/c	cnl 01. 11. 85	stored at Jahnsdorf
DM- DDR-	**WQW**	Yakovlev Yak-50	781207	22. 02. 79	aerobatic a/c	cnl 20. 01. 83	
DM- DDR-	**WQX**	Yakovlev Yak-50	781208	22. 02. 79	aerobatic a/c wfu 1985	sold 17. 11. 87	to West Germany, ferry flight to Neuburg/Eckweil as N5224R ntu, used for spares

DDR-WQF

DDR-WQV
ЯК-50

DM- DDR-	**WRA**	PZL-104 Wilga-35A	96324	25. 07. 77	GST, glider tug a/c later to IF/FIF as utility a/c, to Berliner Spezialflug 01. 09. 90	re-reg. 03. 10. 90	to D-EOXR
DM- DDR-	**WRB**	PZL-104 Wilga-35A	96325	25. 07. 77	GST, glider tug a/c		
DM- DDR-	**WRC**	PZL-104 Wilga-35A	96326	25. 07. 77	GST, glider tug a/c		
DM- DDR-	**WRD**	PZL-104 Wilga-35A	96327	25. 07. 77	GST, glider tug a/c		
DM- DDR-	**WRE**	PZL-104 Wilga-35A	96328	25. 07. 77	GST, glider tug a/c		
DM- DDR-	**WRF**	PZL-104 Wilga-35A	96329	25. 07. 77	GST, glider tug a/c		
DM- DDR-	**WRG**	PZL-104 Wilga-35A	96330	25. 07. 77	GST, glider tug a/c later to IF/FIF as utility a/c, to Berliner Spezialflug 01. 09. 90	re-reg. 03. 10. 90	to D-EOXS
DM- DDR-	**WRH**	PZL-104 Wilga-35A	96331	25. 07. 77	GST, glider tug a/c		
DM- DDR-	**WRI**	PZL-104 Wilga-35A	107337	20. 03. 78	GST, glider tug a/c		
DM- DDR-	**WRJ**	PZL-104 Wilga-35A	107338	20. 03. 78	GST, glider tug a/c		
DM- DDR-	**WRK**	PZL-104 Wilga-35A	107336	20. 03. 78	GST, glider tug a/c later to IF/FIF as utility a/c, to Berliner Spezialflug 01. 09. 90	re-reg. 03. 10. 90	to D-EOXQ
DM- DDR-	**WRL**	PZL-104 Wilga-35A	118391	28. 06. 78	GST, glider tug a/c		
DM- DDR-	**WRM**	PZL-104 Wilga-35A	118392	28. 06. 78	GST, glider tug a/c		
DM- DDR-	**WRN**	PZL-104 Wilga-35A	118393	28. 06. 78	GST, glider tug a/c		
DM- DDR-	**WRO**	PZL-104 Wilga-35A	118394	28. 06. 78	GST, glider tug a/c		
DM- DDR-	**WRP**	PZL-104 Wilga-35A	118395	28. 06. 78	GST, glider tug a/c		
DM- DDR-	**WRQ**	PZL-104 Wilga-35A	118396	28. 06. 78	GST, glider tug a/c		
DM- DDR-	**WRS**	PZL-104 Wilga-35A	118397	28. 06. 78	GST, glider tug a/c crashed, 2 killed	w/o 10. 86	
DM- DDR-	**WRT**	PZL-104 Wilga-35A	118398	28. 06. 78	GST, glider tug a/c		
DM- DDR-	**WRU**	PZL-104 Wilga-35A	118399	11. 07. 78	GST, glider tug a/c		
DM- DDR-	**WRV**	PZL-104 Wilga-35A	118400	11. 07. 78	GST, glider tug a/c		
DM- DDR-	**WRW**	PZL-104 Wilga-35A	118407	11. 07. 78	GST, glider tug a/c		
DM- DDR-	**WRX**	PZL-104 Wilga-35A	118408	11. 07. 78	GST, glider tug a/c		
DM- DDR-	**WRY**	PZL-104 Wilga-35A	118409	11. 07. 78	GST, glider tug a/c		
DM- DDR-	**WRZ**	PZL-104 Wilga-35A	118410	11. 07. 78	GST, glider tug a/c		

WS

DM-	**WSA**	Mil Mi-4T	?	09. 72	GST, para drop helicopter (ex ` ? ` leased from LSK/LV for an international contest)	returned 09. 72	to LSK/LV
DM-	**WSB**	Mil Mi-4T	?	09. 72	GST, para drop helicopter (ex ` ? ` leased from LSK/LV for an international contest)	returned 09. 72	to LSK/LV
DM-	**WSC**	Mil Mi-4T	?	09. 72	GST, para drop helicopter (ex ` ? ` leased from LSK/LV for an international contest)	returned 09. 72	to LSK/LV

DDR-	**WTA**	Zlin Z-50L	04/0057	*17. 12. 88*	GST, aerobatic a/c
DDR-	**WTB**	Zlin Z-50L	04/0058	*08. 03. 89*	GST, aerobatic a/c

DM-	**WZY**	L-200D Morava	171214	64 ?	GST, touring a/c ground-collision with AN-2 and wfu		?	1968 rebuilt with parts from c/n 170712 by manufacturer (see Reg. DDR-WLA !)
DM-	**WZZ**	FSS-100 Tourist	01-62	20. 12. 65	GST, sport/touring a/c (built by Fliegerschule Schönhagen)	cnl 30. 06. 78		

FSS-100 Tourist in zwei unterschiedlichen Farbgebungen
FSS-100 Tourist in two different colour schemes

DM-	**ZXA***	VEB IL-14P	14803061	.59	FWD, (reg. used for test flights only)	del. 31. 12. 59	to TAROM/ Romania as YR-ILO
DM-	**ZXB***	VEB IL-14P	14803063	. 59	FWD, (reg. used for test flights only)	del. 26. 03. 59	to POLISH AIR FORCE as ´022´
DM-	**ZXC***	VEB IL-14P	14803067	. 59	FWD, (reg. used for test flights only)	del. 30. 06. 59	to POLISH AIR FORCE as ´024´
DM-	**ZXD***	VEB IL-14P	14803068	. 59	FWD, (reg. used for test flights only)	del. 20. 06. 59	to TAROM/ Romania as YR-ILK
DM-	**ZXE***	VEB IL-14P	14803074	. 59	FWD, (reg. used for test flights only)	del. 25. 09. 59	to TAROM/ Romania as YR-ILM
DM-	**ZXF***	VEB IL-14P	14803076	. 59	FWD, (reg. used for test flights only)	del. 31. 12. 59	to POLISH AIR FORCE as ´010´

IL-14 der TAROM / IL-14 of TAROM

IL-14 der Polnischen LSK / IL-14 of Polish Air Force

ZY

DM-	**ZYA***	Baade-152 I	V-01	20. 02. 58	FWD, I.Prototype Baade-152, (ff 04. 03. 59) crashed on low approach during 2.test-flight near Dresden, 4 killed	w/o 04. 03. 59	
DM-	**ZYB***	Baade-152 II	V-04	07. 60	FWD, experimental a/c (ff 26. 08. 60) wfu 04. 09. 60	cnl .60	broken up
DM-	**ZYC***	Baade-152 II	V-05	08. 60	FWD, experimental a/c (a/c never flown,aviation industry closed)	cnl .60	broken up

DM-	**ZZA**	Ilyushin IL-14P	6341208	24. 04. 56	FWD, experimental a/c (ex DDR-AVI)	transf. 01. 07. 61	to LSK/LV as ´461´
DM-	**ZZB**	VEB IL-14P	14803001	26. 06. 56	FWD, 1.prototype of VEB IL-14P, named: "III. Parteikonferenz" (ex DDR-AVF), later used as testbed for parts of Baade-152	transf. 05. 07. 61	to DLH as DM-SAZ
DM-	**ZZC**	VEB IL-14P	14803002	23. 08. 56	FWD, 2.prototype of VEB IL-14P (reg. used for test flights only)	transf. 02. 05. 57	to LSK/LV as ´411´
DM-		Zlin Z-226T6	22-364	17. 01. 61	MAB, training a/c	transf. 27. 10. 66	to GST as DM-WEZ
DM-	**ZZD**	VEB IL-14P	14803003	28. 09. 56	FWD, (reg. used for test flights only, sometimes reg. as DM-UAA)	transf. 20. 12. 56	to LSK/LV as ´437´
DM-		Super Aero-45	03-009	31. 03. 60	MAB, trainer/touring a/c	transf. 21. 03. 62	to LSK/LV
DM-	**ZZE**	Super Aero-45	04-001	02. 10. 56	FWD, touring a/c	transf. 08. 09. 62	to LSK/LV
DM-	**ZZF**	Zlin Z-126T2	843	02. 10. 56	FWD, trainer/glider tug a/c (ex ´ ? ´ LSK/LV)	transf. 07. 03. 62	to GST as DM-WAZ
DM-	**ZZG**	VEB IL-14P	14803004	22. 12. 56	FWD, (reg. used for test flights only, sometimes re. as DM-UAB)	transf. 07. 02. 57	to LSK/LV as ´400´
DM-	**ZZH**	Zlin Z-126T2	862	03. 12. 56	FWD, trainer/glider tug a/c (ex ´ ? ´ LSK/LV)	cnl 04. 08. 64	
DM-	**ZZI**	Ilyushin IL-28R	1418	03. 07. 59	FWD, factory a/c testbed for PIRNA-014 engine	transf. 01. 11. 61	to LSK/LV as ´184´
DM-	**ZZK**	Ilyushin IL-28R	5901207	06. 02. 60	FWD, factory a/c testbed for PIRNA-014 engine	transf. 01. 11. 61	to LSK/LV as ´180´
DM-	**ZZL**	VEB IL-14P	14803054	11. 58	FWD, (reg. used for test flights only)	del. 24. 02. 59	to POLISH AIR FORCE as ´009´
DM-	**ZZM**	VEB IL-14P	14803062	31. 12. 59	FWD, (reg. used for test flights only)	del. 02. 02. 60	to TAROM/ Romania as YR-ILP
DM-	**ZZN**	VEB IL-14P	14803057	11. 58	FWD, (reg. used for test- and delivery flight)	del. 14. 09. 59	to North Vietnam
DM-	**ZZO**	VEB IL-14P	14803058	28. 12. 59	FWD, (reg. used for test- and delivery flight)	.del. ? ? 59	to CHINESE AIR FORCE as ´4217´
DM-	**ZZP**	VEB IL-14P	14803059	28. 12. 59	FWD, (reg. used for test- and delivery flight)	del. ? ? 59	to CHINESE AIR FORCE as ´4219´
DM-	**ZZQ**	VEB IL-14P	14803060	31. 12. 59	FWD, (reg. used for test flights only)	del. 31. 02. 60	to TAROM/ Romania as YR-ILN
DM-	**ZZR**	VEB IL-14P	14803052	31. 07. 58	FWD, (reg. used for test- and delivery flight)	del. 07. 59	to CAAC/ China
DM-	**ZZS**	VEB IL-14P	14803053	31. 07. 58	FWD, (reg. used for test- and delivery flight)	del. 07. 59	to CAAC/ China
DM-	**ZZT**	VEB IL-14P	14803056	11. 58	FWD, (reg. used for test- and delivery flight)	del. 14. 09. 59	to North Vietnam
DM-	**ZZU**	VEB IL-14P	14803049	26. 01. 58	FWD, (reg. used for test- and delivery flight)	del. ? ? 58	to North Vietnam
DM-	**ZZV**	VEB IL-14P	14803050	20. 07. 58	FWD, (reg. used for test- and delivery flight)	del. ? ? 58	to CAAC/ China
DM-	**ZZW**	VEB IL-14P	14803051	20. 07. 58	FWD, (reg. used for test- and delivery flight)	del. ? ? 58	to CAAC/ China

...

DDR
DM-SAO
DM-ZZT

DM-ZZE

DM-ZZR
DM-ZZW

Flughafen Leipzig
Deutsche Lufthansa

DM-	**ZZX**	VEB IL-14P	14803046	14. 11. 58	FWD, (reg. used for test- and delivery flight)	del. ? ? 59	to CAAC/ China
DM-	**ZZY**	VEB IL-14P	14803047	14. 11. 58	FWD, (reg. used for test- and delivery flight)	del. ? ? 59	to CAAC/ China
DM-	**ZZZ**	VEB IL-14P	14803048	31. 07. 58	FWD, (reg. used for test- and delivery flight)	del. ? ? 59	to CAAC/ China

IL-28 DM-ZZI noch ohne Triebwerk PIRNA-014
IL-28 DM-ZZI still without the PIRNA-014 test-engine

Installierung des Versuchstriebwerkes PIRNA-014
Installation of the PIRNA-014 test-engine

Segelflugzeuge / Motorsegler

sailplanes / gliders / powered-gliders

2

101	NAGEMA SG-38	001	*21. 10. 50*	FDJ , schoolglider later to GST	cnl 31. 08. 55
102	NAGEMA SG-38	002	*04. 04. 51*	FDJ , schoolglider later to GST	cnl 16. 06. 55
103	NAGEMA SG-38	003	*21. 10. 50*	FDJ , schoolglider later to GST	cnl 21. 05. 55
104	NAGEMA SG-38	004	*21. 10. 50*	FDJ , schoolglider later to GST	cnl ?
105	selfbuilt SG-38	01	*27. 11. 53*	GST , schoolglider (built by an GST-Club at Karl-Marx-Stadt-district)	cnl 06. 07. 60
106	NAGEMA SG-38	006	*12. 04. 51*	FDJ , schoolglider later to GST	cnl 19. 01. 56
107	NAGEMA SG-38	007	*06. 04. 51*	FDJ , schoolglider later to GST	cnl 06. 09. 54
108	NAGEMA SG-38	008	*05. 04. 51*	FDJ , schoolglider later to GST	cnl 19. 07. 67
109	NAGEMA SG-38	009	*09. 04. 51*	FDJ , schoolglider later to GST	cnl 21. 05. 55
110	NAGEMA SG-38	010	*04. 04. 51*	FDJ , schoolglider later to GST	cnl 16. 08. 55
111	NAGEMA SG-38	011	*05. 04. 51*	FDJ , schoolglider later to GST	cnl 13. 03. 56
112	NAGEMA SG-38	012	*10. 04. 51*	FDJ , schoolglider later to GST	cnl 08. 10. 55
113	NAGEMA SG-38	013	*26. 04. 51*	FDJ , schoolglider later to GST	cnl 21. 03. 56
114	NAGEMA SG-38	014	*10. 04. 51*	FDJ , schoolglider later to GST	cnl 20. 04. 56
115	NAGEMA SG-38	015	*22. 05. 51*	FDJ , schoolglider later to GST	cnl 06. 09. 54
116	NAGEMA SG-38	016	*23. 05. 51*	FDJ , schoolglider later to GST	cnl 01. 05. 54
117	NAGEMA SG-38	017	*22. 05. 51*	FDJ , schoolglider later to GST	cnl 06. 09. 54
118	NAGEMA SG-38	018	*13. 06. 51*	FDJ , schoolglider later to GST	cnl 28. 09. 56
119	NAGEMA SG-38	019	*15. 06. 51*	FDJ , schoolglider later to GST	cnl 24. 08. 54
120	NAGEMA SG-38	020	*13. 06. 51*	FDJ , schoolglider later to GST	cnl 17. 02. 56
121	NAGEMA SG-38	021	*22. 05. 51*	FDJ , schoolglider crashed	w/o 17. 02. 52
122	NAGEMA SG-38	022	*14. 06. 52*	FDJ , schoolglider later to GST	cnl 15. 12. 56
123	NAGEMA SG-38	023	*20. 07. 51*	FDJ , schoolglider later to GST	cnl 07. 07. 55
124	NAGEMA SG-38	024	*20. 07. 51*	FDJ , schoolglider later to GST	cnl 16. 09. 54

SG-38 mit sog. "Boot" / SG-38 with a so-called "boat"

125	NAGEMA SG-38	025	*20. 07. 51*	FDJ , schoolglider later to GST	cnl 18. 12. 54
126	NAGEMA SG-38	026	*20. 07. 51*	FDJ , schoolglider later to GST	cnl 28. 09. 56
127	NAGEMA SG-38	027	*26. 02. 52*	FDJ , schoolglider later to GST	cnl 22. 07. 54
128	NAGEMA SG-38	028	*20. 03. 52*	FDJ , schoolglider later to GST	cnl 22. 02. 60
129	NAGEMA SG-38	029	*28. 02. 52*	GST , schoolglider later to GST	cnl 08. 02. 56
130	NAGEMA SG-38	030	*20. 03. 52*	FDJ , schoolglider later to GST	cnl 28. 06. 56
131	NAGEMA SG-38	031	*20. 03. 52*	FDJ , schoolglider later to GST	cnl 28. 07. 54
132	NAGEMA SG-38	032	*20. 03. 52*	FDJ , schoolglider later to GST	cnl 20. 11. 54
133	NAGEMA SG-38	033	*28. 03. 52*	FDJ , schoolglider later to GST	cnl 23. 11. 54
134	NAGEMA SG-38	034	*20. 03. 52*	FDJ , schoolglider later to GST	cnl 18. 02. 56
135	NAGEMA SG-38	035	*27. 03. 52*	FDJ , schoolglider later to GST	cnl 17. 02. 56
136	selfbuilt SG-38	02	*08. 03. 54*	GST , schoolglider (built by GST-Club Schönhagen), crashed	w/o 21. 05. 54
137	NAGEMA SG-38	037	*27. 03. 52*	FDJ , schoolglider later to GST	cnl 07. 07. 55
138	NAGEMA SG-38	038	*27. 03. 52*	FDJ , schoolglider later to GST	cnl 10. 07. 54
139	NAGEMA SG-38	039	*05. 04. 52*	FDJ , schoolglider later to GST	cnl 16. 07. 54
140	NAGEMA SG-38	040	*05. 04. 52*	FDJ , schoolglider later to GST	cnl 14. 04. 58
141	NAGEMA SG-38	041	*05. 04. 52*	FDJ , schoolglider later to GST	cnl 06. 01. 55
142	selfbuilt SG-38	03	*13. 03. 54*	GST , schoolglider (built by an GST-Club at Potsdam-district)	cnl 09. 06. 55
143	NAGEMA SG-38	043	*25. 04. 52*	FDJ , schoolglider later to GST	cnl 07. 07. 55
144	NAGEMA SG-38	044	*05. 04. 52*	FDJ , schoolglider later to GST	cnl 02. 08. 55
145	NAGEMA SG-38	045	*25. 04. 52*	FDJ , schoolglider crashed	cnl 20. 07. 56
146	NAGEMA SG-38	046	*25. 04. 52*	FDJ , schoolglider later to GST	cnl 07. 07. 55
147	NAGEMA SG-38	047	*25. 04. 52*	FDJ , schoolglider later to GST	cnl 01. 05. 54
148	NAGEMA SG-38	048	*25. 04. 52*	FDJ , schoolglider later to GST	cnl 14. 08. 54
149	NAGEMA SG-38	049	*25. 04. 52*	FDJ , schoolglider later to GST	cnl 02. 02. 61

150	NAGEMA SG-38	050	*25. 04. 52*	FDJ , schoolglider later to GST	cnl 21. 03. 56
151	NAGEMA SG-38	051	*25. 04. 52*	FDJ , schoolglider later to GST	cnl 02. 11. 54
152	NAGEMA SG-38	052	*25. 04. 52*	FDJ , schoolglider later to GST	cnl 21. 02. 61
153	NAGEMA SG-38	053	*25. 04. 52*	FDJ , schoolglider later to GST	cnl 21. 02. 61
154	selfbuilt SG-38	054	*25. 04. 52*	FDJ , schoolglider later to GST	cnl 16. 07. 54
155	NAGEMA SG-38	055	*09. 03. 54*	GST , schoolglider	cnl 22. 04. 55
156	NAGEMA SG-38	056	*25. 04. 52*	FDJ , schoolglider later to GST	cnl 28. 04. 56
157	NAGEMA SG-38	057	*16. 05. 52*	FDJ , schoolglider later to GST	cnl 28. 09. 56
158	NAGEMA SG-38	058	*16. 05. 52*	FDJ , schoolglider later to GST , crashed	w/o 28. 07. 53
159	NAGEMA SG-38	059	*16. 05. 52*	FDJ , schoolglider later to GST	cnl 28. 09. 56
160	NAGEMA SG-38	060	*16. 05. 52*	FDJ , schoolglider later to GST	cnl 28. 05. 55
161	NAGEMA SG-38	061	*16. 05. 52*	FDJ , schoolglider later to GST	cnl 16. 05. 55
162	NAGEMA SG-38	062	*13. 04. 53*	GST , schoolglider	cnl 01. 07. 58
163	NAGEMA SG-38	063	*07. 05. 53*	GST, schoolglider	cnl 21. 05. 55
164	CSR SG-38	?	*08. 06. 53*	GST , schoolglider (rebuilt from war-production)	cnl 18. 12. 56
165	selfbuilt SG-38	085	*08. 06. 53*	GST , schoolglider (built by an GST-Club at Gera-district)	cnl 20. 06. 54
166	? SG-38	?	*30. 08. 52*	GST , schoolglider (rebuilt from war-produktion)	cnl 17. 02. 61
167	selfbuilt SG-38	040/599	*27. 02. 53*	GST , schoolglider (built by an GST-Club at Leipzig-district)	cnl 16. 08. 55
168	selfbuilt SG-38	101	*21. 04. 53*	GST, schoolglider (built by an GST-Club at Magdeburg-district)	cnl 10. 11. 55
169	Pander&Zoon SG-38	1582	*03. 04. 53*	GST , schoolglider (rebuilt from war-production)	cnl 24. 01. 56
170	Zlin Z-23 Honza	158	*02. 04. 54*	GST, schoolglider	cnl 16. 08. 55
171	Zlin Z-23 Honza	159	*02. 04. 54*	GST , schoolglider	cnl 08. 12. 55
172	selfbuilt SG-38	3201	*28. 05. 53*	GST , schoolglider (built by an GST-Club at Karl-Marx-Stadt-district)	cnl 06. 07. 60
173	NAGEMA SG-38	065	*17. 06. 53*	GST , schoolglider	cnl 21. 02. 61
174	Gotha SG-38	501	*29. 06. 53*	GST , schoolglider	cnl 19. 07. 67

175	Gotha SG-38	502	*29. 06. 53*	GST , schoolglider	cnl 17. 02. 61
176	Gotha SG-38	071	*04. 07. 53*	GST , schoolglider	cnl 08. 01. 62
177	Gotha SG-38	503	*13. 07. 53*	GST , schoolglider	cnl 12. 01. 61
178	Gotha SG-38	504	*14. 07. 53*	GST , schoolglider	cnl 02. 06. 61
179	Gotha SG-38	505	*15. 07. 53*	GST , schoolglider	cnl 17. 02. 61
180	Gotha SG-38	507	*17. 07. 53*	GST , schoolglider	cnl 17. 02. 61
181	NAGEMA SG-38	072	*25. 06. 53*	GST , schoolglider crashed	w/o 21. 10. 54
182	NAGEMA SG-38	073	*14. 07. 53*	GST , schoolglider	cnl 01. 11. 55
183	NAGEMA SG-38	074	*20. 06. 53*	GST , schoolglider	cnl 19. 07. 67
184	NAGEMA SG-38	075	*23. 06. 53*	GST , schoolglider	cnl 30. 01. 57
185	NAGEMA SG-38	076	*08. 07. 53*	GST , schoolglider	cnl 19. 07. 67
186	NAGEMA SG-38	077	*15. 05. 53*	GST , schoolglider	cnl 19. 07. 67
187	Gotha SG-38	506	*21. 07. 53*	GST , schoolglider	cnl 04. 10. 60
188	Gotha SG-38	508	*28. 07. 53*	GST , schoolglider	cnl 19. 07. 67
189	Gotha SG-38	510	*30. 07. 53*	GST , schoolglider	cnl 17. 02. 61
190	NAGEMA SG-38	078	*18. 07. 53*	GST , schoolglider	cnl 19. 01. 61
191	Gotha SG-38	509	*30. 07. 53*	GST , schoolglider	cnl 19. 01. 60
192	Gotha SG-38	511	*06. 08. 53*	GST , schoolglider	cnl 02. 06. 61
193	Gotha SG-38	512	*04. 08. 53*	GST , schoolglider	cnl 02. 06. 61
194	Gotha SG-38	513	*10. 08. 53*	GST , schoolglider	cnl 11. 01. 61
195	Gotha SG-38	514	*11. 08. 53*	GST , schoolglider	cnl 15. 10. 60
196	selfbuilt SG-38	40/337	*22. 07. 53*	GST , schoolglider (built by an GST-Club at Potsdam-district)	cnl 15. 10. 54
197	Gotha SG-38	515	*12. 08. 53*	GST , schoolglider	cnl 21. 03. 61
198	Gotha SG-38	516	*13. 08. 53*	GST , schoolglider	cnl 07. 02. 64
199	Gotha SG-38	517	*15. 08. 53*	GST , schoolglider	cnl 08. 12. 59

200	Gotha SG-38	519	*20. 08. 53*	GST , schoolglider	cnl 08. 12. 59
201	Gotha SG-38	520	*20. 08. 53*	GST , schoolglider	cnl 08. 12. 59
202	Gotha SG-38	521	*20. 08. 53*	GST , schoolglider	cnl 20. 08. 60
203	Gotha SG-38	522	*26. 08. 53*	GST , schoolglider	cnl 19. 01. 61
204	Gotha SG-38	518	*18. 08. 53*	GST , schoolglider	cnl 03. 10. 57
205	Gotha SG-38	523	*27. 08. 53*	GST , schoolglider	cnl 28. 10. 60
206	Gotha SG-38	524	*28. 08. 53*	GST , schoolglider	cnl 14. 10. 60
207	Gotha SG-38	525	*29. 08. 53*	GST , schoolglider	cnl 02. 02. 61
208	Gotha SG-38	526	*30. 08. 53*	GST , schoolglider	cnl 29. 11. 55
209	Gotha SG-38	527	*02. 09. 53*	GST , schoolglider	cnl 04. 07. 61
210	Gotha SG-38	528	*02. 09. 53*	GST , schoolglider	cnl 04. 07. 61
211	Gotha SG-38	530	*05. 09. 53*	GST , schoolglider	cnl 19. 07. 67
212	Gotha SG-38	529	*03. 09. 53*	GST , schoolglider	cnl 11. 01. 61
213	Gotha SG-38	531	*07. 09. 53*	GST , schoolglider	cnl 21. 11. 60
214	Gotha SG-38	533	*09. 09. 53*	GST , schoolglider	cnl 11. 01. 61
215	Gotha SG-38	532	*07. 09. 53*	GST , schoolglider	cnl 20. 01. 61
216	Gotha SG-38	534	*09. 09. 53*	GST , schoolglider crashed	w/o 22. 11. 54
217	selfbuilt SG-38	80	*04. 08. 53*	GST , schoolglider (built by an GST-Club at Karl-Marx-Stadt-district)	cnl 19. 07. 67
218	Gotha SG-38	536	*11. 09. 53*	GST , schoolglider	cnl 12. 01. 61
219	Gotha SG-38	535	*11. 09. 53*	GST , schoolglider	cnl 08. 01. 62
220	selfbuilt SG-38	81	*18. 08. 53*	GST , schoolglider (built by an GST-Club at Karl-Marx-Stadt-district)	cnl 06. 07. 60
221	Gotha SG-38	537	*14. 09. 53*	GST , schoolglider crashed	w/o 11. 03. 54
222	Gotha SG-38	538	*15. 09. 53*	GST , schoolglider	cnl 12. 01. 61
223	Gotha SG-38	539	*16. 09. 53*	GST , schoolglider	cnl 06. 07. 60
224	Gotha SG-38	540	*17. 09. 53*	GST , schoolglider	cnl 17. 02. 65

225	Gotha SG-38	541	*18. 09. 53*	GST , schoolglider	cnl 20. 01. 61
226	Gotha SG-38	542	*19. 09. 53*	GST , schoolglider	cnl 06. 07. 60
227	Gotha SG-38	543	*21. 09. 53*	GST , schoolglider	cnl 09.11. 60
228	Gotha SG-38	544	*22. 09. 53*	GST , schoolglider	cnl 09. 11. 60
229	Gotha SG-38	545	*23. 09. 53*	GST , schoolglider	cnl 04. 07. 61
230	Gotha SG-38	546	*24. 09. 53*	GST , schoolglider	cnl 19. 07. 67
231	Gotha SG-38	547	*25. 09. 53*	GST , schoolglider	cnl 19. 07. 67
232	Gotha SG-38	548	*27. 09. 53*	GST , schoolglider	cnl 07. 02. 64
233	Gotha SG-38	549	*26. 09. 53*	GST , schoolglider	cnl 03. 11. 60
234	Gotha SG-38	550	*26. 09. 53*	GST , schoolglider	cnl. 12. 01. 61
235	Gotha SG-38	551	*30. 09. 53*	GST , schoolglider	cnl 17. 02. 61
236	Gotha SG-38	552	*30. 09. 53*	GST , schoolglider	cnl 21. 02. 61
237	Gotha SG-38	553	*02. 10. 53*	GST , schoolglider	cnl 19. 01. 61
238	Gotha SG-38	554	*02. 10. 53*	GST , schoolglider	cnl 03. 02. 61
239	Gotha SG-38	555	*05. 10. 53*	GST , schoolglider	cnl 02. 06. 61
240	Gotha SG-38	556	*05. 10. 53*	Soviet Air Force-Jüterbog , schoolglider later to GST	cnl 02. 06. 61
241	Gotha SG-38	557	*06. 10. 53*	GST , schoolglider	cnl 21. 12. 59
242	Gotha SG-38	558	*08. 10. 53*	GST , schoolglider	cnl 19. 07. 67
243	Gotha SG-38	559	*08. 10. 53*	GST , schoolglider wfu 19. 02. 57	cnl 17. 02. 65
244	Gotha SG-38	560	*08. 10. 53*	GST , schoolglider	cnl 09. 11. 60
245	Gotha SG-38	561	*12. 10. 53*	GST , schoolglider	cnl 21. 02. 61
246	Gotha SG-38	562	*12. 10. 53*	GST , schoolglider	cnl 12. 01. 61
247	Gotha SG-38	563	*12. 10. 53*	GST , schoolglider	cnl 21. 02. 61
248	Gotha SG-38	564	*13. 10. 53*	GST , schoolglider	cnl 20. 01. 60
249	Gotha SG-38	565	*14. 10. 53*	GST , schoolglider	cnl 19. 01. 61

250	Gotha SG-38	566	*15. 10. 53*	GST , schoolglider	cnl 21. 02. 61	
251	Gotha SG-38	567	*15. 10. 53*	GST , schoolglider	cnl 23. 01. 60	
252	Gotha SG-38	568	*15. 10. 53*	GST , schoolglider	cnl 18. 01. 61	
253	Gotha SG-38	569	*16. 10. 53*	GST , schoolglider	cnl 02. 06. 61	
254	Gotha SG-38	570	*17. 10. 53*	GST , schoolglider	cnl 11. 01. 61	
255	Gotha SG-38	571	*17. 10. 53*	GST , schoolglider	cnl 12. 10. 61	
256	Gotha SG-38	572	*19. 10. 53*	GST , schoolglider	cnl 15. 10. 60	
257	Gotha SG-38	573	*20. 10. 53*	GST , schoolglider	cnl 12. 01. 61	
258	Gotha SG-38	574	*20. 10. 53*	GST , schoolglider	cnl 19. 01. 61	
259	Gotha SG-38	575	*21. 10. 53*	GST , schoolglider	cnl 13. 01. 61	
260	Gotha SG-38	576	*21. 10. 53*	GST , schoolglider	cnl 02. 07. 62	
261	Gotha SG-38	577	*22. 10. 53*	GST , schoolglider	cnl 02. 07. 62	
262	Gotha SG-38	578	*23. 10. 53*	GST , schoolglider	cnl 19. 07. 67	
263	Gotha SG-38	579	*23. 10. 53*	GST , schoolglider	cnl 19. 07. 67	
264	Gotha SG-38	580	*24. 10. 53*	GST , schoolglider	cnl 14. 10. 60	
265	Gotha SG-38	581	*22. 10. 53*	GST , schoolglider	cnl 14. 06. 55	
266	Gotha SG-38	582	*26. 10. 53*	GST , schoolglider	cnl 04. 07. 61	
267	Gotha SG-38	583	*27. 10. 53*	GST , schoolglider	cnl 19. 01. 61	
268	Gotha SG-38	584	*28. 10. 53*	GST , schoolglider	cnl 08. 05. 55	1957 rebuilt with parts from c/n 526 (see Reg. 527 !)
269	Gotha SG-38	585	*28. 10. 53*	GST , schoolglider	cnl 19. 07. 67	
270	Gotha SG-38	586	*29. 10. 53*	GST , schoolglider	cnl 07. 02. 64	
271	Gotha SG-38	587	*29. 10. 53*	GST , schoolglider	cnl 19. 07. 67	
272	Gotha SG-38	588	*30. 10. 53*	GST , schoolglider	cnl 21. 12. 59	
273	Gotha SG-38	589	*30. 10. 53*	GST , schoolglider	cnl 11. 04. 62	
274	Gotha SG-38	590	*30. 10. 53*	GST , schoolglider	cnl 19. 07. 67	

275	Gotha SG-38	591	*02. 11. 53*	GST , schoolglider	cnl ?
276	Gotha SG-38	592	*02. 11. 53*	GST , schoolglider	cnl 14. 10. 60
277	Gotha SG-38	593	*03. 11. 53*	GST , schoolglider	cnl 23. 01. 60
278	Gotha SG-38	594	*03. 11. 53*	GST , schoolglider	cnl 02. 06. 61
279	Gotha SG-38	595	*04. 11. 53*	GST , schoolglider	cnl 05. 10. 60
280	Gotha SG-38	596	*04. 11. 53*	GST , schoolglider	cnl 19. 07. 67
281	Gotha SG-38	597	*05. 11. 53*	GST , schoolglider	cnl 11. 01. 61
282	Gotha SG-38	598	*05. 11. 53*	GST , schoolglider	cnl 19. 07. 67
283	Gotha SG-38	599	*06. 11. 53*	GST , schoolglider	cnl 02. 06. 61
284	Gotha SG-38	600	*06. 11. 53*	GST , schoolglider	cnl 21. 11. 60
285	Gotha SG-38	601	*09. 11. 53*	GST , schoolglider	cnl 19. 07. 67
286	Gotha SG-38	602	*09. 11. 53*	GST , schoolglider	cnl 21. 02. 61
287	Gotha SG-38	603	*09. 11. 53*	GST , schoolglider	cnl 21. 02. 61
288	Gotha SG-38	604	*11. 11. 53*	GST , schoolglider	cnl 21. 02. 61
289	Gotha SG-38	605	*11. 11. 53*	ASV , schoolglider	cnl ?
290	Gotha SG-38	606	*12. 11. 53*	GST , schoolglider	cnl 06. 07. 60
291	Gotha SG-38	607	*12. 11. 53*	GST , schoolglider	cnl 06. 07. 60
292	Gotha SG-38	608	*13. 11. 53*	GST , schoolglider	cnl 21. 02. 61
293	Gotha SG-38	609	*13. 11. 53*	ASV , schoolglider	cnl ?
294	Gotha SG-38	610	*14. 11. 53*	GST , schoolglider	cnl 15. 06. 62
295	Gotha SG-38	611	*14. 11. 53*	GST , schoolglider	cnl 02. 02. 61
296	Gotha SG-38	612	*16. 11. 53*	ASV , schoolglider	cnl ?
297	Gotha SG-38	613	*16. 11. 53*	GST , schoolglider	cnl 21. 02. 61
298	Gotha SG-38	614	*17. 11. 53*	GST , schoolglider	cnl 20. 01. 61
299	Gotha SG-38	615	*18. 11. 53*	GST , schoolglider	cnl ?

300	Gotha SG-38	616	*17. 11. 53*	GST , schoolglider	cnl 19. 07. 67
301	Gotha SG-38	617	*18. 11. 53*	GST , schoolglider	cnl 20. 01. 61
302	Gotha SG-38	618	*19. 11. 53*	GST , schoolglider	cnl 20. 05. 61
303	Gotha SG-38	619	*19. 11. 53*	GST , schoolglider	cnl 19. 01. 61
304	Gotha SG-38	620	*21. 11. 53*	GST , schoolglider	cnl 21. 02. 61
305	Gotha SG-38	621	*21. 11. 53*	GST , schoolglider	cnl 21. 02. 61
306	Gotha SG-38	622	*23. 11. 53*	GST , schoolglider	cnl 19. 07. 67
307	Gotha SG-38	623	*23. 11. 53*	GST , schoolglider	cnl 02. 06. 61
308	Gotha SG-38	624	*25. 11. 53*	GST , schoolglider	cnl 05. 10. 60
309	Gotha SG-38	625	*25. 11. 53*	GST , schoolglider	cnl 02. 06. 61
310	Gotha SG-38	626	*26. 11. 53*	GST , schoolglider	cnl 19. 07. 67
311	Gotha SG-38	627	*26. 11. 53*	GST , schoolglider wfu 27. 10. 57	cnl 17. 02. 65
312	Gotha SG-38	628	*27. 11. 53*	GST , schoolglider	cnl 11. 04. 62
313	Gotha SG-38	629	*27. 11. 53*	GST , schoolglider	cnl 03. 02. 61
314	Gotha SG-38	630	*27. 11. 53*	GST , schoolglider	cnl 19. 07. 67
315	Gotha SG-38	631	*27. 11. 53*	GST , schoolglider	cnl 19. 01. 61
316	Gotha SG-38	632	*28. 11. 53*	GST , schoolglider	cnl 19. 07. 67
317	Gotha SG-38	633	*28. 11. 53*	GST , schoolglider	cnl 04. 07. 61
318	Gotha SG-38	634	*30. 11. 53*	GST , schoolglider	cnl ?
319	Gotha SG-38	635	*30. 11. 53*	GST , schoolglider	cnl 14. 10. 60
320	Gotha SG-38	636	*02. 12. 53*	GST , schoolglider	cnl 19. 12. 56
321	Gotha SG-38	637	*02. 12. 53*	GST , schoolglider	cnl 05. 10. 60
322	Gotha SG-38	638	*03. 12. 53*	GST , schoolglider	cnl 28. 10. 60
323	Gotha SG-38	639	*03. 12. 53*	GST , schoolglider	cnl 19. 07. 67
324	Gotha SG-38	640	*04. 12. 53*	GST , schoolglider	cnl 20. 08. 60

325	Gotha SG-38	641	*04. 12. 53*	GST , schoolglider	cnl 09. 11. 60
326	Gotha SG-38	642	*04. 12. 53*	GST , schoolglider	cnl 06. 07. 60
327	Gotha SG-38	643	*05. 12. 53*	GST , schoolglider	cnl 06. 07. 60
328	Gotha SG-38	644	*07. 12. 53*	GST , schoolglider	cnl ?
329	Gotha SG-38	645	*08. 12. 53*	GST , schoolglider	w/o 10. 11. 55
330	Gotha SG-38	646	*08. 12. 53*	GST , schoolglider	w/o 27. 06. 58
331	Gotha SG-38	647	*09. 12. 53*	GST , schoolglider	cnl 11. 04. 62
332	Gotha SG-38	648	*09. 12. 53*	GST , schoolglider	cnl 11. 04. 62
333	Gotha SG-38	649	*10. 12. 53*	GST , schoolglider	cnl 20. 03. 65
334	Gotha SG-38	650	*10. 12. 53*	GST , schoolglider	cnl 06. 06. 61
335	Gotha SG-38	651	*11. 12. 53*	GST , schoolglider	cnl 06. 06. 61
336	Gotha SG-38	652	*11. 12. 53*	GST , schoolglider	cnl 04. 10. 60
337	Gotha SG-38	653	*12. 12. 53*	GST , schoolglider	cnl 04. 10. 60
338	Gotha SG-38	654	*14. 12. 53*	GST , schoolglider	cnl 20. 01. 61
339	Gotha SG-38	655	*14. 12. 53*	GST , schoolglider	cnl 19. 01. 60
340	Gotha SG-38	656	*15. 12. 53*	GST , schoolglider	cnl 04. 10. 60
341	Gotha SG-38	657	*15. 12. 53*	GST , schoolglider	cnl 08. 01. 62
342	Gotha SG-38	658	*16. 12. 53*	GST , schoolglider	cnl 19. 05. 61
343	Gotha SG-38	659	*16. 12. 53*	GST , schoolglider	cnl 19. 05. 61
344	Gotha SG-38	660	*17. 12. 53*	GST , schoolglider	cnl 20. 01. 61
345	Gotha SG-38	661	*17. 12. 53*	GST , schoolglider	w/o 23. 11. 54
346	Gotha SG-38	662	*18. 12. 53*	GST , schoolglider	cnl 12. 01. 61
347	Gotha SG-38	663	*18. 12. 53*	GST , schoolglider	cnl ?
348	Gotha SG-38	664	*19. 12. 53*	GST , schoolglider	cnl 03. 11. 60
349	Gotha SG-38	665	*19. 12. 53*	GST , schoolglider	cnl 17. 02. 61

350	Gotha SG-38	666	*21. 12. 53*	GST , schoolglider	cnl 21. 11. 60
351	Gotha SG-38	667	*21. 12. 53*	GST , schoolglider	cnl 15. 06. 62
352	Gotha SG-38	668	*22. 12. 53*	GST , schoolglider	cnl ?
353	Gotha SG-38	669	*22. 12. 53*	GST , schoolglider	cnl 05. 11. 56
354	Gotha SG-38	670	*23. 12. 53*	GST , schoolglider	cnl ?
355	Gotha SG-38	671	*23. 12. 53*	GST , schoolglider	cnl 04. 10. 60
356	Gotha SG-38	672	*24. 12. 53*	GST , schoolglider	cnl 11. 01. 61
357	Gotha SG-38	673	*24. 12. 53*	GST , schoolglider	cnl 19. 01. 61
358	Gotha SG-38	674	*28. 12. 53*	GST , schoolglider	w/o 05. 07. 56
359	Gotha SG-38	675	*28. 12. 53*	GST , schoolglider	cnl 11. 01. 61
360	Gotha SG-38	676	*29. 12. 53*	GST , schoolglider	cnl 20. 08. 60
361	Gotha SG-38	677	*29. 12. 53*	GST , schoolglider	cnl 23. 01. 60
362	Gotha SG-38	678	*30. 12. 53*	GST , schoolglider	cnl 19. 01. 61
363	Gotha SG-38	679	*30. 12. 53*	GST , schoolglider	w/o 05. 03. 54
364	Gotha SG-38	680	*30. 12. 53*	GST , schoolglider	cnl 19. 01. 61
365	Gotha SG-38	681	*06. 01. 54*	GST , schoolglider	cnl ?
366	Gotha SG-38	682	*09. 01. 54*	GST , schoolglider	cnl 11. 04. 62
367	Gotha SG-38	683	*11. 01. 54*	GST , schoolglider	cnl 12. 01. 61
368	Gotha SG-38	684	*12. 01. 54*	GST , schoolglider	cnl 06. 06. 61
369	Gotha SG-38	685	*13. 01. 54*	GST , schoolglider	cnl 07. 02. 64
370	Gotha SG-38	686	*13. 01. 54*	GST , schoolglider	cnl 06. 06. 61
371	Gotha SG-38	687	*14. 01. 54*	GST , schoolglider	cnl 19. 07. 67
372	Gotha SG-38	688	*15. 01. 54*	GST , schoolglider	cnl 19. 07. 67
373	Gotha SG-38	689	*16. 01. 54*	GST , schoolglider	cnl 20. 01. 61
374	Gotha SG-38	690	*18. 01. 54*	GST , schoolglider	cnl 19. 01. 60

375	Gotha SG-38	691	*18. 01. 54*	GST , schoolglider	cnl 19. 07. 67
376	Gotha SG-38	692	*19. 01. 54*	GST , schoolglider	cnl 12. 01. 61
377	Gotha SG-38	693	*19. 01. 54*	GST , schoolglider	cnl 12. 01. 61
378	Gotha SG-38	694	*21. 01. 54*	GST , schoolglider	cnl 21. 11. 60
379	Gotha SG-38	695	*21. 01. 54*	GST , schoolglider	cnl 18. 01. 61
380	Gotha SG-38	696	*22. 01. 54*	GST , schoolglider	cnl 04. 10. 60
381	Gotha SG-38	697	*21. 01. 54*	GST , schoolglider	cnl 09. 06. 60
382	Gotha SG-38	698	*22. 01. 54*	GST , schoolglider	cnl ?
383	Gotha SG-38	699	*22. 01. 54*	GST , schoolglider	cnl 20. 05. 61
384	Gotha SG-38	700	*25. 01. 54*	GST , schoolglider	cnl 06. 07. 60
385	Gotha SG-38	701	*25. 01. 54*	GST , schoolglider	cnl 17. 02. 65
386	Gotha SG-38	702	*25. 01. 54*	GST , schoolglider	cnl 19. 07. 67
387	Gotha SG-38	703	*26. 01. 54*	GST , schoolglider	cnl 19. 07. 67
388	Gotha SG-38	704	*27. 01. 54*	GST , schoolglider	cnl 19. 07. 67
389	Gotha SG-38	705	*28. 01. 54*	GST , schoolglider	cnl 15. 10. 60
390	Gotha SG-38	706	*29. 01. 54*	GST , schoolglider	cnl 15. 10. 60
391	Gotha SG-38	707	*30. 01. 54*	GST , schoolglider	cnl 23. 01. 60
392	Gotha SG-38	708	*02. 02. 54*	GST , schoolglider	cnl 15. 10. 60
393	Gotha SG-38	709	*03. 02. 54*	GST , schoolglider	cnl 02. 06. 61
394	Gotha SG-38	710	*04. 02. 54*	GST , schoolglider	cnl 14. 10. 60
395	Gotha SG-38	711	*06. 02. 54*	GST , schoolglider	cnl 02. 06. 61
396	Gotha SG-38	712	*09. 02. 54*	GST , schoolglider	cnl 19. 07. 67
397	Gotha SG-38	713	*10. 02. 54*	Waggonbau Gotha , schoolglider (test a/c for Perlon-fabric covering)	cnl 19. 07. 67
398	Gotha SG-38	714	*11. 02. 54*	GST , schoolglider	w/o 14. 06. 55
399	Gotha SG-38	715	*12. 02. 54*	GST , schoolglider	cnl 19. 07. 67

400	Gotha SG-38	716	*12. 02. 54*	GST , schoolglider	cnl 19. 07. 67
401	Gotha SG-38	717	*15. 02. 54*	GST , schoolglider	cnl 13. 01. 61
402	Gotha SG-38	718	*16. 02. 54*	GST , schoolglider	cnl 12. 01. 61
403	Gotha SG-38	719	*16. 02. 54*	GST , schoolglider	cnl 18. 01. 61
404	Gotha SG-38	720	*16. 02. 54*	GST , schoolglider	cnl 19. 01. 61
405	Gotha SG-38	721	*17. 02. 54*	GST , schoolglider	cnl 19. 01. 61
406	Gotha SG-38	722	*18. 02. 54*	GST , schoolglider	cnl ?
407	Gotha SG-38	723	*18. 02. 54*	GST , schoolglider	cnl 04. 07. 61
408	Gotha SG-38	724	*19. 02. 54*	GST , schoolglider	cnl 19. 07. 67
409	Gotha SG-38	725	*20. 02. 54*	GST , schoolglider	cnl 20. 08. 60
410	Gotha SG-38	726	*22. 02. 54*	GST , schoolglider	cnl 04. 07. 61
411	Gotha SG-38	727	*22. 02. 54*	GST , schoolglider	cnl 22. 11. 60
412	Gotha SG-38	728	*25. 02. 54*	GST , schoolglider	cnl 04. 10. 60
413	Gotha SG-38	729	*23. 02. 54*	GST , schoolglider	cnl 04. 10. 60
414	Gotha SG-38	730	*24. 02. 54*	GST , schoolglider	cnl 18. 01. 61
415	Gotha SG-38	731	*24. 02. 54*	GST , schoolglider	cnl 19. 07. 67
416	Gotha SG-38	732	*26. 02. 54*	GST , schoolglider	cnl 05. 10. 60
417	Gotha SG-38	733	*26. 02. 54*	GST , schoolglider	cnl 19. 07. 67
418	Gotha SG-38	734	*02. 03. 54*	GST , schoolglider	cnl 11. 04. 62
419	Gotha SG-38	735	*03. 03. 54*	GST , schoolglider	cnl 19. 07. 67
420	Gotha SG-38	736	*03. 03. 54*	GST , schoolglider	cnl 02. 06. 61
421	Gotha SG-38	737	*03. 03. 54*	GST , schoolglider	cnl 20. 01. 61
422	Gotha SG-38	738	*04. 03. 54*	GST , schoolglider	cnl 02. 06. 61
423	Gotha SG-38	739	*04. 03. 54*	GST , schoolglider	cnl 12. 01. 61
424	Gotha SG-38	740	*05. 03. 54*	GST , schoolglider	cnl 02. 02. 61

425	Gotha SG-38	741	*05. 03. 54*	GST , schoolglider	cnl 07. 02. 64
426	Gotha SG-38	742	*06. 03. 54*	GST , schoolglider	cnl 06. 06. 61
427	Gotha SG-38	743	*06. 03. 54*	GST , schoolglider	cnl 06. 06. 61
428	Gotha SG-38	744	*06. 06. 54*	GST , schoolglider	cnl 06. 06. 61
429	Gotha SG-38	745	*08. 03. 54*	GST , schoolglider	cnl 09. 11. 60
430	Gotha SG-38	746	*08. 03. 54*	GST , schoolglider	w/o 30. 03. 54
431	Gotha SG-38	747	*09. 03. 54*	GST , schoolglider	cnl 06. 06. 61
432	Gotha SG-38	748	*10. 03. 54*	GST , schoolglider	cnl 20. 03. 65
433	Gotha SG-38	749	*10. 03. 54*	GST , schoolglider	cnl 20. 05. 61
434	Gotha SG-38	750	*11. 03. 54*	GST , schoolglider	cnl 24. 07. 61
435	Gotha SG-38	751	*13. 03. 54*	GST , schoolglider	cnl 20. 05. 61
436	Gotha SG-38	752	*13. 03. 54*	GST , schoolglider	cnl 19. 07. 67
437	Gotha SG-38	753	*15. 03. 54*	GST , schoolglider	cnl 26. 10. 61
438	Gotha SG-38	754	*16. 03. 54*	GST schoolglider	cnl ?
439	Gotha SG-38	755	*16. 03. 54*	GST schoolglider	cnl 19. 07. 67
440	Gotha SG-38	756	*17. 03. 54*	GST . schoolglider	cnl 17. 02. 65
441	Gotha SG-38	757	*17. 03. 54*	GST , schoolglider	cnl 20. 08. 60
442	Gotha SG-38	758	*18. 03. 54*	GST , schoolglider	cnl ?
443	Gotha SG-38	759	*19. 03. 54*	GST , schoolglider	cnl 06. 07. 60
444	Gotha SG-38	760	*20. 03. 54*	GST , schoolglider	cnl 12. 01. 61
445	Gotha SG-38	761	*20. 03. 54*	GST , schoolglider	cnl 08. 01. 62
446	Gotha SG-38	762	*22. 03. 54*	GST , schoolglider	cnl 09. 11. 60
447	Gotha SG-38	763	*24. 03. 54*	GST , schoolglider	cnl 09. 11. 60
448	Gotha SG-38	764	*24. 03. 54*	GST , schoolglider	cnl 09. 11. 60
449	Gotha SG-38	765	*03. 54*	GST , schoolglider	cnl 17. 02. 65

450	Gotha SG-38	766	*26. 03. 54*	GST , schoolglider	cnl ?
451	Gotha SG-38	767	*26. 03. 54*	GST , schoolglider	cnl 11. 04. 62
452	Gotha SG-38	768	*27. 03. 54*	GST , schoolglider	cnl 19. 07. 67
453	Gotha SG-38	769	*27. 03. 54*	GST , schoolglider	cnl 22. 11. 60
454	Gotha SG-38	770	*29. 03. 54*	GST , schoolglider	cnl 20. 08. 60
455	Gotha SG-38	771	*30. 03. 54*	GST , schoolglider	cnl 19. 07. 67
456	Gotha SG-38	772	*31. 03. 54*	GST , schoolglider	cnl 06. 07. 60
457	Gotha SG-38	773	*31. 03. 54*	GST , schoolglider	cnl 06. 07. 60
458	Gotha SG-38	774	*31. 03. 54*	GST , schoolglider	cnl ?
459	Gotha SG-38	775	*31. 03. 54*	GST , schoolglider	cnl 06. 07. 60
460	Gotha SG-38	776	*01. 04. 54*	GST , schoolglider	cnl 19. 07. 67
461	Gotha SG-38	777	*01. 04. 54*	GST , schoolglider	cnl 11. 04. 62
462	Gotha SG-38	778	*05. 04. 54*	GST , schoolglider	cnl 11. 04. 62
463	Gotha SG-38	779	*05. 04. 54*	GST , schoolglider	cnl 28. 10. 60
464	Gotha SG-38	780	*05. 04. 54*	GST , schoolglider	cnl 19. 05. 61
465	Gotha SG-38	781	*09. 04. 54*	GST , schoolglider	cnl 11. 07. 62
466	Gotha SG-38	782	*09. 04. 54*	GST , schoolglider	cnl 11. 01. 61
467	Gotha SG-38	783	*09. 04. 54*	GST , schoolglider	cnl 18. 01. 61
468	Gotha SG-38	784	*09. 04. 54*	GST , schoolglider	cnl 19. 01. 61
469	Gotha SG-38	785	*09. 04. 54*	GST , schoolglider	cnl 13. 01. 61
470	Gotha SG-38	786	*09. 04. 54*	GST , schoolglider	cnl 18. 01. 61
471	Gotha SG-38	787	*10. 04. 54*	GST , schoolglider	cnl 12. 01. 61
472	Gotha SG-38	788	*10. 04. 54*	GST , schoolglider	cnl 09. 11. 60
473	Gotha SG-38	789	*14. 04. 54*	GST , schoolglider	w/ol 03. 10. 57
474	Gotha SG-38	790	*14. 04. 54*	GST , schoolglider	cnl 20. 03. 61

475	Gotha SG-38	791	*14. 04. 54*	GST , schoolglider	cnl 19. 07. 67
476	Gotha SG-38	792	*14. 04. 54*	GST , schoolglider	cnl ?
477	Gotha SG-38	793	*20. 04. 54*	GST , schoolglider	cnl 17. 02. 61
478	Gotha SG-38	794	*20. 04. 54*	GST , schoolglider	cnl 19. 07. 67
479	Gotha SG-38	795	*20. 04. 54*	GST , schoolglider	cnl 26. 10. 61
480	Gotha SG-38	796	*21. 04. 54*	GST , schoolglider	cnl 11. 04. 62
481	Gotha SG-38	797	*22. 04. 54*	GST , schoolglider	cnl 28. 10. 60
482	Gotha SG-38	798	*22. 04. 54*	GST , schoolglider	cnl 19. 07. 67
483	Gotha SG-38	799	*22. 04. 54*	GST , schoolglider	cnl 06. 07. 60
484	Gotha SG-38	800	*24. 04. 54*	GST , schoolglider	w/o 05. 07. 56
485	Gotha SG-38	801	*24. 04. 54*	GST , schoolglider	cnl ?
486	Gotha SG-38	802	*26. 04. 54*	GST , schoolglider	cnl 02. 02. 61
487	Gotha SG-38	803	*27. 04. 54*	GST , schoolglider	cnl 22. 11. 60
488	Gotha SG-38	804	*27. 04. 54*	GST , schoolglider	cnl 17. 02. 61
489	Gotha SG-38	805	*27. 04. 54*	GST , schoolglider	cnl 22. 11. 60
490	Gotha SG-38	806	*27. 04. 54*	GST , schoolglider	cnl 22. 11. 60
491	Gotha SG-38	807	*28. 04. 54*	GST , schoolglider	cnl 03. 02. 61
492	Gotha SG-38	808	*29. 04. 54*	GST , schoolglider	cnl 03. 02. 61
493	Gotha SG-38	809	*29. 04. 54*	GST , schoolglider	cnl 13. 01. 61
494	Gotha SG-38	810	*29. 04. 54*	GST , schoolglider	cnl 03. 02. 61
495	Gotha SG-38	811	*30. 04. 54*	GST , schoolglider	cnl 19. 07. 67
496	Gotha SG-38	812	*30. 04. 54*	GST , schoolglider	cnl 03. 11. 60
497	Gotha SG-38	813	*03. 05. 54*	GST , schoolglider	cnl 04. 10. 60
498	Gotha SG-38	814	*03. 05. 54*	GST , schoolglider	cnl 11. 04. 62
499	Gotha SG-38	815	*04. 05. 54*	GST , schoolglider	cnl 11. 04. 62

500	Gotha SG-38	816	*04. 05. 54*	GST , schoolglider	cnl 19. 07. 67	
501	Gotha SG-38	817	*05. 05. 54*	GST , schoolglider	cnl 09. 11. 60	
502	Gotha SG-38	818	*06. 05. 54*	GST , schoolglider wfu 21. 01. 59	cnl 17. 02. 61	
503	Gotha SG-38	819	*10. 05. 54*	GST , schoolglider	cnl 11. 06. 56	
504	Gotha SG-38	820	*10. 05. 54*	GST , schoolglider	cnl 19. 07. 67	
505	Gotha SG-38	821	*10. 05. 54*	GST , schoolglider	cnl 21. 02. 61	
506	Gotha SG-38	822	*12. 05. 54*	GST , schoolglider	cnl 17. 02. 61	
507	Gotha SG-38	823	*12. 05. 54*	GST , schoolglider	cnl 12. 01. 61	
508	Gotha SG-38	824	*13. 05. 54*	GST , schoolglider	cnl 06. 06. 61	
509	Gotha SG-38	825	*14. 05. 54*	GST , schoolglider	cnl 18. 01. 61	
510	Gotha SG-38	826	*14. 05. 54*	GST , schoolglider	cnl ?	
511	Gotha SG-38	827	*14. 05. 54*	GST , schoolglider	cnl 11. 04. 62	
512	? SG-38	828/05	*08. 06. 54*	GST , schoolglider	cnl 14. 10. 60	
513	? SG-38	829/04	*05. 06. 54*	GST , schoolglider	cnl 06. 06. 61	
514	? SG-38	830/765	*25. 03. 54*	GST , schoolglider	cnl 18. 01. 61	
515	selfbuilt SG-38	06	*20. 08. 54*	GST , schoolglider (built by Fliegerschule Schönhagen)	cnl 20. 05. 61	
516	Gotha SG-38	828	*14. 05. 54*	GST , schoolglider	cnl 11. 04. 62	
517	Gotha SG-38	829	*15. 05. 54*	GST , schoolglider	cnl 17. 02. 65	
518	selfbuilt SG-38	07	*19. 11. 54*	GST , schoolglider (built by Fliegerschule Schönhagen)	transf. 21. 05. 55	gift to Austria
519	selfbuilt SG-38	08	*21. 11. 54*	GST , schoolglider (built by Fliegerschule Schönhagen)	cnl 06. 06. 61	
520	? SG-38	36	*08. 11. 54*	GST , schoolglider	cnl 19. 07. 67	
521	Gotha SG-38	830	*20. 07. 55*	GST , schoolglider	cnl 21. 02. 61	
522	Rubik R-16 Lepke	E.987	*22. 03. 56*	GST , schoolglider (ex HA-1040)	cnl 20. 08. 60	
523	? SG-38	?	*?*	GST , schoolglider	cnl ?	
524	selfbuilt SG-38	82	*15. 06. 57*	GST , schoolglider (built by GST-Club at Gotha)	cnl 30. 12. 65	

525	selfbuilt SG-38	83	*27. 08. 57*	GST , schoolglider (built by GST-Club at Gotha)	cnl ?	stored at Armeemuseum Dresden since 1970
526	selfbuilt SG-38	07	*22. 03. 58*	Industriewerk Karl-Marx-Stadt , schoolglider (built by GST-Club of IWKMS)	cnl 15. 06. 62	
527	Gotha SG-38	526/584	*20. 10. 57*	GST , schoolglider (rebuilt from parts of both c/n´s, by an GST-Club at Schwerin-district)	cnl 29. 04. 64	
528	selfbuilt SG-38	01	*27. 07. 59*	Ingenieurschule für Flugzeugbau Dresden , schoolglider (built by ISfFb)	cnl 12. 04. 64	
529	selfbuilt SG-38	02	*08. 01. 60*	Ingenieurschule für Flugzeugbau Dresden , schoolglider (built by ISfFb)	cnl 12. 04. 64	
530	selfbuilt SG-38	01	*09. 03. 54*	GST , schoolglider (built by an GST-Club at Potsdam-district)	cnl 19. 03. 59	
531	FWD SG-38	BBS-1	*23. 08. 60*	FWD , schoolglider (built at the factories continuation school)	cnl 29. 04. 64	
550	selfbuilt SG-38	0010	*05. 10. 89*	GST , schoolglider (built by Fliegerschule Schönhagen)		
551	selfbuilt SG-38	0011	*89*	GST , schoolglider (built by Fliegerschule Schönhagen)		

Z-23 Honza

Rubik R-16 Lebke

SG-38 mit sog. "Boot" / SG-38 with a so-called "boat"

DDR- DM-	1001	NAGEMA Baby IIb	00201	*. 51*	FDJ, single-seat, training sailplane later to GST	cnl 23. 08. 60
DDR-	1002	NAGEMA Baby IIb	00202	*. 51*	FDJ, single-seat, training sailplane later to GST, crashed	w/o 09. 06. 55
DDR- DM-	1003	NAGEMA Baby IIb	00203	*. 51*	FDJ, single-seat, training sailplane later to GST	cnl 21. 02. 61
DDR- DM-	1004	NAGEMA Baby IIb	00204	*. 51*	FDJ, single-seat, training sailplane later to GST	cnl 04. 05. 62
DDR- DM-	1005	NAGEMA Baby IIb	00205	*. 51*	FDJ, single-seat, training sailplane later to GST	cnl 21. 02. 61
DDR-	1006	NAGEMA Baby IIb	00206	*. 51*	FDJ, single-seat, training sailplane later to GST	cnl 27. 07. 55
DDR-	1007	NAGEMA Baby IIb	00207	*. 51*	FDJ, single-seat, training sailplane later to GST	cnl 27. 07. 56
DDR- DM-	1008	NAGEMA Baby IIb	00208	*. 52*	FDJ, single-seat, training sailplane later to GST	cnl 23. 06. 60
DDR-	1009	NAGEMA Baby IIb	00209	*. 52*	FDJ, single-seat, training sailplane later to GST	cnl 16. 08. 55
DDR-	1010	NAGEMA Baby IIb	00210	*. 52*	FDJ, single-seat, training sailplane later to GST	cnl 27. 07. 55
DDR- DM-	1011	NAGEMA Baby IIb	00211	21. 10. 52	GST, single-seat, training sailplane	cnl 21. 02. 61
DDR- DM-	1012	NAGEMA Baby IIb	00212	20. 03. 53	GST, single-seat, training sailplane	cnl 11. 04. 62
DDR- DM-	1013	NAGEMA Baby IIb	00213	18. 03. 53	GST, single-seat, training sailplane	cnl 22. 11. 60
DDR- DM-	1014	NAGEMA Baby IIb	00214	03. 11. 52	GST, single-seat, training sailplane	cnl 21. 02. 61
DDR- DM-	1015	NAGEMA Baby IIb	00215	16. 03. 53	GST, single-seat, training sailplane	cnl 26. 07. 60
DDR- DM-	1016	NAGEMA Baby IIb	00216	20. 03. 53	GST, single-seat, training sailplane	cnl 21. 02. 61
DDR- DM-	1017	NAGEMA Baby IIb	00217	20. 03. 53	GST, single-seat, training sailplane	cnl 11. 04. 62
DDR- DM-	1018	NAGEMA Baby IIb	00218	18. 03. 53	GST, single-seat, training sailplane	cnl 17. 11. 60
DDR- DM-	1019	NAGEMA Baby IIb	00219	?	GST, single-seat, training sailplane	cnl 02. 06. 61
DDR- DM-	1020	NAGEMA Baby IIb	00220	?	GST, single-seat, training sailplane	cnl 11. 04. 62
DDR- DM-	1021	NAGEMA Baby IIb	00221	16. 03. 53	GST, single-seat, training sailplane	cnl 26. 07. 60
DDR-	1022*	NAGEMA Baby IIb	00222	?	GST, single-seat, training sailplane	?
DDR- DM-	1023	NAGEMA Baby IIb	00223	. 53	GST, single-seat, training sailplane	cnl 18. 01. 68
DDR- DM-	1024	NAGEMA Baby IIb	00224	?	GST, single-seat, training sailplane	cnl 04. 05. 62

DDR- DM-	1025	NAGEMA Baby IIb	00225	21. 04. 53	GST, single-seat, training sailplane	cnl 20. 05. 61
DDR- DM-	1026	NAGEMA Baby IIb	00226	21. 04. 53	GST, single-seat, training sailplane	cnl 03. 11. 60
DDR- DM-	1027	NAGEMA Baby IIb	00227	24. 05. 53	KVP-Luft, single-seat, training sailplane, later to ASV	cnl 06. 11. 69
DDR- DM-	1028	NAGEMA Baby IIb	00228	21. 04. 53	KVP-Luft, single-seat, training sailplane, later to ASV	cnl 15. 01. 69
DDR- DM-	1029	NAGEMA Baby IIb	00229	21. 04. 53	KVP-Luft, single-seat, training sailplane, later to ASV	cnl 29. 04. 64
DDR- DM-	1030	NAGEMA Baby IIb	00230	21. 04. 53	KVP-Luft, single-seat, training sailplane, later to ASV	cnl 29. 04. 64
DDR- DM-	1031	NAGEMA Baby IIb	00231	06. 06. 53	KVP-Luft, single-seat, training sailplane, later to ASV	cnl 05. 03. 69
DDR-	1032	NAGEMA Baby IIb	00232	21. 04. 53	GST, single-seat, training sailplane	cnl 12. 08. 55
DDR- DM-	1033	NAGEMA Baby IIb	00233	21. 04. 53	GST, single-seat, training sailplane	cnl 18. 01. 68
DDR- DM-	1034	NAGEMA Baby IIb	00234	21. 04. 53	GST, single-seat, training sailplane	cnl 10. 05. 62
DDR- DM-	1035	NAGEMA Baby IIb	00235	06. 06. 53	KVP-Luft, single-seat, training sailplane, later to ASV	cnl 05. 03. 69
DDR-	1036	NAGEMA Baby IIb	00236	06. 06. 53	KVP-Luft, single-seat, training sailplane, later to ASV	cnl 28. 06. 56
DDR- DM-	1037	NAGEMA Baby IIb	00237	28. 05. 55	KVP-Luft, single-seat, training sailplane, later to ASV	cnl 22. 05. 67
DDR-	1038	NAGEMA Baby IIb	00238	06. 06. 53	KVP-Luft, single-seat, training sailplane, later to ASV	cnl 12. 09. 56
DDR- DM-	1039	NAGEMA Baby IIb	00239	06. 06. 53	KVP-Luft, single-seat, training sailplane, later to ASV	cnl 22. 05. 67
DDR- DM-	1040	NAGEMA Baby IIb	00240	21. 04. 53	GST, single-seat, training sailplane	cnl 02. 01. 63
DDR- DM-	1041	NAGEMA Baby IIb	00241	02. 05. 54	GST, single-seat, training sailplane	cnl 21. 02. 61
DDR- DM-	1042	NAGEMA Baby IIb	00242	?	GST, single-seat, training sailplane	cnl 04. 05. 62
DDR- DM-	1043	NAGEMA Baby IIb	00243	?	GST, single-seat, training sailplane	cnl 04. 05. 62
DDR- DM-	1044	NAGEMA Baby IIb	00244	. 54	GST, single-seat, training sailplane	cnl 10. 01. 61
DDR-	1045	NAGEMA Baby IIb	00245	15. 03. 54	GST, single-seat, training sailplane	cnl 05. 10. 56
DDR- DM-	1046	NAGEMA Baby IIb	00246	21. 04. 53	GST, single-seat, training sailplane	cnl 18. 01. 68
DDR- DM-	1047	NAGEMA Baby IIb	00247	14. 04. 53	GST, single-seat, training sailplane	cnl 18. 01. 68
DDR-	1048	NAGEMA Baby IIb	00248	21. 04. 53	GST, single-seat, training sailplane	cnl 04. 11. 56
DDR- DM-	1049	NAGEMA Baby IIb	00249	15. 06. 53	GST, single-seat, training sailplane	cnl 09. 08. 68

DM-	1050	NAGEMA Baby IIb	00250	14. 05. 57	GST, single-seat, training sailplane (with canopy)	cnl 29. 01. 64
DDR- DM-	1051	NAGEMA Baby IIb	00251	?	GST, single-seat, training sailplane	cnl 04. 05. 62
DDR- DM-	1052	NAGEMA Baby IIb	00252	26. 06. 53	KVP-Luft, single-seat, training sailplane, later to ASV	cnl 18. 01. 68
DDR- DM-	1053	NAGEMA Baby IIb	00253	. 53	GST, single-seat, training sailplane	cnl 26. 11. 62
DDR- DM-	1054	NAGEMA Baby IIb	00254	26. 06. 53	GST, single-seat, training sailplane	cnl 11. 01. 61
DDR- DM-	1055	NAGEMA Baby IIb	00255	15. 06. 53	GST, single-seat, training sailplane	cnl 09. 12. 59
DDR- DM-	1057	NAGEMA Baby IIb	00257	. 53	GST, single-seat, training sailplane	cnl 22. 11. 60
DDR- DM-	1058	NAGEMA Baby IIb	00258	26. 06. 53	GST, single-seat, training sailplane	cnl 23. 08. 60
DDR- DM-	1059	NAGEMA Baby IIb	00259	26. 06. 53	GST, single-seat, training sailplane	cnl 10. 01. 61
DDR- DM-	1061	NAGEMA Baby IIb	00261	12. 07. 53	GST, single-seat, training sailplane	cnl 18. 01. 68
DDR- DM-	1062	NAGEMA Baby IIb	00262	28. 12. 53	GST, single-seat, training sailplane	cnl 21. 02. 61
DDR- DM-	1063	NAGEMA Baby IIb	00263 (030705)	09. 07. 53	GST, single-seat, training sailplane, rebuilt (original built 1944 by PETERA at Hohenelbe)	cnl 31. 12. 64
DDR-	1064	NAGEMA Baby IIb	00264	12. 07. 53	GST, single-seat, training sailplane	cnl 22. 09. 55
DDR- DM-	1065	NAGEMA Baby IIb	00265	?	GST, single-seat, training sailplane	cnl 04. 05. 62
DDR- DM-	1066	NAGEMA Baby IIb	00266	. 53	GST, single-seat, training sailplane	cnl 18. 01. 68
DDR- DM-	1067	NAGEMA Baby IIb	00267	03. 08. 53	GST, single-seat, training sailplane	cnl 11. 01. 61
DDR- DM-	1068	NAGEMA Baby IIb	00268	03. 08. 53	GST, single-seat training sailplane	cnl 18. 01. 68
DDR- DM-	1069	NAGEMA Baby IIb	00269	29. 07. 53	GST, single-seat training sailplane	cnl 23. 05. 62
DDR- DM-	1070	NAGEMA Baby IIb	00270	03. 08. 53	GST, single-seat training sailplane	cnl 28. 10. 60
DDR- DM-	1071	NAGEMA Baby IIb	00271	03. 08. 53	GST, single-seat. training sailplane	cnl 28. 10. 60
DDR- DM-	1072	NAGEMA Baby IIb	00272	30. 08. 54	GST, single-seat, training sailplane wfu . 68	cnl 06. 11. 69
DDR- DM-	1073	NAGEMA Baby IIb	00273	29. 07. 53	GST, single-seat, training sailplane	cnl 03. 12. 63
DDR- DM-	1074	NAGEMA Baby IIb	00274	03. 08. 53	GST, single-seat, training sailplane	cnl 29. 04. 64

DDR- DM-	**1075**	NAGEMA Baby IIb	00275	03. 08. 53	GST, single-seat, training sailplane	cnl 23. 02. 62
DDR-	**1076**	NAGEMA Baby IIb	00276	01. 09. 53	GST, single-seat, training sailplane	cnl 29. 06. 55
DDR- DM-	**1077**	NAGEMA Baby IIb	00277	26. 08. 53	GST, single-seat, training sailplane	cnl 24. 06. 63
DDR- DM-	**1078**	NAGEMA Baby IIb	00278	01. 09. 53	GST, single-seat, training sailplane	cnl 30. 10. 67
DDR- DM-	**1079**	Gotha Baby IIb	00279	. 53	GST, single-seat, training sailplane	cnl 14. 11. 66
DDR- DM-	**1080**	NAGEMA Baby IIb	00280	25. 09. 53	GST, single-seat, training sailplane	cnl 10. 01. 61
DDR-	**1081**	NAGEMA Baby IIb	00281	25. 09. 53	GST, single-seat, training sailplane crashed	w/o . 06. 54
DDR- DM-	**1082**	NAGEMA Baby IIb	00282	29. 09. 53	GST, single-seat, training sailplane	cnl 13. 11. 61
DDR- DM-	**1083**	NAGEMA Baby IIb	00283	24. 09. 53	GST, single-seat, training sailplane	cnl 18. 01. 68
DDR- DM-	**1084**	NAGEMA Baby IIb	00284	25. 09. 53	GST, single-seat, training sailplane	cnl 03. 02. 61
DDR- DM-	**1085**	NAGEMA Baby IIb	00285	?	?, single-seat, training sailplane	cnl 07. 07. 64
DDR- DM-	**1086**	NAGEMA Baby IIb	00286	24. 09. 53	GST, single-seat, training sailplane	cnl 31. 12. 64
DDR-	**1087***	NAGEMA Baby IIb	00287	?	GST, single-seat, training sailplane	?
DDR-	**1088**	NAGEMA Baby IIb	00288	25. 09. 53	GST, single-seat, training sailplane	cnl 16. 08. 55
DDR- DM-	**1089**	NAGEMA Baby IIb	00289	. 53	GST, single-seat, training sailplane wfu . 68	cnl 06. 11. 69
DDR- DM-	**1090**	NAGEMA Baby IIb	00290	24. 09. 53	GST, single-seat, training sailplane	cnl 30. 01. 62
DM-	**1091**	Lom Baby IIb	00291	09. 02. 66	GST, single-seat, training sailplane	cnl 15. 01. 69
DDR- DM-	**1092**	Lom Baby IIb	00292	?	GST, single-seat, training sailplane	cnl 04. 05. 62
DDR- DM-	**1093**	Lom Baby IIb	00293	05. 10. 53	GST, single-seat, training sailplane	cnl 11. 01. 61
DDR- DM-	**1094**	Lom Baby IIb	00294	05. 10. 53	GST, single-seat, training sailplane	cnl 24. 07. 61
DDR- DM-	**1095**	Lom Baby IIb	00295	08. 10. 53	GST, single-seat, training sailplane	cnl 24. 06. 63
DDR- DM-	**1096**	Lom Baby IIb	00296	15. 10. 53	GST, single-seat, training sailplane	cnl 27. 11. 63
DDR- DM-	**1097**	Lom Baby IIb	00297	15. 10. 53	GST, single-seat, training sailplane	cnl 10. 01. 61
DDR-	**1098**	Lom Baby IIb	00298	22. 10. 53	GST, single-seat, training sailplane	cnl 27. 07. 55
DDR- DM-	**1099**	Lom Baby IIb	00299	?	GST, single-seat, training sailplane	cnl 04. 05. 62

DDR- DM-	1100	Lom Baby IIb	00300	22. 10. 53	GST, single-seat, training sailplane	cnl 18. 01. 68
DDR- DM-	1101	Lom Baby IIb	00301	23. 11. 53	GST, single-seat, training sailplane	cnl 09. 11. 60
DDR- DM-	1102	Lom Baby IIb	00302	23. 11. 53	GST, single-seat, training sailplane	cnl 19. 04. 63
DDR- DM-	1103	Lom Baby IIb	00303	?	GST, single-seat, training sailplane	cnl 20. 05. 61
DDR- DM-	1104	Lom Baby IIb	00304	. 53	GST, single-seat, training sailplane	cnl 18. 01. 68
DDR- DM-	1111	Lom Baby IIb	00311	12. 12. 53	GST, single-seat, training sailplane	cnl 22. 11. 60
DDR- DM-	1112	Lom Baby IIb	00312	15. 12. 53	GST, single-seat, training sailplane	cnl 24. 07. 67
DDR- DM-	1113	Lom Baby IIb	00313	. 53	GST, single-seat, training sailplane (with canopy)	cnl 30. 10. 67
DDR- DM-	1114	Lom Baby IIb	00314	12. 12. 53	GST, single-seat, training sailplane	cnl 18. 01. 68
DDR- DM-	1115	Lom Baby IIb	00315	12. 12. 53	GST, single-seat, training sailplane	cnl 30. 09. 66
DDR- DM-	1116	Lom Baby IIb	00316	12. 12. 53	GST, single-seat, training sailplane	cnl 11. 01. 61
DDR-	1117	Lom Baby IIb	00317	14. 12. 53	GST, single-seat, training sailplane	cnl 23. 07. 55
DDR- DM-	1118	Lom Baby IIb	00318	. 53	GST, single-seat. training sailplane	cnl 18. 01. 68
DDR- DM-	1119	Lom Baby IIb	00319	11. 12. 53	GST, single-seat training sailplane	cnl 18. 01. 68
DDR- DM-	1120	Lom Baby IIb	00320	15. 12. 53	GST, single-seat training sailplane	cnl 17. 10. 60
DDR- DM-	1121	Lom Baby IIb	00321	15. 12. 53	GST, single-seat training sailplane	cnl 07. 07. 64
DDR-	1122	Lom Baby IIb	00322	28. 12. 53	GST, single-seat, training sailplane	cnl 21. 12. 55
DDR- DM-	1123	Lom Baby IIb	00323	28. 12. 53	GST, single-seat, training sailplane	cnl 24. 07. 61
DDR- DM-	1124	Lom Baby IIb	00324	28. 12. 53	GST, single-seat, training sailplane	cnl 18. 01. 68

DDR- DM-	1125	Lom Baby IIb	00325	28. 12. 53	GST, single-seat, training sailplane	cnl 08. 04. 60
DDR- DM-	1126	Lom Baby IIb	00326	28. 12. 53	GST, single-seat, training sailplane	cnl 11. 01. 61
DM-	1127	Lom Baby IIb	00327	. 53	GST, single-seat, training sailplane	cnl 27. 11. 63
DDR- DM-	1128	Lom Baby IIb	00328	23. 12. 53	GST, single-seat, training sailplane	cnl 18. 01. 68
DM-	1129	Lom Baby IIb	00329	. 53	GST, single-seat, training sailplane wfu .68	cnl 06. 11. 69
DDR- DM-	1130	Lom Baby IIb	00330	23. 12. 53	GST, single-seat, training sailplane	cnl 18. 01. 68
DDR- DM-	1132	Lom Baby IIb	00332	07. 07. 54	GST, single-seat, training sailplane	cnl 22. 11. 60
DDR- DM-	1133	Lom Baby IIb	00333	30. 04. 55	GST, single-seat, training sailplane (with canopy)	cnl 18. 01. 68
DDR- DM-	1134	Lom Baby IIb	00334	14. 05. 54	GST, single-seat, training sailplane	cnl 30. 09. 66
DDR- DM-	1135	Gotha Baby IIb	00335	20. 05. 54	GST, single-seat, training sailplane	cnl 09. 08. 68
DDR- DM-	1137	Gotha Baby IIb	00337	20. 05. 54	GST, single-seat, training sailplane	cnl 18. 01. 68
DDR- DM-	1138	Gotha Baby IIb	00338	02. 07. 54	GST, single-seat, training sailplane	cnl 18. 01. 68
DDR- DM-	1139	Gotha Baby IIb	00339	02. 07. 54	GST, single-seat, training sailplane (named "Martin Hoop")	cnl 18. 01. 68
DDR- DM-	1140	Gotha Baby IIb	00340	02. 07. 54	GST, single-seat, training sailplane	cnl 11. 01. 61
DM-	1141	Gotha Baby IIb	00341	. 54	GST, single-seat, training sailplane	cnl 15. 01. 69
DDR- DM-	1142	Gotha Baby IIb	00342	20. 09. 54	GST, single-seat, training sailplane	cnl 15. 01. 69
DDR- DM-	1143	Gotha Baby IIb	00343	06. 10. 54	GST, single-seat, training sailplane	cnl 30. 09. 66
DDR- DM-	1144	Gotha Baby IIb	00344	21. 07. 55	GST, single-seat, training sailplane	cnl 21. 04. 57
DDR- DM-	1145	Gotha Baby IIb	00345	07. 01. 55	GST, single-seat, training sailplane	cnl 26. 07. 60
DDR-	1146	Gotha Baby IIb	00356	. 55	Waggonbau Gotha, single-seat, training sailplane (test a/c for Perlon-fabric covering)	cnl ?
DDR- DM-	1147	Gotha Baby IIb	00347	28. 09. 54	GST, single-seat, training sailplane	cnl 18. 01. 68
DDR- DM-	1148	Gotha Baby IIb	00348	03. 12. 54	GST, single-seat, training sailplane	cnl 18. 01. 68
DDR- DM-	1149	Gotha Baby IIb	00349	07. 01. 55	KVP-Luft, single-seat, training sailplane, later ASV	cnl 09. 05. 63

DDR- DM-	1150	Gotha Baby IIb	00350	22. 07. 54	GST, single-seat, training sailplane	cnl 29. 01. 64
DDR- DM-	1151	Gotha Baby IIb	00351	22. 07. 54	GST, single-seat, training sailplane	cnl 18. 01. 68
DDR-	1152	Gotha Baby IIb	00352	27. 09. 54	GST, single-seat, training sailplane	cnl 17. 12. 59
DDR- DM-	1153	Gotha Baby IIb	00353	. 54	GST, single-seat, training sailplane wfu .68	cnl 15. 01. 69
DDR- DM-	1154	Gotha Baby IIb	00354	15. 08. 54	GST, single-seat, training sailplane	cnl 30. 09. 66
DDR- DM-	1155	Gotha Baby IIb	00355	. 54	GST, single-seat, training sailplane	cnl 12. 12. 67
DDR- DM-	1156	Gotha Baby IIb	00356	13. 01. 55	GST, single-seat, training sailplane	cnl 09. 08. 68
DDR-	1157	Gotha Baby IIb	00357	07. 09. 54	GST, single-seat, training sailplane	cnl 24. 06. 55
DDR- DM-	1158	Gotha Baby IIb	00358	07. 01. 55	GST, single-seat, training sailplane, badly damaged 25. 03. 62	w/o 09. 06. 62
DDR- DM-	1159	Gotha Baby IIb	00359	14. 09. 54	GST, single-seat, training sailplane	cnl 02. 01. 63
DDR- DM-	1160	Gotha Baby IIb	00360	27. 09. 54	GST, single-seat, training sailplane	cnl 09. 08. 68
DDR- DM-	1161	Gotha Baby IIb	00361	26. 07. 54	GST, single-seat, training sailplane	cnl 18. 01. 68
DDR- DM-	1162	Gotha Baby IIb	00362	06. 11. 54	GST, single-seat, training sailplane, crashed	w/o 12. 07. 61
DDR- DM-	1163	Gotha Baby IIb	00363	27. 09. 54	GST, single-seat, training sailplane	cnl 08. 04. 60
DDR- DM-	1164	Gotha Baby IIb	00364	27. 09. 54	GST, single-seat, training sailplane	cnl 30. 10. 67
DDR- DM-	1165	Gotha Baby IIb	00365	31. 08. 54	GST, single-seat, training sailplane	cnl 18. 01. 68
DDR- DM-	1166	Gotha Baby IIb	00366	28. 08. 54	GST, single-seat, training sailplane	cnl 30. 10. 67
DDR-	1167	Gotha Baby IIb	00367	24. 05. 55	GST, single-seat, training sailplane	cnl 15. 07. 55
DM-				16. 05. 63	rebuilt, new C of A received!	cnl ?
DDR- DM-	1168	Gotha Baby IIb	00368	27. 09. 54	GST, single-seat, training sailplane, wfu .68	cnl 06. 11. 69
DDR- DM-	1169	Gotha Baby IIb	00369	14. 09. 54	GST, single-seat, training sailplane	cnl 11. 01. 61
DDR- DM-	1170	Gotha Baby IIb	00370	27. 09. 54	GST, single-seat, training sailplane	cnl 18. 01. 68
DDR- DM-	1171	Gotha Baby IIb	00371	. 54	GST, single-seat, training sailplane	cnl 18. 01. 68
DDR- DM-	1172	Gotha Baby IIb	00372	10. 09. 54	GST, single-seat, training sailplane	cnl 30. 10. 67
DDR- DM-	1173	Gotha Baby IIb	00373	20. 10. 54	GST, single-seat, training sailplane	cnl 24. 07. 67
DDR- DM-	1174	Gotha Baby IIb	00374	27. 09. 57	GST, single-seat, training sailplane	cnl 18. 01. 68

DDR- DM-	1175	Gotha Baby IIb	00375	17. 09. 54	GST, single-seat, training sailplane	cnl 18. 01. 68
DDR- DM-	1176	Gotha Baby IIb	00376	14. 10. 54	GST, single-seat, training sailplane	cnl 18. 01. 68
DDR- DM-	1177	Gotha Baby IIb	00377	27. 09. 54	GST, single-seat, training sailplane	cnl 18. 01. 68
DDR- DM-	1178	Gotha Baby IIb	00378	. 54	ASV, single-seat, training sailplane	cnl 29. 04. 64
DDR- DM-	1179	Gotha Baby IIb	00379	14. 10. 54	GST, single-seat, training sailplane	cnl 18. 01. 68
DDR- DM-	1180	Gotha Baby IIb	00380	16. 10. 54	GST, single-seat, training sailplane	cnl 09. 08. 68
DDR- DM-	1181	Gotha Baby IIb	00381	. 54	GST, single-seat, training sailplane wfu .68	cnl 06. 11. 69
DDR- DM-	1182	Gotha Baby IIb	00382	09. 10. 54	GST, single-seat, training sailplane	cnl 30. 10. 67
DDR- DM-	1183	Gotha Baby IIb	00383	10. 11. 54	GST, single-seat, training sailplane,	cnl 18. 01. 68
DDR- DM-	1184	Gotha Baby IIb	00384	12. 10. 54	GST, single-seat, training sailplane	cnl 09. 08. 68
DDR- DM-	1185	Gotha Baby IIb	00385	15. 10. 54	GST, single-seat, training sailplane	cnl 18. 01. 68
DDR- DM-	1186	NAGEMA Baby IIb	00386	20. 10. 54	GST, single-seat, training sailplane	cnl 18. 01. 68
DDR- DM-	1187	Gotha Baby IIb	00387	. 54	GST, single-seat, training sailplane,	cnl 30. 09. 66
DDR- DM-	1188	Gotha Baby IIb	00388	28. 09. 54	GST, single-seat, training sailplane	cnl 18. 01. 68
DDR- DM-	1189	Gotha Baby IIb	00389	. 54	GST, single-seat, training sailplane	cnl 24. 07. 67
DDR- DM-	1190	Gotha Baby IIb	00390	25. 10. 54	GST, single-seat, training sailplane	cnl 18. 01. 68
DDR- DM-	1191	Gotha Baby IIb	00391	10. 11. 54	GST, single-seat, training sailplane	cnl 18. 07. 60
DDR- DM-	1192	NAGEMA Baby IIb	00392	10. 11. 54	GST, single-seat, training sailplane	cnl 18. 01. 68
DDR- DM-	1193	NAGEMA Baby IIb	00393	22. 11. 54	GST, single-seat, training sailplane,	cnl 18. 01. 68
DDR- DM-	1194	Gotha Baby IIb	00394	. 54	GST, single-seat, training sailplane	cnl 18. 01. 68
DDR- DM-	1195	Gotha Baby IIb	00395	15. 12. 54	GST, single-seat, training sailplane	cnl 24. 07. 67
DDR- DM-	1196	Gotha Baby IIb	00396	22. 11. 54	GST, single-seat, training sailplane	cnl 15. 01. 69
DDR- DM-	1197	Gotha Baby IIb	00397	. 54	GST, single-seat, training sailplane wfu .68	cnl 06. 11. 69
DDR- DM-	1198	Gotha Baby IIb	00398	22. 11. 54	GST, single-seat, training sailplane	cnl 27. 01. 68
DDR- DM-	1199	Gotha Baby IIb	00399	25. 04. 54	GST, single-seat, training sailplane	cnl 15. 01. 69

DDR- DM-	**1200**	Gotha Baby IIb	00400	25. 11. 54	GST, single-seat, training sailplane	cnl 18. 01. 68
DDR- DM-	**1201**	Gotha Baby IIb	00401	07. 01. 55	GST, single-seat, training sailplane	cnl 25. 10. 61
DDR- DM-	**1202**	Gotha Baby IIb	00402	. 54	GST, single-seat, training sailplane	cnl 15. 01. 69
DDR- DM-	**1203**	Gotha Baby IIb	00403	23. 11. 54	GST, single-seat, training sailplane	cnl 18. 01. 68
DDR- DM-	**1204**	Gotha Baby IIb	00404	. 54	GST, single-seat, training sailplane	cnl 18. 01. 68
DDR-	**1205**	Gotha Baby IIb	00405	15. 12. 54	GST, single-seat, training sailplane	cnl 10. 12. 59
DM-	**1207**	NAGEMA Baby IIb	001	04. 02. 57	GST, single-seat, training sailplane (assembled from surplus parts)	cnl 18. 01. 68

Baby IIb der FDJ im Mai 1952 gezeigt während einer Demonstration in Leipzig, noch ohne Registrierung
Baby IIb of the FDJ during a demonstration in May 1952, still without registration

Baby IIb mit Kanzel
Baby IIb with canopy

DDR- DM- DM-	**1501**	Lom Baby IIb	00501	01. 12. 55	GST, single-seat, training sailplane	cnl 01. 12. 67
				26. 01. 70	rebuilt, new C of A received!	cnl 20. 12. 73
DDR- DM- DM-	**1502**	Lom Baby IIb	00502	06. 12. 55	GST, single-seat, training sailplane	cnl ?
				24. 02. 70	rebuilt, new C of A received!	cnl 26. 01. 73
DDR- DM- DM-	**1503**	Lom Baby IIb	00503	10. 12. 55	GST, single-seat, training sailplane	cnl ?
				23. 12. 69	rebuilt, new C of A received!	cnl 20. 12. 73
DDR- DM-	**1504**	Lom Baby IIb	00504	12. 12. 55	GST, single-seat, training sailplane destr. when hangar collapsed in storm at Wismar	w/o 23. 05. 69
DDR- DM-	**1505**	Lom Baby IIb	00505	15. 12. 55	GST, single-seat, training sailplane badly damaged at Güstrow	w/o 27. 08. 67
DDR- DM-	**1506**	Lom Baby IIb	00506	07. 03. 56	GST, single-seat, training sailplane,	cnl 12. 07. 61
DDR- DM-	**1507**	Lom Baby IIb	00507	18. 12. 55	GST, single-seat, training sailplane crashed at Neustadt-Glewe	w/o 26. 07. 65
DDR- DM- DM-	**1508**	Lom Baby IIb	00508	21. 12. 55	GST, single-seat, training sailplane	cnl ?
				22. 12. 69	rebuilt, new C of A received!	cnl 02. 05. 72
DDR- DM- DM-	**1509**	Lom Baby IIb	00509	22. 12. 55	GST, single-seat, training sailplane,	cnl 01. 12. 70
				01. 04. 71	rebuilt, new C of A received!	cnl 17. 04. 73
DDR- DM- DM-	**1510**	Lom Baby IIb	00510	27. 12. 55	GST, single-seat, training sailplane	cnl 23. 05. 64
				06. 03. 69	rebuilt, new C of A received!	cnl 26. 01. 73
DDR- DM- DM-	**1511**	Lom Baby IIb	00511	28. 12. 55	GST, single-seat, training sailplane	cnl ?
				05. 03. 69	rebuilt, new C of A received!	cnl 18. 02. 76
DDR- DM-	**1512**	Lom Baby IIb	00512	. 55	GST, single-seat, training sailplane	cnl 20. 08. 71
DDR- DM-	**1513**	Lom Baby IIb	00513	29. 12. 55	GST, single-seat, training sailplane	cnl 19. 04. 63
DDR- DM- DM-	**1514**	Lom Baby IIb	00514	29. 12. 55	GST, single-seat, training sailplane	cnl 01. 12. 67
				06. 03. 69	rebuilt, new C of A received!	cnl 26. 01. 73

DDR- DM-	1515	Lom Baby IIb	00515	30. 12. 55	GST, single-seat, training sailplane	cnl 30. 12. 67
DM-				06. 03. 69	rebuilt, new C of A received!	cnl 09.03. 71
DM-	1516	Lom Baby IIb	00516	20. 01. 56	GST, single-seat, training sailplane	cnl ?
DM-				22. 04. 69	rebuilt, new C of A received!	cnl 05. 09. 72
DM-	1517	Lom Baby IIb	00517	28. 04. 62	GST, single-seat, training sailplane,	cnl 23. 06. 67
DM-	1518	Lom Baby IIb	00518	31. 01. 56	GST, single-seat, training sailplane	cnl ?
DM-				28. 03. 69	rebuilt, new C of A received! crashed Bad Frankenhausen	w/o 02. 05. 70
DM-	1519	Lom Baby IIb	00519	02. 02. 56	GST, single-seat, training sailplane	cnl ?
DM-				23. 01. 69	rebuilt, new C of A received!	cnl 29. 09. 70
DM-	1520	Lom Baby IIb	00520	07. 02. 56	GST, single-seat, training sailplane	cnl ?
DM-				02. 12. 69	rebuilt, new C of A received!	cnl 17. 04. 73
DM-	1521	Lom Baby IIb	00521	10. 02. 56	GST, single-seat, training sailplane crashed near Großbrückerswalde	w/o 10. 10. 67
DM-	1522	Lom Baby IIb	00522	14. 02. 56	GST, single-seat, training sailplane	cnl 08. 01. 62
DM-	1523	Lom Baby IIb	00523	16. 02. 56	GST, single-seat, training sailplane	cnl 22. 04. 69
DM-	1524	Lom Baby IIb	00524	20. 02. 56	GST, single-seat, training sailplane	cnl 15. 07. 74
DM-	1525	Lom Baby IIb	00525	21. 02. 56	GST, single-seat, training sailplane	cnl ?
DM-				17. 06. 70	rebuilt, new C of A received!	cnl 26.01. 73
DM-	1526	Lom Baby IIb	00526	28. 02. 56	GST, single-seat, training sailplane	cnl 10. 07. 58
DM-				04. 04. 59	rebuilt, new C of A received!	cnl 06. 07. 60
DM-	1527	Lom Baby IIb	00527	29. 02. 56	GST, single-seat, training sailplane	cnl 02. 06. 70
DM-	1528	Lom Baby IIb	00528	. 56	GST, single-seat, training sailplane,	cnl ?
DM-				26. 01. 70	rebuilt, new C of A received!	cnl 22. 03. 77
DM-	1529	Lom Baby IIb	00529	12. 03. 56	GST, single-seat, training sailplane	cnl ?
DM-				10. 02. 69	rebuilt, new C of A received!	cnl 17. 05. 77

DM-	**1530**	Lom Baby IIb	00530	14. 03. 56	GST, single-seat, training sailplane	cnl ?
DM-				28. 02. 69	rebuilt, new C of A received!	cnl 19. 01. 77
DM-	**1531**	Lom Baby IIb	00531	20. 03. 56	GST, single-seat, training sailplane	cnl 01. 12. 70
DM-	**1532**	Lom Baby IIb	00532	30. 03. 56	GST, single-seat, training sailplane	cnl ?
DM-				27. 03. 69	rebuilt, new C of A received!	cnl 17. 04. 73
DM-	**1533**	Lom Baby IIb	00533	23. 03. 56	GST, single-seat training sailplane	cnl ?
DM-				05. 03. 70	rebuilt, new C of A received!	cnl 05. 09. 72
DM-	**1534**	Lom Baby IIb	00534	28. 03. 56	GST, single-seat training sailplane	cnl ?
DM-				11. 03. 69	rebuilt, new C of A received!	cnl 17. 05. 77
DM-	**1535**	Lom Baby IIb	00535	04. 04. 56	GST, single-seat, training sailplane	cnl ?
DM-				11. 03. 70	rebuilt, new C of A received!	cnl 05. 09. 72
DM-	**1536**	Lom Baby IIb	00536	13. 04. 56	GST, single-seat, training sailplane	cnl 04. 11. 74
DM-	**1537**	Lom Baby IIb	00537	12. 04. 56	GST, single-seat, training sailplane	cnl 05. 09. 72
DM-	**1538**	Lom Baby IIb	00538	16. 04. 56	GST, single-seat, training sailplane	cnl 08. 10. 69
DM-	**1539**	Lom Baby IIb	00539	24. 04. 56	GST, single-seat, training sailplane	cnl 04. 08. 70
DM-	**1540**	Lom Baby IIb	00540	25. 04. 56	GST, single-seat, training sailplane	cnl 05. 09. 72
DM-	**1541**	Lom Baby IIb	00541	26. 05. 56	GST, single-seat, training sailplane	cnl 27. 11. 63
DM-	**1542**	Lom Baby IIb	00542	28. 05. 56	GST, single-seat, training sailplane	cnl 20. 12. 73
DM-	**1543**	Lom Baby IIb	00543	29. 05. 56	ASV, single-seat, training sailplane, transf. to GST	cnl 05. 10. 57
DM-				02. 12. 66	rebuilt, new C of A received!	cnl 20. 08. 71
DM-	**1544**	Lom Baby IIb	00544	31. 05. 56	GST, single-seat, training sailplane	cnl 25. 04. 77
DM-	**1545**	Lom Baby IIb	00545	02. 06. 56	GST, single-seat, training sailplane crashed	cnl 05. 06. 66
DM-	**1546**	Lom Baby IIb	00546	06. 06. 56	GST, single-seat, training sailplane	cnl 02. 06. 70
DM-	**1547**	Lom Baby IIb	00547	07. 06. 56	GST, single-seat, training sailplane	cnl 02. 06. 70
DM-	**1548**	Lom Baby IIb	00548	13. 06. 56	GST, single-seat, training sailplane	cnl 17. 04. 73
DM-	**1549**	Lom Baby IIb	00549	19. 06. 56	GST, single-seat, training sailplane	cnl 02. 05. 72

DM-	1550	Lom Baby IIb	00550	. 56	GST, single-seat, training sailplane	cnl 07. 09. 77
DM-	1551	Lom Baby IIb	00551	05. 07. 56	GST, single-seat, training sailplane crashed	w/o 27. 07. 66
DM-	1552	Lom Baby IIb	00552	15. 07. 56	GST, single-seat, training sailplane	cnl 30. 05. 74
DM-	1553	Lom Baby IIb	00553	03. 07. 56	GST, single-seat, training sailplane	cnl 18. 02. 76
DM-	1554	Lom Baby IIb	00554	17. 07. 56	GST, single-seat, training sailplane	cnl 25. 04. 77
DM-	1555	Lom Baby IIb	00555	23. 06. 56	GST, single-seat, training sailplane	cnl 05. 09. 72
DM-	1556	Lom Baby IIb	00556	25. 07. 56	GST, single-seat, training sailplane	cnl 15. 07. 74
DM-	1557	Lom Baby IIb	00557	27. 07. 56	GST, single-seat, training sailplane	cnl 17. 05. 77
DM-	1558	Lom Baby IIb	00558	30. 07. 56	GST, single-seat, training sailplane,	cnl 15. 07. 74
DM-	1559	Lom Baby IIb	00559	01. 08. 56	GST, single-seat, training sailplane	cnl 04. 11. 74
DM-	1560	Lom Baby IIb	00560	. 56	GST, single-seat, training sailplane	cnl 26. 01. 73
DM-	1561	Lom Baby IIb	00561	. 56	GST, single-seat, training sailplane	cnl 02. 05. 72
DM-	1562	Lom Baby IIb	00562	23. 08. 56	GST, single-seat, training sailplane	cnl 25. 10. 61
DM-	1563	Lom Baby IIb	00563	25. 08. 56	GST, single-seat, training sailplane	cnl 02. 05. 72
DM-	1564	Lom Baby IIb	00564	28. 08. 56	GST, single-seat, training sailplane	cnl 06. 11. 69
DM-	1565	Lom Baby IIb	00565	29. 08. 56	GST, single-seat, training sailplane	cnl 14. 05. 71
DM-	1566	Lom Baby IIb	00566	30. 08. 56	GST, single-seat, training sailplane	cnl 07. 09. 77
DM-	1567	Lom Baby IIb	00567	31. 08. 56	GST, single-seat, training sailplane	cnl 02. 05. 72
DM-	1568	Lom Baby IIb	00568	15. 09. 56	GST, single-seat, training sailplane destroyed when hangar collapsed in storm at Wismar	w/o 23. 05. 69
DM-	1569	Lom Baby IIb	00569	24. 09. 56	GST, single-seat, training sailplane	cnl 17. 12. 59
DM-	1570	Lom Baby IIb	00570	. 56	GST, single-seat, training sailplane	cnl 08. 02. 79
DM-	1571	Lom Baby IIb	00571	04. 10. 56	GST, single-seat, training sailplane	cnl 05. 09. 72
DM-	1572	Lom Baby IIb	00572	29. 09. 56	GST, single-seat, training sailplane crashed	w/o 30. 10. 67
DM-	1573	Lom Baby IIb	00573	10. 10. 56	GST, single-seat, training sailplane	cnl 06. 06. 61
DM-	1574	Lom Baby IIb	00574	20. 10. 56	GST, single-seat, training sailplane	cnl 25. 08. 60

DM-	1575	Lom Baby IIb	00575	24. 10. 56	GST, single-seat, training sailplane	cnl 19. 10. 70
DM-	1576	Lom Baby IIb	00576	25. 10. 56	GST, single-seat, training sailplane	cnl 14. 05. 71
DM-	1577	Lom Baby IIb	00577	29. 10. 56	GST, single-seat, training sailplane crashed at Saarmund	w/o 08. 08. 70
DM-	1578	Lom Baby IIb	00578	01. 11. 56	GST, single-seat, training sailplane	cnl 18. 02. 76
DM-	1579	Lom Baby IIb	00579	12. 11. 56	GST, single-seat, training sailplane	cnl 17. 04. 73
DM-	1580	Lom Baby IIb	00580	15. 11. 56	GST, single-seat, training sailplane	cnl 02. 05. 72
DM-	1581	Lom Baby IIb	00581	23. 11. 56	GST, single-seat, training sailplane	cnl 17. 05. 77
DM-	1582	Lom Baby IIb	00582	28. 11. 56	GST, single-seat, training sailplane	cnl 02. 06. 70
DM-	1583	Lom Baby IIb	00583	28. 11. 56	GST, single-seat, training sailplane,	cnl 08. 02. 79
DM-	1584	Lom Baby IIb	00584	21. 03. 62	GST, single-seat, training sailplane	cnl 20. 12. 73
DM-	1585	Lom Baby IIb	00585	04. 12. 56	GST, single-seat, training sailplane	cnl 02. 08. 62
DM-	1586	Lom Baby IIb	00586	05. 12. 56	GST, single-seat, training sailplane	cnl 20. 08. 71
DM-	1587	Lom Baby IIb	00587	06. 12. 56	GST, single-seat, training sailplane	cnl 14. 05. 71
DM-	1588	Lom Baby IIb	00588	10. 12. 56	GST, single-seat, training sailplane (Lufthansa colours)	cnl 26. 01. 73
DM-	1589	Lom Baby IIb	00589	22. 12. 56	GST, single-seat, training sailplane	cnl 14. 05. 71
DM-	1590	Lom Baby IIb	00590	23. 10. 56	GST, single-seat, training sailplane	cnl 25. 04. 77
DM-	1591	Lom Baby IIb	00591	05. 07. 57	GST, single-seat, training sailplane	cnl 11. 04. 62
DM-	1592	Lom Baby IIb	00592	21. 12. 56	GST, single-seat, training sailplane	cnl 23. 12. 69
DM-	1593	Lom Baby IIb	00593	21. 12. 56	GST, single-seat, training sailplane	cnl 26. 07. 60
DM-	1594	Lom Baby IIb	00594	25. 01. 57	GST, single-seat, training sailplane	cnl 19. 01. 71
DM-	1595	Lom Baby IIb	00595	22. 01. 57	GST, single-seat, training sailplane	cnl 02. 02. 60
DM-	1596	Lom Baby IIb	00596	28. 01. 57	GST, single-seat, training sailplane	cnl 16. 12. 70
DM-	1597	Lom Baby IIb	00597	. 57	GST, single-seat, training sailplane	cnl 18. 09. 62
DM-	1598	Lom Baby IIb	00598	30. 01. 57	GST, single-seat, training sailplane	cnl 15. 07. 74
DM-	1599	Lom Baby IIb	00599	. 57	GST, single-seat, training sailplane	cnl 05. 09. 72

DM-	1600	Lom Baby IIb	00600	04. 02. 57	GST, single-seat, training sailplane	cnl 25. 04. 77
DM-	1601	Lom Baby IIb	00601	18. 02. 57	GST, single-seat, training sailplane	cnl 16. 12. 70
DM-	1602	Lom Baby IIb	00602	20. 02. 57	GST, single-seat, training sailplane	cnl 30. 05. 74
DM-	1603	Lom Baby IIb	00603	21. 02. 57	GST, single-seat, training sailplane	cnl 09. 11. 60
DM-	1604	Lom Baby IIb	00604	. 57	GST, single-seat, training sailplane	cnl 17. 05. 77
DM-	1605	Lom Baby IIb	00605	09. 03. 57	GST, single-seat, training sailplane crashed	w/o 08. 12. 69
DM-	1606	Lom Baby IIb	00606	06. 03. 57	GST, single-seat, training sailplane	cnl 20. 08. 71
DM-	1607	Lom Baby IIb	00607	09. 04. 57	GST, single-seat, training sailplane	cnl 25. 04. 77
DM-	1608	Lom Baby IIb	00608	27. 04. 57	GST, single-seat, training sailplane,	cnl 07. 09. 77
DM-	1609	Lom Baby IIb	00609	26. 04. 57	GST, single-seat, training sailplane	cnl 07. 09. 77
DM-	1610	Lom Baby IIb	00610	12. 05. 57	GST, single-seat, training sailplane	cnl 26. 01. 73
DM-	1611	Lom Baby IIb	00611	10. 05. 57	GST, single-seat, training sailplane	cnl 10. 09. 70
DM-	1612	Lom Baby IIb	00612	18. 04. 57	GST, single-seat, training sailplane	cnl 05. 09. 72
DM-	1613	Lom Baby IIb	00613	30. 04. 57	GST, single-seat, training sailplane	cnl 07. 09. 77
DM-	1614	Lom Baby IIb	00614	30. 04. 57	GST, single-seat, training sailplane	cnl 01. 10. 63
DM-	1615	Lom Baby IIb	00615	24. 04. 57	GST, single-seat, training sailplane	cnl 01. 07. 71
DM-	1616	Lom Baby IIb	00616	27. 04. 57	GST, single-seat, training sailplane	cnl 05. 05. 70
DM-	1617	Lom Baby IIb	00617	09. 05. 57	GST, single-seat, training sailplane	cnl 05. 09. 77
DM-	1618	Lom Baby IIb	00618	09. 05. 57	GST, single-seat, training sailplane	cnl 17. 12. 59
DM-	1619	Lom Baby IIb	00619	10. 05. 57	GST, single-seat, training sailplane	cnl 30. 05. 74
DM-	1620	Lom Baby IIb	00620	09. 05. 57	GST, single-seat, training sailplane	cnl 06. 07. 60
DM-	1621	Lom Baby IIb	00621	15. 05. 57	GST, single-seat, training sailplane	cnl 09. 07. 70
DM-	1622	Lom Baby IIb	00622	17. 05. 57	GST, single-seat, training sailplane crashed Saarmund	w/o 30. 10. 67
DM-	1623	Lom Baby IIb	00623	11. 06. 57	GST, single-seat, training sailplane	cnl 13. 11. 61
DM-	1624	Lom Baby IIb	00624	21. 05. 57	GST, single-seat, training sailplane	cnl 25. 04. 77

DM-	1625	Lom Baby IIb	00625	29. 05. 57	GST, single-seat, training sailplane	cnl 14. 10. 83
DM-	1626	Lom Baby IIb	00626	29. 05. 57	GST, single-seat, training sailplane	cnl 30. 05. 74
DM-	1627	Lom Baby IIb	00627	. 57	GST, single-seat, training sailplane	cnl 25. 04. 77
DM-	1628	Lom Baby IIb	00628	05. 06. 57	GST, single-seat, training sailplane	cnl 26. 01. 73
DM-	1629	Lom Baby IIb	00629	06. 06. 57	GST, single-seat, training sailplane	cnl 05. 09. 72
DM-	1630	Lom Baby IIb	00630	18. 06. 57	GST, single-seat, training sailplane	cnl 01. 12. 70
DM-	1631	Lom Baby IIb	00631	21. 07. 57	GST, single-seat, training sailplane crashed	w/o 26. 06. 66
DM-	1632	Lom Baby IIb	00632	26. 06. 57	GST, single-seat, training sailplane	cnl 26. 01. 71
DM-	1633	Lom Baby IIb	00633	24. 06. 57	GST, single-seat, training sailplane,	cnl 10. 09. 70
DM-	1634	Lom Baby IIb	00634	28. 07. 57	GST, single-seat, training sailplane	cnl 04. 11. 74
DM-	1635	Lom Baby IIb	00635	08. 07. 57	GST, single-seat, training sailplane crashed Taucha	w/o 10. 07. 66
DM-	1636	Lom Baby IIb	00636	17. 07. 57	GST, single-seat, training sailplane	cnl 08. 02. 79
DM-	1637	Lom Baby IIb	00637	17. 07. 57	GST, single-seat, training sailplane	cnl 17. 04. 73
DM-	1638	Lom Baby IIb	00638	19. 07. 57	GST, single-seat, training sailplane	cnl 05. 09. 72
DM-	1639	Lom Baby IIb	00639	19. 07. 57	GST, single-seat, training sailplane	cnl 25. 04. 77
DM-	1640	Lom Baby IIb	00640	30. 07. 57	GST, single-seat, training sailplane	cnl 25. 04. 77
DM-	1641	Lom Baby IIb	00641	08. 08. 57	GST, single-seat, training sailplane	cnl 25. 04. 77
DM-	1642	Lom Baby IIb	00642	14. 08. 57	GST, single-seat, training sailplane	cnl 08. 09. 71
DM-	1643	Lom Baby IIb	00643	28. 07. 57	GST, single-seat, training sailplane	cnl 01. 12. 70
DM-				01. 04. 71	rebuild, new C of A received!	cnl 20. 12. 73
DM-	1644	Lom Baby IIb	00644	03. 09. 57	GST, single-seat, training sailplane	cnl 20. 08. 71
DM-	1645	Lom Baby IIb	00645	03. 09. 57	GST, single-seat, training sailplane crashed Laucha	w/o 15. 09. 68
DM-	1646	Lom Baby IIb	00646	03. 09. 57	GST, single-seat, training sailplane	cnl 17. 04. 73
DM-	1647	Lom Baby IIb	00647	12. 09. 57	GST, single-seat, training sailplane	cnl 02. 05. 72
DM-	1648	Lom Baby IIb	00648	25. 09. 57	GST, single-seat, training sailplane	cnl 15. 07. 74
DM-	1649	Lom Baby IIb	00649	01. 10. 57	GST, single-seat, training sailplane	cnl 09. 12. 59

DM-	1650	Lom Baby IIb	00650	28. 09. 57	GST, single-seat, training sailplane	cnl 26. 01. 73
DM-	1651	Lom Baby IIb	00651	30. 10. 57	GST, single-seat, training sailplane	cnl 14. 05. 71
DM-	1652	Lom Baby IIb	00652	03. 10. 57	GST, single-seat, training sailplane	cnl 12. 06. 62
DM-	1653	Lom Baby IIb	00653	17. 10. 57	GST, single-seat, training sailplane	cnl 05. 09. 72
DM-	1654	Lom Baby IIb	00654	31. 10. 57	GST, single-seat, training sailplane	cnl 30. 05. 74
DM-	1655	Lom Baby IIb	00655	02. 11. 57	GST, single-seat, training sailplane	cnl 09. 03. 71
DM-	1656	Lom Baby IIb	00656	25. 11. 57	GST, single-seat, training sailplane	cnl 20. 12. 73
DM-	1657	Lom Baby IIb	00657	27. 11. 57	GST, single-seat, training sailplane	cnl 17. 05. 77
DM-	1658	Lom Baby IIb	00658	05. 12. 57	GST, single-seat, training sailplane,	cnl 30. 05. 74
DM-	1659	Lom Baby IIb	00659	26. 11. 57	GST, single-seat, training sailplane	cnl 02. 05. 72
DM-	1660	Lom Baby IIb	00660	28. 11. 57	GST, single-seat, training sailplane	cnl 02. 05. 72
DM-	1661	Lom Baby IIb	00661	05. 12. 57	GST, single-seat, training sailplane	cnl 14. 05. 71
DM-	1662	Lom Baby IIb	00662	06. 12. 57	GST, single-seat, training sailplane	cnl 20. 08. 71
DM-	1663	Lom Baby IIb	00663	10. 12. 57	GST, single-seat, training sailplane	cnl 04. 11. 74
DM-	1664	Lom Baby IIb	00664	10. 12. 57	GST, single-seat, training sailplane	cnl 05. 05. 70
DM-	1665	Lom Baby IIb	00665	14. 12. 57	GST, single-seat, training sailplane	cnl 04. 11. 74
DM-	1666	Lom Baby IIb	00666	03. 01. 58	GST, single-seat, training sailplane	cnl 26. 01. 73
DM-	1667	Lom Baby IIb	00667	03. 01. 58	GST, single-seat, training sailplane	cnl 05. 09. 72
DM-	1668	Lom Baby IIb	00668	08. 01. 58	GST, single-seat, training sailplane	cnl 02. 05. 72
DM-	1669	Lom Baby IIb	00669	02. 01. 58	GST, single-seat, training sailplane	cnl 09. 11. 60
DM-	1670	Lom Baby IIb	00670	. 58	GST, single-seat, training sailplane	cnl 16. 12. 70
DM-	1671	Lom Baby IIb	00671	06. 01. 58	GST, single-seat, training sailplane	cnl 01. 12. 70
DM-				01. 04. 71	rebuilt, new C of A received!	cnl 04. 11. 74
DM-	1672	Lom Baby IIb	00672	06. 01. 58	GST, single-seat, training sailplane	cnl 25. 04. 77
DM-	1673	Lom Baby IIb	00673	. 58	GST, single-seat, training sailplane	cnl 19. 01. 77
DM-	1674	Lom Baby IIb	00674	12. 02. 58	GST, single-seat, training sailplane	cnl 15. 07. 74

DM-	**1675**	Lom Baby IIb	00675	07. 03. 58	ASV, single-seat, training sailplane	cnl 23. 12. 69
DM-	**1676**	Lom Baby IIb	00676	24. 03. 58	ASV, single-seat, training sailplane crashed	w/o 03. 10. 74
DM-	**1677**	Lom Baby IIb	00677	05. 05. 58	GST, single-seat, training sailplane	cnl 18. 02. 76
DM-	**1678**	Lom Baby IIb	00678	25. 02. 58	GST, single-seat, training sailplane	cnl 25. 04. 77
DM-	**1679**	Lom Baby IIb	00679	14. 04. 58	ASV, single-seat, training sailplane	cnl 22. 01. 71
DM-	**1680**	Lom Baby IIb	00680	22. 03. 58	ASV, single-seat training sailplane crashed Elbwiesen-Dresden	w/o 25. 07. 70
DM-	**1681**	Lom Baby IIb	00681	18. 04. 58	GST, single-seat, training sailplane	cnl 04. 08. 70
DM-	**1682**	Lom Baby IIb	00682	22. 04. 58	GST, single-seat, training sailplane	cnl 02. 05. 72
DM-	**1683**	Lom Baby IIb	00683	18. 04. 58	GST, single-seat, training sailplane, crashed Elbwiesen-Dresden	w/o 30. 10. 67
DM-	**1684**	Lom Baby IIb	00684	09. 04. 58	GST, single-seat, training sailplane	cnl 05. 05. 70
DM-	**1685**	Lom Baby IIb	00685	03. 04. 58	GST, single-seat, training sailplane crashed	w/o 02. 05. 72
DM-	**1686**	Lom Baby IIb	00686	25. 04. 58	GST, single-seat, training sailplane	cnl 10. 09. 70
DM-	**1687**	Lom Baby IIb	00687	30. 06. 58	ASV, single-seat, training sailplane	cnl 18. 02. 76
DM-	**1688**	Lom Baby IIb	00688	30. 06. 58	ASV, single-seat, training sailplane	cnl 14. 05. 71
DM-	**1689**	Lom Baby IIb	00689	30. 06. 58	ASV, single-seat, training sailplane	cnl 02. 05. 72
DM-	**1690**	Lom Baby IIb	00690	06. 10. 58	GST, single-seat, training sailplane	cnl 15. 07. 74

DDR-1822

DDR-1857

pirat
DDR-1908

DM- DDR-	**1700**	SZD-30 Pirat	W-324	01. 09. 67	GST, single-seat sport- and training sailplane	cnl 01. 02. 83
DM-	**1701**	SZD-30 Pirat	W-325	04. 04. 68	GST, single-seat sport- and training sailplane crashed	w/o 18. 04. 76
DM- DDR-	**1702**	SZD-30A Pirat	W-396	09. 08. 68	GST, single-seat sport- and training sailplane	cnl 23. 02. 84
DM- DDR-	**1703**	SZD-30A Pirat	W-398	28. 08. 68	GST, single-seat sport- and training sailplane	
DM-	**1704**	SZD-30A Pirat	W-401	04. 03. 69	GST, single-seat sport- and training sailplane crashed Nardt	w/o 09. 06. 71
DM- DDR-	**1705**	SZD-30A Pirat	W-402	04. 03. 69	GST, single-seat sport- and training sailplane	
DM- DDR-	**1706**	SZD-30A Pirat	W-403	04. 03. 69	GST, single-seat sport- and training sailplane	
DM- DDR-	**1707**	SZD-30A Pirat	W-404	04. 03. 69	GST, single-seat sport- and training sailplane	
DM- DDR-	**1708**	SZD-30A Pirat	W-405	14. 03. 69	GST, single-seat sport- and training sailplane	
DM- DDR-	**1709**	SZD-30A Pirat	W-410	28. 03. 69	GST, single-seat sport- and training sailplane	
DM- DDR-	**1710**	SZD-30A Pirat	W-411	01. 04. 69	GST, single-seat sport- and training sailplane	
DM- DDR-	**1711**	SZD-30A Pirat	W-412	01. 04. 69	GST, single-seat sport- and training sailplane	
DM- DDR-	**1712**	SZD-30A Pirat	W-413	01. 04. 69	GST, single-seat sport- and training sailplane	
DM- DDR-	**1713**	SZD-30A Pirat	W-414	01. 04. 69	GST, single-seat sport- and training sailplane	
DM- DDR-	**1714**	SZD-30A Pirat	W-415	01. 04. 69	GST, single-seat sport- and training sailplane	
DM- DDR-	**1715**	SZD-30A Pirat	W-416	01. 04. 69	GST, single-seat sport- and training sailplane	
DM- DDR-	**1716**	SZD-30A Pirat	W-417	01. 04. 69	GST, single-seat sport- and training sailplane	
DM-	**1717**	SZD-30A Pirat	W-418	01. 04. 69	GST, single-seat sport- and training sailplane	cnl ?
DM- DDR-		SZD-30A Pirat	S-07.25	04. 77	GST, single-seat sport- and training sailplane	
DM-	**1718**	SZD-30A Pirat	B-317	12. 05. 70	GST, single-seat sport- and training sailplane crashed Eibau	w/o 17. 05. 70
DM- DDR-	**1719**	SZD-30A Pirat	B-318	07. 05. 70	GST, single-seat sport- and training sailplane	
DM- DDR-	**1720**	SZD-30A Pirat	B-302	19. 09. 69	GST, single-seat sport- and training sailplane	
DM- DDR-	**1721**	SZD-30A Pirat	B-303	19. 09. 69	GST, single-seat sport- and training sailplane	
DM- DDR-	**1722**	SZD-30A Pirat	B-305	20. 10. 69	GST, single-seat sport- and training sailplane	
DM- DDR-	**1723**	SZD-30A Pirat	B-304	19. 09. 69	GST, single-seat sport- and training sailplane	cnl 11. 02. 85
DM- DDR-	**1724**	SZD-30A Pirat	B-298	19. 09. 69	GST, single-seat sport- and training sailplane	

DM- DDR-	1725	SZD-30A Pirat	B-306	16. 10. 69	GST, single-seat sport- and training sailplane	
DM- DDR-	1726	SZD-30A Pirat	B-307	02. 12. 69	GST, single-seat sport- and training sailplane	
DM- DDR-	1727	SZD-30A Pirat	B-308	26. 01. 70	GST, single-seat sport- and training sailplane crashed Riesa/Canitz	w/o 22. 10. 72
DM- DDR-	1728	SZD-30A Pirat	B-309	26. 01. 70	GST, single-seat sport- and training sailplane	
DM- DDR-	1729	SZD-30A Pirat	B-319	28. 07. 70	GST, single-seat sport- and training sailplane	
DM-	1730	SZD-30A Pirat	B-313	22. 05. 70	GST, single-seat sport- and training sailplane	cnl 18. 02. 76
DM- DDR-	1731	SZD-30A Pirat	B-314	22. 05. 70	GST, single-seat sport- and training sailplane	
DM- DDR-	1732	SZD-30A Pirat	B-315	31. 03. 70	GST, single-seat sport- and training sailplane	cnl 10. 07. 89
DM- DDR-	1733	SZD-30A Pirat	B-316	31. 03. 70	GST, single-seat sport- and training sailplane	
DM-	1734	SZD-30A Pirat	B-320	07. 05. 70	GST, single-seat sport- and training sailplane	cnl 19. 08. 76
DM-	1735	SZD-30A Pirat	B-321	04. 05. 70	GST, single-seat sport- and training sailplane crashed Rudolstadt	w/o 21. 06. 70
DM-	1736	SZD-30A Pirat	B-322	04. 05. 70	GST, single-seat sport- and training sailplane	cnl 26. 01. 73
DM- DDR-	1737	SZD-30A Pirat	B-323	12. 05. 70	GST, single-seat sport- and training sailplane	
DM- DDR-	1738	SZD-30A Pirat	B-324	14. 05. 70	GST, single-seat sport- and training sailplane	
DM-	1739	SZD-30A Pirat	B-325	28. 07. 70	GST, single-seat sport- and training sailplane crashed near Kahla	w/o 03. 07. 77
DM-	1740	SZD-30A Pirat	B-329	20. 05. 70	GST, single-seat sport- and training sailplane crashed Eisenhüttenstadt, lost elevator in flight	w/o 18. 06. 72
DM- DDR-	1741	SZD-30A Pirat	B-330	20. 05. 70	GST, single-seat sport- and training sailplane	
DM- DDR-	1742	SZD-30A Pirat	B-331	20. 05. 70	GST, single-seat sport- and training sailplane	
DM- DDR-	1743	SZD-30A Pirat	B-332	20. 05. 70	GST, single-seat sport- and training sailplane	
DM- DDR-	1744	SZD-30A Pirat	B-338	28. 07. 70	GST, single-seat sport- and training sailplane	cnl 23. 02. 84
DM- DDR-	1745	SZD-30A Pirat	B-339	28. 07. 70	GST, single-seat sport- and training sailplane	
DM- DDR-	1746	SZD-30A Pirat	B-340	28. 07. 70	GST, single-seat sport- and training sailplane	
DM- DDR-	1747	SZD-30A Pirat	B-341	28. 07. 70	GST, single-seat sport- and training sailplane	
DM- DDR-	1748	SZD-30A Pirat	B-342	28. 07. 70	GST, single-seat sport- and training sailplane	
DM- DDR-	1749	SZD-30A Pirat	B-343	07. 09. 70	GST, single-seat sport- and training sailplane	

DM-	1750	SZD-30A Pirat	B-344	01. 02. 71	GST, single-seat sport- and training sailplane crashed on landing at Eisenhüttenstadt	w/o 07. 72
DM- DDR-	1751	SZD-30A Pirat	B-345	17. 12. 70	GST, single-seat sport- and training sailplane	
DM- DDR-	1752	SZD-30A Pirat	B-352	07. 01. 71	GST, single-seat sport- and training sailplane	
DM- DDR-	1753	SZD-30A Pirat	B-357	07. 01. 71	GST, single-seat sport- and training sailplane	
DM- DDR-	1754	SZD-30A Pirat	B-358	07. 01. 71	GST, single-seat sport- and training sailplane	
DM- DDR-	1755	SZD-30A Pirat	B-359	07. 01. 71	GST, single-seat sport- and training sailplane	
DM- DDR-	1756	SZD-30A Pirat	B-360	07. 01. 71	GST, single-seat sport- and training sailplane	
DM- DDR-	1757	SZD-30A Pirat	B-361	07. 01. 71	GST, single-seat sport- and training sailplane	
DM- DDR-	1758	SZD-30A Pirat	B-362	07. 01. 71	GST, single-seat sport- and training sailplane	
DM- DDR-	1759	SZD-30A Pirat	B-363	07. 01. 71	GST, single-seat sport- and training sailplane	
DM- DDR-	1760	SZD-30A Pirat	B-364	07. 01. 71	GST, single-seat sport- and training sailplane	
DM- DDR-	1761	SZD-30A Pirat	B-356	07. 01. 71	GST, single-seat sport- and training sailplane	
DM- DDR-	1762	SZD-30A Pirat	B-365	07. 01. 71	GST, single-seat sport- and training sailplane	
DM- DDR-	1763	SZD-30A Pirat	B-366	07. 01. 71	GST, single-seat sport- and training sailplane	cnl 10. 07. 89
DM- DDR-	1764	SZD-30A Pirat	B-367	12. 03. 71	GST, single-seat sport- and training sailplane	
DM- DDR-	1765	SZD-30A Pirat	B-394	05. 08. 71	GST, single-seat sport- and training sailplane	cnl 11. 02. 85
DM- DDR-	1766	SZD-30A Pirat	B-395	03. 08. 71	GST, single-seat sport- and training sailplane	
DM- DDR-	1767	SZD-30A Pirat	B-396	14. 09. 71	GST, single-seat sport- and training sailplane	
DM- DDR-	1768	SZD-30A Pirat	B-397	01. 09. 71	GST, single-seat sport- and training sailplane	
DM- DDR-	1769	SZD-30A Pirat	B-398	10. 08. 71	GST, single-seat sport- and training sailplane	
DM- DDR-	1770	SZD-30A Pirat	B-399	10. 08. 71	GST, single-seat sport- and training sailplane	
DM- DDR-	1771	SZD-30A Pirat	B-400	10. 08. 71	GST, single-seat sport- and training sailplane	
DM- DDR-	1772	SZD-30A Pirat	B-401	25. 08. 71	GST, single-seat sport- and training sailplane	
DM- DDR-	1773	SZD-30A Pirat	B-402	25. 08. 71	GST, single-seat sport- and training sailplane	
DM- DDR-	1774	SZD-30A Pirat	B-403	06. 08. 71	GST, single-seat sport- and training sailplane	

DM- DDR-	**1775**	SZD-30A Pirat	B-404	25. 08. 71	GST, single-seat sport- and training sailplane	
DM- DDR-	**1776**	SZD-30A Pirat	B-405	15. 09. 71	GST, single-seat sport- and training sailplane	
DM- DDR-	**1777**	SZD-30A Pirat	B-406	23. 07. 71	GST, single-seat sport- and training sailplane	
DM- DDR-	**1778**	SZD-30A Pirat	B-407	23. 07. 71	GST, single-seat sport- and training sailplane	
DM-	**1779**	SZD-30A Pirat	B-408	10. 08. 71	GST, single-seat sport- and training sailplane crashed	w/o 14. 07. 74
DM- DDR-	**1780**	SZD-30A Pirat	B-409	02. 09. 71	GST, single-seat sport- and training sailplane	
DM- DDR-	**1781**	SZD-30A Pirat	B-410	01. 09. 71	GST, single-seat sport- and training sailplane	
DM- DDR-	**1782**	SZD-30A Pirat	B-411	30. 07. 71	GST, single-seat sport- and training sailplane	
DM- DDR-	**1783**	SZD-30A Pirat	B-412	01. 09. 71	GST, single-seat sport- and training sailplane	
DM- DDR-	**1784**	SZD-30A Pirat	B-413	30. 07. 71	GST, single-seat sport- and training sailplane	
DM- DDR-	**1785**	SZD-30A Pirat	B-428	28. 10. 71	GST, single-seat sport- and training sailplane	
DM- DDR-	**1786**	SZD-30A Pirat	B-429	28. 10. 71	GST, single-seat sport- and training sailplane	
DM- DDR-	**1787**	SZD-30A Pirat	B-430	18. 10. 71	GST, single-seat sport- and training sailplane	
DM- DDR-	**1788**	SZD-30A Pirat	B-431	28. 10. 71	GST, single-seat sport- and training sailplane	
DM- DDR-	**1789**	SZD-30A Pirat	B-432	28. 10. 71	GST, single-seat sport- and training sailplane	
DM- DDR-	**1790**	SZD-30A Pirat	B-433	28. 10. 71	GST, single-seat sport- and training sailplane	
DM- DDR-	**1791**	SZD-30A Pirat	B-434	28. 10. 71	GST, single-seat sport- and training sailplane	
DM- DDR-	**1792**	SZD-30A Pirat	B-435	28. 10. 71	GST, single-seat sport- and training sailplane	
DM- DDR-	**1793**	SZD-30A Pirat	B-436	28. 10. 71	GST, single-seat sport- and training sailplane	
DM- DDR-	**1794**	SZD-30A Pirat	B-437	28. 10. 71	GST, single-seat sport- and training sailplane	
DM- DDR-	**1795**	SZD-30A Pirat	B-438	18. 11. 71	GST, single-seat sport- and training sailplane	
DM- DDR-	**1796**	SZD-30A Pirat	B-439	18. 11. 71	GST, single-seat sport- and training sailplane	
DM- DDR-	**1797**	SZD-30A Pirat	B-440	18. 11. 71	GST, single-seat sport- and training sailplane	
DM- DDR-	**1798**	SZD-30A Pirat	B-441	21. 01. 72	GST, single-seat sport- and training sailplane	
DM- DDR-	**1799**	SZD-30A Pirat	B-442	21. 01. 72	GST, single-seat sport- and training sailplane	

DM- DDR-	1800	SZD-30A Pirat	B-443	21. 01. 72	GST, single-seat sport- and training sailplane	
DM- DDR-	1801	SZD-30A Pirat	B-444	21. 01. 72	GST, single-seat sport- and training sailplane	
DM- DDR-	1802	SZD-30A Pirat	B-445	21. 01. 72	GST, single-seat sport- and training sailplane	cnl 01. 03. 83
DM- DDR-	1803	SZD-30A Pirat	B-446	21. 01. 72	GST, single-seat sport- and training sailplane	
DM-	1804	SZD-30A Pirat	B-447	21. 01. 72	GST, single-seat sport- and training sailplane crashed	w/o 30. 05. 74
DM- DDR-	1805	SZD-30A Pirat	B-461	11. 07. 72	GST, single-seat sport- and training sailplane	
DM- DDR-	1806	SZD-30A Pirat	B-462	11. 07. 72	GST, single-seat sport- and training sailplane	
DM- DDR-	1807	SZD-30A Pirat	B-463	11. 07. 72	GST, single-seat sport- and training sailplane	
DM-	1808	SZD-30A Pirat	B-464	11. 07. 72	GST, single-seat sport- and training sailplane crashed	w/o 08. 02. 79
DM-	1809	SZD-30A Pirat	B-465	11. 07. 72	GST, single-seat sport- and training sailplane crashed	w/o 13. 12. 73
DM- DDR-	1810	SZD-30A Pirat	B-471	11. 07. 72	GST, single-seat sport- and training sailplane	
DM- DDR-	1811	SZD-30A Pirat	B-474	11. 07. 72	GST, single-seat sport- and training sailplane	
DM- DDR-	1812	SZD-30A Pirat	B-475	11. 07. 72	GST, single-seat sport- and training sailplane	
DM- DDR-	1813	SZD-30A Pirat	B-476	11. 07. 72	GST, single-seat sport- and training sailplane	
DM- DDR-	1814	SZD-30A Pirat	B-477	11. 07. 72	GST, single-seat sport- and training sailplane	cnl 23. 02. 84
DM- DDR-	1815	SZD-30A Pirat	B-479	11. 07. 72	GST, single-seat sport- and training sailplane	
DM- DDR-	1816	SZD-30A Pirat	B-480	03. 08. 72	GST, single-seat sport- and training sailplane	
DM- DDR-	1817	SZD-30A Pirat	B-485	21. 09. 72	GST, single-seat sport- and training sailplane	
DM- DDR-	1818	SZD-30A Pirat	B-492	21. 09. 72	GST, single-seat sport- and training sailplane	
DM-	1819	SZD-30A Pirat	B-494	26. 04. 73	GST, single-seat sport- and training sailplane crashed Bautzen-Klix	w/o 10. 06. 77
DM- DDR-	1820	SZD-30A Pirat	B-497	26. 04. 73	GST, single-seat sport- and training sailplane	
DM- DDR-	1821	SZD-30A Pirat	B-498	30. 10. 72	GST, single-seat sport- and training sailplane	
DM- DDR-	1822	SZD-30A Pirat	B-499	30. 10. 72	GST, single-seat sport- and training sailplane	
DM- DDR-	1823	SZD-30A Pirat	B-500	26. 04. 73	GST, single-seat sport- and training sailplane	
DM- DDR-	1824	SZD-30A Pirat	B-501	06. 12. 72	GST, single-seat sport- and training sailplane	

DM- DDR-	**1825**	SZD-30A Pirat	B-502	06. 12. 72	GST, single-seat sport- and training sailplane	
DM- DDR-	**1826**	SZD-30A Pirat	B-503	06. 12. 72	GST, single-seat sport- and training sailplane	
DM- DDR-	**1827**	SZD-30A Pirat	B-506	12. 04. 73	GST, single-seat sport- and training sailplane	
DM- DDR-	**1828**	SZD-30A Pirat	B-505	18. 04. 73	GST, single-seat sport- and training sailplane	cnl 01. 03. 83
DM- DDR-	**1829**	SZD-30A Pirat	B-507	12. 04. 73	GST, single-seat sport- and training sailplane	
DM- DDR-	**1830**	SZD-30A Pirat	B-508	07. 02. 73	GST, single-seat sport- and training sailplane	
DM- DDR-	**1831**	SZD-30A Pirat	B-509	19. 12. 72	GST, single-seat sport- and training sailplane	
DM- DDR-	**1832**	SZD-30A Pirat	B-510	19. 12. 72	GST, single-seat sport- and training sailplane	
DM- DDR-	**1833**	SZD-30A Pirat	B-512	07. 02. 73	GST, single-seat sport- and training sailplane	
DM- DDR-	**1834**	SZD-30A Pirat	B-513	09. 01. 73	GST, single-seat sport- and training sailplane	
DM- DDR-	**1835**	SZD-30A Pirat	B-514	12. 04. 73	GST, single-seat sport- and training sailplane	
DM- DDR-	**1836**	SZD-30A Pirat	B-516	12. 04. 73	GST, single-seat sport- and training sailplane	
DM- DDR-	**1837**	SZD-30A Pirat	B-517	23. 02. 73	GST, single-seat sport- and training sailplane	
DM- DDR-	**1838**	SZD-30A Pirat	B-518	06. 03. 73	GST, single-seat sport- and training sailplane	
DM- DDR-	**1839**	SZD-30A Pirat	B-519	07. 02. 73	GST, single-seat sport- and training sailplane	
DM-	**1840**	SZD-30A Pirat	B-520	07. 02. 73	GST, single-seat sport- and training sailplane crashed	w/o 19. 08. 76
DM- DDR-	**1841**	SZD-30A Pirat	B-561	06. 08. 73	GST, single-seat sport- and training sailplane	
DM- DDR-	**1842**	SZD-30A Pirat	B-563	18. 09. 73	GST, single-seat sport- and training sailplane	
DM-	**1843**	SZD-30A Pirat	B-562	15. 02. 74	GST, single-seat sport- and training sailplane crashed	w/o 11. 05. 75
DM-	**1844**	SZD-30A Pirat	B-565	12. 11. 73	GST, single-seat sport- and training sailplane crashed	w/o 04. 06. 74
DM- DDR-	**1845**	SZD-30A Pirat	B-529	26. 04. 73	GST, single-seat sport- and training sailplane	
DM- DDR-	**1846**	SZD-30A Pirat	B-530	26. 04. 73	GST, single-seat sport- and training sailplane	
DM- DDR-	**1847**	SZD-30A Pirat	B-531	26. 04. 73	GST, single-seat sport- and training sailplane	
DM- DDR-	**1848**	SZD-30A Pirat	B-532	12. 04. 73	GST, single-seat sport- and training sailplane	cnl 05. 07. 79
DM- DDR-	**1849**	SZD-30A Pirat	B-544	16. 05. 74	GST, single-seat sport- and training sailplane	

DM- DDR-	1850	SZD-30A Pirat	B-569	11. 10. 73	GST, single-seat sport- and training sailplane	
DM- DDR-	1851	SZD-30A Pirat	B-570	11. 10. 73	GST, single-seat sport- and training sailplane	
DM- DDR-	1852	SZD-30A Pirat	B-572	12. 11. 73	GST, single-seat sport- and training sailplane	
DM- DDR-	1853	SZD-30A Pirat	B-573	23. 01. 74	GST, single-seat sport- and training sailplane	
DM- DDR-	1854	SZD-30A Pirat	B-574	23. 01. 74	GST, single-seat sport- and training sailplane	
DM- DDR-	1855	SZD-30A Pirat	B-575	23. 01. 74	GST, single-seat sport- and training sailplane	
DM- DDR-	1856	SZD-30A Pirat	B-576	23. 01. 74	GST, single-seat sport- and training sailplane	
DM- DDR-	1857	SZD-30A Pirat	B-577	15. 02. 74	GST, single-seat sport- and training sailplane	
DM- DDR-	1858	SZD-30A Pirat	B-578	23. 01. 74	GST, single-seat sport- and training sailplane	
DM- DDR-	1859	SZD-30A Pirat	B-581	23. 01. 74	GST, single-seat sport- and training sailplane	
DM- DDR-	1860	SZD-30A Pirat	B-582	23. 01. 74	GST, single-seat sport- and training sailplane	
DM- DDR-	1861	SZD-30A Pirat	B-583	19. 02. 74	GST, single-seat sport- and training sailplane	
DM- DDR-	1862	SZD-30A Pirat	B-584	19. 02. 74	GST, single-seat sport- and training sailplane	
DM- DDR-	1863	SZD-30A Pirat	B-585	19. 02. 74	GST, single-seat sport- and training sailplane	
DM- DDR-	1864	SZD-30A Pirat	B-588	19. 02. 74	GST, single-seat sport- and training sailplane	
DM- DDR-	1865	SZD-30A Pirat	S-01.02	21. 03. 74	GST, single-seat sport- and training sailplane	
DM- DDR-	1866	SZD-30A Pirat	S-01.03	15. 02. 74	GST, single-seat sport- and training sailplane	
DM- DDR-	1867	SZD-30A Pirat	S-01.04	23. 01. 74	GST, single-seat sport- and training sailplane	
DM- DDR-	1868	SZD-30A Pirat	S-01.06	21. 03. 74	GST, single-seat sport- and training sailplane	
DM- DDR-	1869	SZD-30A Pirat	S-01.07	20. 02. 74	GST, single-seat sport- and training sailplane crashed on take off at Dessau	w/o 06. 90
DM- DDR-	1870	SZD-30A Pirat	S-01.08	15. 02. 74	GST, single-seat sport- and training sailplane	
DM- DDR-	1871	SZD-30A Pirat	S-01.09	21. 03. 74	GST, single-seat sport- and training sailplane	
DM- DDR-	1872	SZD-30A Pirat	S-01.10	21. 03. 74	GST, single-seat sport- and training sailplane	
DM- DDR-	1873	SZD-30A Pirat	S-01.11	23. 01. 74	GST, single-seat sport- and training sailplane	
DM- DDR-	1874	SZD-30A Pirat	S-01.12	19. 02. 74	GST, single-seat sport- and training sailplane	

DM- DDR- **1875**	SZD-30A Pirat	S-01.05	20. 02. 74	GST, single-seat sport- and training sailplane
DM- DDR- **1876**	SZD-30A Pirat	S-01.22	15. 02. 74	GST, single-seat sport- and training sailplane
DM- DDR- **1877**	SZD-30A Pirat	S-01.23	13. 03. 74	GST, single-seat sport- and training sailplane
DM- DDR- **1878**	SZD-30A Pirat	S-01.24	15. 02. 74	GST, single-seat sport- and training sailplane
DM- DDR- **1879**	SZD-30A Pirat	S-01.25	15. 02. 74	GST, single-seat sport- and training sailplane
DM- DDR- **1880**	SZD-30A Pirat	S-01.26	19. 02. 74	GST, single-seat sport- and training sailplane
DM- DDR- **1881**	SZD-30A Pirat	S-01.27	13. 03. 74	GST, single-seat sport- and training sailplane
DM- DDR- **1882**	SZD-30A Pirat	S-01.28	15. 02. 74	GST, single-seat sport- and training sailplane
DM- DDR- **1883**	SZD-30A Pirat	S-01.29	26. 04. 74	GST, single-seat sport- and training sailplane
DM- DDR- **1884**	SZD-30A Pirat	S-01.30	26. 04. 74	GST, single-seat sport- and training sailplane
DM- DDR- **1885**	SZD-30A Pirat	S-02.41	28. 01. 75	GST, single-seat sport- and training sailplane
DM- DDR- **1886**	SZD-30A Pirat	S-02.42	28. 01. 75	GST, single-seat sport- and training sailplane
DM- DDR- **1887**	SZD-30A Pirat	S-02.43	28. 01. 75	GST, single-seat sport- and training sailplane
DM- DDR- **1888**	SZD-30A Pirat	S-02.44	28. 01. 75	GST, single-seat sport- and training sailplane
DM- DDR- **1889**	SZD-30A Pirat	S-03.04	01. 11. 74	GST, single-seat sport- and training sailplane
DM- DDR- **1890**	SZD-30A Pirat	S-03.05	18. 09. 74	GST, single-seat sport- and training sailplane
DM- DDR- **1891**	SZD-30A Pirat	S-03.06	13. 11. 74	GST, single-seat sport- and training sailplane
DM- DDR- **1892**	SZD-30A Pirat	S-03.07	01. 11. 74	GST, single-seat sport- and training sailplane
DM- DDR- **1893**	SZD-30A Pirat	S-03.08	11. 11. 74	GST, single-seat sport- and training sailplane
DM- DDR- **1894**	SZD-30A Pirat	S-03.09	19. 03. 75	GST, single-seat sport- and training sailplane
DM- DDR- **1895**	SZD-30A Pirat	S-03.20	14. 11. 74	GST, single-seat sport- and training sailplane
DM- DDR- **1896**	SZD-30A Pirat	S-03.21	14. 11. 74	GST, single-seat sport- and training sailplane
DM- DDR- **1897**	SZD-30A Pirat	S-03.22	27. 11. 74	GST, single-seat sport- and training sailplane
DM- DDR- **1898**	SZD-30A Pirat	S-03.23	13. 11. 74	GST, single-seat sport- and training sailplane
DM- DDR- **1899**	SZD-30A Pirat	S-03.24	27. 11. 74	GST, single-seat sport- and training sailplane

DM- DDR-	1900	SZD-30A Pirat	S-03.25	01. 11. 74	GST, single-seat sport- and training sailplane
DM- DDR-	1901	SZD-30A Pirat	S-03.41	25. 02. 75	GST, single-seat sport- and training sailplane
DM- DDR-	1902	SZD-30A Pirat	S-03.42	28. 01. 75	GST, single-seat sport- and training sailplane
DM- DDR-	1903	SZD-30A Pirat	S-03.43	28. 01. 75	GST, single-seat sport- and training sailplane
DM- DDR-	1904	SZD-30A Pirat	S-03.44	28. 04. 75	GST, single-seat sport- and training sailplane
DM- DDR-	1905	SZD-30A Pirat	S-03.45	28. 02. 75	GST, single-seat sport- and training sailplane
DM- DDR-	1906	SZD-30A Pirat	S-03.46	21. 01. 75	GST, single-seat sport- and training sailplane
DM- DDR-	1907	SZD-30A Pirat	S-03.47	25. 02. 75	GST, single-seat sport- and training sailplane
DM- DDR-	1908	SZD-30A Pirat	S-03.48	25. 02. 75	GST, single-seat sport- and training sailplane
DM- DDR-	1909	SZD-30A Pirat	S-03.49	25. 02. 75	GST, single-seat sport- and training sailplane
DM- DDR-	1910	SZD-30A Pirat	S-04.11	09. 06. 76	GST, single-seat sport- and training sailplane
DM- DDR-	1911	SZD-30A Pirat	S-04.12	27. 08. 75	GST, single-seat sport- and training sailplane
DM- DDR-	1912	SZD-30A Pirat	S-04.19	27. 08. 75	GST, single-seat sport- and training sailplane
DM- DDR-	1913	SZD-30A Pirat	S-04.20	20. 02. 76	GST, single-seat sport- and training sailplane
DM- DDR-	1914	SZD-30A Pirat	S-04.21	10. 12. 75	GST, single-seat sport- and training sailplane
DM- DDR-	1915	SZD-30C Pirat C	P 808	12. 12. 78	GST, single-seat sport- and training sailplane
DM- DDR-	1916	SZD-30C Pirat C	P 809	12. 12. 78	GST, single-seat sport- and training sailplane

DDR- DM-	**2000**	IS-2bis Mucha	066	18. 03. 53	GST, single seat high-performance sailplane (1950 gift from polish youth organisation) wfu 1954	cnl 17. 12. 61
DDR- DM-	**2001**	LG-125 Sohaj 2	233	13. 01. 54	GST, single seat high-performance sailplane	cnl 30. 09. 66
DDR- DM-	**2002**	LG-125 Sohaj 2	622	05. 08. 53	GST, single seat high-performance sailplane	cnl 06. 11. 69
DDR- DM-	**2003**	LG-125 Sohaj 2	623	05. 08. 53	GST, single seat high-performance sailplane	cnl 20. 05. 61
DDR- DM-	**2004**	LG-125 Sohaj 2	624	05. 08. 53	GST, single seat high-performance sailplane	cnl 15. 06. 62
DDR- DM-	**2005**	LG-125 Sohaj 2	236	23. 10. 53	GST, single seat high-performance sailplane	cnl 14. 12. 59
DDR- DM-	**2006**	LG-125 Sohaj 2	237	23. 10. 53	GST, single seat high-performance sailplane	cnl 20. 08. 60
DDR- DM-	**2007**	LG-125 Sohaj 2	238	29. 10. 53	GST, single seat high-performance sailplane	cnl 22. 02. 66
DDR- DM-	**2008**	LG-125 Sohaj 2	235	. 53	GST, single seat high-performance sailplane	cnl 22. 02. 66
DDR- DM-	**2009**	LG-125 Sohaj 2	240	15. 01. 54	GST, single seat high-performance sailplane	cnl 18. 01. 68
DDR- DM-	**2010**	LG-125 Sohaj 2	234	13. 01. 54	GST, single seat high-performance sailplane	cnl 26. 07. 60
DDR- DM-	**2011**	LG-125 Sohaj 2	239	13. 01. 54	GST, single seat high-performance sailplane	cnl 30. 09. 66
DDR-	**2012**	LG-125 Sohaj 2	625	13. 01. 54	GST, single seat high-performance sailplane crashed	w/o 31. 08. 55
DDR- DM-	**2013**	SZD-12 Mucha 100	68	24. 09. 54	ASV, single seat sport- and training sailplane crashed	w/o 13. 08. 56
DDR- DM-	**2014**	SZD-8bis Jaskolka	150	07. 04. 55	GST, single seat high performance sailplane (ex SP-1596 APRL)	cnl 02. 11. 70
DDR- DM-	**2015**	Olympia Meise	409	06. 07. 55	TH-Dresden, single seat sport- and training sailplane rebuilt, (built 1944 by Fa.SCHMETZ at Herzogenrath)	cnl 27. 07. 60
DDR- DM-	**2016**	selfbuilt Meise	400	20. 12. 54	GST, single seat sport- and training sailplane named "Sepp Wenig" (built by Aeroclub-Wismut)	cnl 23. 12. 69
DDR- DM-	**2017**	SZD-8bis Jaskolka	130	06. 05. 55	GST, single seat high-performance sailplane	cnl 23. 05. 69
DDR- DM-	**2018**	SZD-8bis Jaskolka	123	. 55	GST, single seat high-performance sailplane	cnl 15. 02. 71
DDR- DM-	**2019**	SZD-8bis Jaskolka	122	06. 05. 55	GST, single seat high-performance sailplane	cnl 05. 09. 72
DDR- DM-	**2020**	SZD-8bis Jaskolka	120	29. 05. 56	GST, single seat high-performance sailplane	cnl 30. 09. 66
DDR- DM-	**2021**	SZD-8bis Jaskolka	140	. 55	GST, single seat high-performance sailplane	cnl 20. 08. 71
DDR- DM-	**2022**	SZD-8bis Jaskolka	158	19. 08. 55	GST, single seat high-performance sailplane badly damaged,	w/o 06. 65
DDR- DM-	**2023**	SZD-8bis Jaskolka	159	19. 08. 55	GST, single seat high-performance sailplane	cnl 18. 01. 68
DDR- DM-	**2024**	SZD-8bis Jaskolka	160	19. 08. 55	GST, single seat high-performance sailplane	cnl 09. 03. 71

SZD-8bis Jaskolka

SZD-8bis Jaskolka

VT-425 Sohaj 3

SZD-24C Foka

DM-	**2025**	VT-425 Sohaj 3	706	19. 06. 62	GST, single seat high-performance sailplane	cnl 30. 10. 67
DDR- DM-	**2026**	SZD-8bis Jaskolka	175	05. 05. 56	ASV, single seat high-performance sailplane	cnl 25. 09. 67
DDR- DM-	**2027**	SZD-8bis Jaskolka	174	. 56	GST, single seat high-performance sailplane	cnl 26. 01. 73
DDR- DM-	**2028**	SZD-8bis Jaskolka	161	22. 03. 56	GST, single seat high-performance sailplane	cnl 02. 11. 70
DDR- DM-	**2029**	SZD-8bis Jaskolka	162	12. 04. 56	GST, single seat high-performance sailplane	cnl 27. 05. 63
DDR- DM-	**2030**	SZD-8bis Jaskolka	167	22. 04. 56	GST, single seat high-performance sailplane	cnl 14. 05. 71
DM-	**2031**	SZD-8bis Jaskolka	169	22. 06. 57	GST, single seat high-performance sailplane	cnl 23. 02. 70
DDR- DM-	**2032**	SZD-12 Mucha 100	46	29. 08. 56	GST, single seat sport- and training sailplane	cnl 28. 08. 68
DM-	**2033**	VT-425 Sohaj 3	0325	23. 04. 57	GST, single seat high-performance sailplane	cnl 14. 11. 66
DM-	**2034**	selfbuilt Meise	401	27. 03. 58	GST, single seat sport- and training sailplane (built by Aeroclub-Wismut)	cnl 12. 08. 70
DM- DDR-	**2035**	SZD-24C Foka	W 147	10. 05. 62	GST, single-seat high-performance sailplane	cnl 01. 03. 83
DM- DDR-	**2036**	SZD-24C Foka	W 148	10. 05. 62	GST, single-seat high-performance sailplane	cnl 03. 12. 87
DM- DDR-	**2037**	SZD-24-4A Foka 4	W 246	13. 06. 66	GST, single-seat high-performance sailplane	cnl 10. 07. 89
DM-	**2038**	SZD-24-4A Foka 4	W 254	13. 06. 66	GST single-seat high-performance sailplane crashed Suhl-Goldlauter	w/o 06. 07. 77
DM-	**2039**	SZD-24-4A Foka 4	W 255	13. 06. 66	GST single-seat high-performance sailplane	cnl 17. 04. 73
DM- DDR-	**2040**	SZD-24-4A Foka 4	W 297	05. 12. 66	GST, single-seat high-performance sailplane	
DM-	**2041**	SZD-24-4A Foka 4	W 298	05. 12. 66	GST, single-seat high-performance sailplane crashed Schönhagen	w/o 12. 04. 68
DM- DDR-	**2042**	SZD-24-4A Foka 4	W 299	05. 12. 66	GST, single-seat high-performance sailplane	cnl 10. 07. 89
DM- DDR-	**2043**	SZD-24-4A Foka 4	W 304	22. 03. 67	GST, single-seat high-performance sailplane	cnl 05. 04. 90
DM- DDR-	**2044**	SZD-24-4A Foka 4	W 305	22. 03. 67	GST, single-seat high-performance sailplane	cnl 03. 12. 87
DM- DDR-	**2045**	SZD-24-4A Foka 4	W 306	22. 03. 67	GST, single-seat high-performance sailplane	cnl 10. 07. 89
DM- DDR-	**2046**	SZD-24-4A Foka 4	W 307	20. 04. 67	GST, single-seat high-performance sailplane	cnl 10. 07. 89
DM- DDR-	**2047**	SZD-24-4A Foka 4	W 310	20. 04. 67	GST, single-seat high-performance sailplane	cnl 10. 07. 89
DM- DDR-	**2048**	SZD-24-4A Foka 4	W 311	20. 04. 67	GST, single-seat high-performance sailplane	cnl 10. 07. 89
DM- DDR-	**2049**	SZD-24-4A Foka 4	W 335	15. 09. 67	GST, single-seat high-performance sailplane	cnl 23. 02. 84

Meise DDR-2015, gebaut von der Firma Schmitz in Herzogenrath
Meise DDR-2015, built by Fa. Schmitz at Herzogenrath

SZD-12 Mucha-100

Meise DDR-2016 "Sepp Wenig"

DM-	2050	SZD-12 Mucha 100	W-06	12. 05. 58	MfV/HAZL, single seat sport- and training sailplane	cnl 18. 01. 68
DDR- DM-	2051	Lommatzsch Meise	0051	25. 08. 56	GST, single seat sport- and training sailplane	cnl 26. 01. 73
DM-	2052	Lommatzsch Meise	0052	14. 02. 59	GST, single seat sport- and training sailplane	cnl 18. 02. 76
DDR- DM-	2053	Lommatzsch Meise	0053	18. 09. 56	GST, single seat sport- and training sailplane	cnl 20. 12. 73
DDR- DM-	2054	Lommatzsch Meise	0054	05. 10. 56	GST, single seat sport- and training sailplane	cnl 20. 08. 71
DDR- DM-	2055	Lommatzsch Meise	0055	20. 09. 56	GST, single seat sport- and training sailplane	cnl 25. 04. 77
DDR- DM-	2056	Lommatzsch Meise	0056	09. 10. 56	GST, single seat sport- and training sailplane	cnl 17. 05. 77
DDR- DM-	2057	Lommatzsch Meise	0057	09. 10. 56	GST, single seat sport- and training sailplane	cnl 04. 05. 62
DDR- DM-	2058	Lommatzsch Meise	0058	12. 10. 56	GST, single seat sport- and training sailplane	cnl 17. 05. 77
DDR- DM-	2059	Lommatzsch Meise	0059	08. 10. 56	GST, single seat sport- and training sailplane	cnl 17. 04. 73
DDR- DM-	2060	Lommatzsch Meise	0060	23. 10. 56	GST, single seat sport- and training sailplane crashed Kreuzbruch	w/o 25. 05. 69
DDR- DM-	2061	Lommatzsch Meise	0061	29. 10. 56	GST, single seat sport- and training sailplane	cnl 05. 02. 62
DDR- DM-	2062	Lommatzsch Meise	0062	01. 11. 56	GST, single seat sport- and training sailplane	cnl 17. 05. 77
DDR- DM-	2063	Lommatzsch Meise	0063	02. 11. 56	GST, single seat sport- and training sailplane	cnl 15. 01. 69
DDR- DM-	2064	Lommatzsch Meise	0064	07. 11. 56	GST, single seat sport- and training sailplane crashed Görlitz	w/o 28. 06. 70
DDR- DM-	2065	Lommatzsch Meise	0065	06. 11. 56	GST, single seat sport- and training sailplane crashed Renneritz	w/o 08. 05. 66
DDR- DM-	2066	Lommatzsch Meise	0066	09. 11. 56	GST, single seat sport- and training sailplane	cnl 12. 09. 63
DDR- DM-	2067	Lommatzsch Meise	0067	16. 11. 56	GST, single seat sport- and training sailplane	cnl 14. 04. 73
DDR- DM-	2068	Lommatzsch Meise	0068	23. 11. 56	GST, single seat sport- and training sailplane	cnl 07. 07. 64
DDR- DM-	2070	Lommatzsch Meise	0070	31. 12. 58	GST, single seat sport- and training sailplane	cnl 05. 09. 72
DDR- DM-	2071	Lommatzsch Meise	0071	27. 11. 56	GST, single seat sport- and training sailplane	cnl 17. 04. 73
DDR- DM-	2072	Lommatzsch Meise	0072	28. 11. 56	GST, single seat sport- and training sailplane	cnl 25. 04. 77
DDR- DM-	2073	Lommatzsch Meise	0073	30. 11. 56	GST, single seat sport- and training sailplane	cnl 05. 09. 72
DDR- DM-	2074	Lommatzsch Meise	0074	03. 12. 56	GST, single seat sport- and training sailplane	cnl 26. 01. 73

DDR- DM-	**2075**	Lommatzsch Meise	0075	06. 12. 56	GST, single seat sport- and training sailplane	cnl 25. 04. 77
DDR- DM-	**2076**	Lommatzsch Meise	0076	10. 12. 56	GST, single seat sport- and training sailplane	cnl 01. 07. 70
DDR- DM-	**2077**	Lommatzsch Meise	0077	11. 12. 56	GST, single seat sport- and training sailplane	cnl 16. 12. 70
DDR- DM-	**2078**	Lommatzsch Meise	0078	12. 12. 56	GST, single seat sport- and training sailplane	cnl 18. 02. 76
DDR- DM-	**2079**	Lommatzsch Meise	0079	. 56	GST, single seat sport- and training sailplane	cnl 22. 01. 71
DDR- DM-	**2080**	Lommatzsch Meise	0080	18. 12. 56	GST, single seat sport- and training sailplane	cnl 02. 05. 72
DDR- DM-	**2081**	Lommatzsch Meise	0081	21. 12. 56	GST, single seat sport- and training sailplane	cnl 05. 09. 72
DDR- DM-	**2082**	Lommatzsch Meise	0082	20. 12. 56	GST, single seat sport- and training sailplane	cnl 25. 04. 77
DDR- DM-	**2083**	Lommatzsch Meise	0083	21. 12. 56	GST, single seat sport- and training sailplane	cnl 20. 12. 73
DDR- DM-	**2084**	Lommatzsch Meise	0084	56	GST, single seat sport- and training sailplane	cnl 02. 05. 72
DDR- DM-	**2085**	Lommatzsch Meise	0085	28. 12. 56	GST, single seat sport- and training sailplane	cnl 17. 04. 73
DDR- DM-	**2086**	Lommatzsch Meise	0086	28. 12. 56	GST, single seat sport- and training sailplane	cnl 14. 12. 59
DDR- DM-	**2087**	Lommatzsch Meise	0087	29. 12. 56	GST, single seat sport- and training sailplane	cnl 20. 12. 73
DDR- DM-	**2088**	Lommatzsch Meise	0088	. 56	GST, single seat sport- and training sailplane	cnl 26. 01. 73
DDR- DM-	**2089**	Lommatzsch Meise	0089	15. 02. 57	GST, single seat sport- and training sailplane	cnl 14. 05. 71
DDR- DM-	**2090**	Lommatzsch Meise	0090	21. 03. 57	GST, single seat sport- and training sailplane	cnl 05. 09. 72
DDR- DM-	**2091**	Lommatzsch Meise	0091	27. 02. 57	GST, single seat sport- and training sailplane	cnl 05. 09. 72
DDR- DM-	**2092**	Lommatzsch Meise	0092	05. 03. 57	GST, single seat sport- and training sailplane	cnl 04. 11. 74
DDR- DM-	**2093**	Lommatzsch Meise	0093	08. 03. 57	GST, single seat sport- and training sailplane	cnl 25. 04. 77
DDR- DM-	**2094**	Lommatzsch Meise	0094	26. 03. 57	GST, single seat sport- and training sailplane crashed Saarmund	w/o 03. 08. 71
DDR- DM-	**2095**	Lommatzsch Meise	0095	02. 04. 57	ASV, single seat sport- and training sailplane	cnl 07. 09. 77
DDR- DM-	**2096**	Lommatzsch Meise	0096	12. 04. 57	GST, single seat sport- and training sailplane	cnl 30. 05. 74
DDR- DM-	**2097**	Lommatzsch Meise	0097	09. 07. 57	GST, single seat sport- and training sailplane	cnl 26. 01. 73
DDR- DM-	**2098**	Lommatzsch Meise	0098	17. 04. 57	GST, single seat sport- and training sailplane crashed Laucha	w/o 05. 08. 68
DDR- DM-	**2099**	Lommatzsch Meise	0099	15. 04. 57	GST, single seat sport- and training sailplane	cnl 08. 09. 71

DDR- DM-	2100	Lommatzsch Meise	0100	25. 04. 57	GST, single seat sport- and training sailplane	cnl 20. 12. 73
DDR- DM-	2101	Lommatzsch Meise	0101	04. 05. 57	GST, single seat sport- and training sailplane badly damaged	w/o 12. 02. 73
DDR- DM-	2102	Lommatzsch Meise	0102	09. 05. 57	GST, single seat sport- and training sailplane	cnl 17. 05. 77
DDR- DM-	2103	Lommatzsch Meise	0103	15. 05. 57	GST, single seat sport- and training sailplane	cnl 17. 04. 73
DDR- DM-	2104	Lommatzsch Meise	0104	20. 05. 57	GST, single seat sport- and training sailplane	cnl 30. 05. 74
DDR- DM-	2105	Lommatzsch Meise	0105	31. 05. 57	GST, single seat sport- and training sailplane	cnl 18. 02. 76
DDR- DM-	2106	Lommatzsch Meise	0106	31. 05. 57	GST, single seat sport- and training sailplane	cnl 25. 07. 61
DDR- DM-	2107	Lommatzsch Meise	0107	06. 06. 57	GST, single seat sport- and training sailplane	cnl 17. 05. 77
DDR- DM-	2108	Lommatzsch Meise	0108	14. 06. 57	GST, single seat sport- and training sailplane	cnl 02. 05. 72
DDR- DM-	2109	Lommatzsch Meise	0109	. 57	GST, single seat sport- and training sailplane	cnl 25. 04. 77
DDR- DM-	2110	Lommatzsch Meise	0110	06. 07. 57	GST, single seat sport- and training sailplane	cnl 26. 01. 73
DDR- DM-	2111	Lommatzsch Meise	0111	12. 06. 57	GST, single seat sport- and training sailplane	cnl 01. 08. 77
DDR- DM-	2112	Lommatzsch Meise	0112	23. 07. 59	GST, single seat sport- and training sailplane	cnl 15. 07. 74
DDR- DM-	2113	Lommatzsch Meise	0113	02. 08. 57	GST, single seat sport- and training sailplane crashed Görlitz	w/o 19. 07. 69
DDR- DM-	2114	Lommatzsch Meise	0114	09. 09. 57	GST, single seat sport- and training sailplane crashed	w/o 14. 08. 68
DDR- DM-	2115	Lommatzsch Meise	0115	15. 08. 57	GST, single seat sport- and training sailplane	cnl 26. 01. 73
DDR- DM-	2116	Lommatzsch Meise	0116	22. 08. 57	GST, single seat sport- and training sailplane	cnl 05. 09. 72
DDR- DM-	2117	Lommatzsch Meise	0117	30. 08. 57	GST, single seat sport- and training sailplane	cnl 18. 02. 76
DDR- DM-	2118	Lommatzsch Meise	0118	04. 09. 57	GST, single seat sport- and training sailplane	cnl 25. 04. 77
DDR- DM-	2119	Lommatzsch Meise	0119	07. 09. 57	GST, single seat sport- and training sailplane	cnl 04. 11. 74
DDR- DM-	2120	Lommatzsch Meise	0120	14. 09. 57	ASV, single seat sport- and training sailplane	cnl 18. 02. 76
DDR- DM-	2121	Lommatzsch Meise	0121	18. 09. 57	GST, single seat sport- and training sailplane	cnl 04. 11. 74
DDR- DM-	2122	Lommatzsch Meise	0122	30. 09. 57	GST, single seat sport- and training sailplane	cnl 17. 04. 73
DDR- DM-	2123	Lommatzsch Meise	0123	30. 09. 57	GST, single seat sport- and training sailplane	cnl 17. 05. 77
DDR- DM-	2124	Lommatzsch Meise	0124	30. 09. 57	GST, single seat sport- and training sailplane	cnl 18. 02. 76

2173

DDR-
DDR-2096

-2079

DM-2144

DDR- DM-	**2125**	Lommatzsch Meise	0125	15. 11. 57	GST, single seat sport- and training sailplane	cnl 26. 01. 73
DDR- DM-	**2126**	Lommatzsch Meise	0126	. 57	GST, single seat sport- and training sailplane	cnl 15. 07. 74
DDR- DM-	**2127**	Lommatzsch Meise	0127	11. 11. 57	GST, single seat sport- and training sailplane	cnl 05. 09. 72
DDR- DM-	**2128**	Lommatzsch Meise	0128	23. 11. 57	GST, single seat sport- and training sailplane	cnl 05. 09. 72
DDR- DM-	**2130**	Lommatzsch Meise	0130	28. 11. 57	GST, single seat sport- and training sailplane	cnl 09. 05. 63
DDR- DM-	**2131**	Lommatzsch Meise	0131	05. 12. 57	GST, single seat sport- and training sailplane	cnl 18. 02. 76
DDR- DM-	**2132**	Lommatzsch Meise	0132	11. 12. 57	GST, single seat sport- and training sailplane	cnl 15. 02. 71
DDR- DM-	**2133**	Lommatzsch Meise	0133	16. 12. 57	GST, single seat sport- and training sailplane crashed Niederlehme	w/o 07. 06. 59
DDR- DM-	**2134**	Lommatzsch Meise	0134	17. 12. 57	GST, single seat sport- and training sailplane	cnl 30. 12. 69
DDR- DM-	**2135**	Lommatzsch Meise	0135	19. 12. 57	GST, single seat sport- and training sailplane	w/o 13. 09. 63
DM-		Lommatzsch Meise	0199	05. 12. 66	GST, single seat sport- and training sailplane	cnl 20. 12. 73
DM-	**2136**	Lommatzsch Meise	0136	03. 01. 58	GST, single seat sport- and training sailplane badly damaged	w/o 25. 10. 61
DM-	**2137**	Lommatzsch Meise	0137	11. 56	GST, single seat sport- and training sailplane crashed Neustadt-Glewe	w/o 13. 07. 69
DM-	**2138**	Lommatzsch Meise	0138	10. 12. 57	GST, single seat sport- and training sailplane	cnl 25. 04. 77
DM-	**2139**	Lommatzsch Meise	0139	03. 01. 58	GST, single seat sport- and training sailplane	cnl 19. 08. 76
DM-	**2140**	Lommatzsch Meise	0140	08. 01. 58	GST, single seat sport- and training sailplane	cnl 20. 12. 73
DM-	**2141**	Lommatzsch Meise	0141	01. 02. 58	GST, single seat sport- and training sailplane	cnl 18. 02. 76
DM-	**2142**	Lommatzsch Meise	0142	03. 02. 58	GST, single seat sport- and training sailplane	cnl 26. 01. 73
DM-	**2143**	Lommatzsch Meise	0143	04. 02. 58	GST, single seat sport- and training sailplane	cnl 24. 06. 63
DM-	**2144**	Lommatzsch Meise	0144	. 58	GST, single seat sport- and training sailplane	cnl 20. 08. 73
DM-	**2145**	Lommatzsch Meise	0145	28. 02. 58	GST, single seat sport- and training sailplane	cnl 04. 11. 74
DM-	**2146**	Lommatzsch Meise	0146	28. 02. 58	GST, single seat sport- and training sailplane	cnl 05. 09. 72
DM-	**2147**	Lommatzsch Meise	0147	12. 03. 58	GST, single seat sport- and training sailplane	cnl 25. 04. 77
DM-	**2148**	Lommatzsch Meise	0148	20. 03. 58	GST, single seat sport- and training sailplane	cnl 18. 02. 76
DM-	**2149**	Lommatzsch Meise	0149	19. 03. 58	GST, single seat sport- and training sailplane	cnl 20. 08. 71

DM-	**2150**	Lommatzsch Meise	0150	31. 03. 58	GST, single seat sport- and training sailplane	cnl 25. 04. 77
DM-	**2151**	Lommatzsch Meise	0151	. 58	GST, single seat sport- and training sailplane	cnl 18. 02. 76
DM-	**2152**	Lommatzsch Meise	0152	31. 03. 58	GST, single seat sport- and training sailplane	cnl 30. 05. 74
DM-	**2153**	Lommatzsch Meise	0153	31. 03. 58	GST, single seat sport- and training sailplane	cnl 17. 04. 73
DM-	**2154**	Lommatzsch Meise	0154	31. 03. 58	ASV, single seat sport- and training sailplane	cnl 02. 05. 72
DM-	**2155**	Lommatzsch Meise	0155	31. 03. 58	ASV, single seat sport- and training sailplane crashed	w/o 13. 11. 61
DM-	**2156**	Lommatzsch Meise	0156	03. 04. 58	GST, single seat sport- and training sailplane	cnl 20. 12. 73
DM-	**2157**	Lommatzsch Meise	0157	18. 04. 58	GST, single seat sport- and training sailplane	cnl 25. 04. 77
DM-	**2158**	Lommatzsch Meise	0158	23. 04. 58	GST, single seat sport- and training sailplane	cnl 18. 02. 76
DM-	**2159**	Lommatzsch Meise	0159	30. 04. 58	GST, single seat sport- and training sailplane wfu 10. 73	cnl 04. 11. 74
DM-	**2160**	Lommatzsch Meise	0160	13. 05. 58	GST, single seat sport- and training sailplane	cnl 25. 04. 77
DM-	**2161**	Lommatzsch Meise	0161	13. 05. 58	GST, single seat sport- and training sailplane	cnl 25. 04. 77
DM-	**2162**	Lommatzsch Meise	0162	13. 05. 58	GST, single seat sport- and training sailplane	cnl 26. 01. 73
DM-	**2163**	Lommatzsch Meise	0163	30. 04. 58	GST, single seat sport- and training sailplane	cnl 30. 05. 74
DM-	**2164**	Lommatzsch Meise	0164	16. 06. 58	GST, single seat sport- and training sailplane	w/o 09. 12. 59
DM-	**2165**	Lommatzsch Meise	0165	20. 05. 58	GST, single seat sport- and training sailplane	cnl 05. 09. 72
DM-	**2166**	Lommatzsch Meise	0166	27. 06. 58	GST, single seat sport- and training sailplane	cnl 02. 05. 72
DM-	**2167**	Lommatzsch Meise	0167	30. 07. 58	GST, single seat sport- and training sailplane	cnl 06. 05. 71
DM-	**2168**	Lommatzsch Meise	0168	23. 07. 58	GST, single seat sport- and training sailplane	cnl 26. 01. 73
DM-	**2169**	Lommatzsch Meise	0169	03. 06. 58	GST, single seat sport- and training sailplane	cnl 30. 05. 74
DM-	**2170**	Lommatzsch Meise	0170	17. 07. 58	GST, single seat sport- and training sailplane	cnl 17. 05. 77
DM-	**2171**	Lommatzsch Meise	0171	01. 09. 58	GST, single seat sport- and training sailplane	cnl 26. 01. 73
DM-	**2172**	Lommatzsch Meise	0172	09. 07. 58	GST, single seat sport- and training sailplane	cnl 01. 07. 71
DM-	**2173**	Lommatzsch Meise	0173	21. 06. 58	Apparatebau Lommatzsch, single seat sport- and training sailplane	cnl 25. 04. 77
DM-	**2174**	Lommatzsch Meise	0174	28. 07. 58	GST, single seat sport- and training sailplane	cnl 05. 09. 72

DM-	**2175**	Lommatzsch Meise	0175	23. 07. 58	GST, single seat sport- and training sailplane	cnl 17. 04. 73	
DM-	**2176**	Lommatzsch Meise	0176	27. 08. 58	GST, single seat sport- and training sailplane	cnl 17. 04. 73	
DM-	**2177**	Lommatzsch Meise	0177	12. 07. 58	GST, single seat sport- and training sailplane crashed	w/o 04. 07. 71	
DM-	**2178**	Lommatzsch Meise	0178	17. 07. 58	GST, single seat sport- and training sailplane	cnl 18. 02. 76	
DM-	**2179**	Lommatzsch Meise	0179	25. 07. 58	GST, single seat sport- and training sailplane crashed	w/o 17. 05. 70	
DM-	**2180**	Lommatzsch Meise	0180	11. 08. 58	GST, single seat sport- and training sailplane	cnl 02. 05. 72	
DM-	**2181**	Lommatzsch Meise	0181	11. 08. 58	GST, single seat sport- and training sailplane	cnl 02. 05. 72	
DM-	**2182**	Lommatzsch Meise	0182	02. 09. 58	GST, single seat sport- and training sailplane badly damaged	w/o 03. 09. 63	
DM-	**2183**	Lommatzsch Meise	0183	11. 08. 58	GST, single seat sport- and training sailplane	cnl 20. 12. 73	
DM-	**2184**	Lommatzsch Meise	0184	11. 08. 58	GST, single seat sport- and training sailplane	cnl 02. 05. 72	
DM-	**2185**	Lommatzsch Meise	0185	03. 09. 58	GST, single seat sport- and training sailplane	cnl 20. 12. 73	
DM-	**2186**	Lommatzsch Meise	0186	01. 09. 58	GST, single seat sport- and training sailplane	cnl 20. 12. 73	
DM-	**2187**	Lommatzsch Meise	0187	12. 09. 58	GST, single seat sport- and training sailplane	cnl 02. 05. 72	
DM-	**2188**	Lommatzsch Meise	0188	29. 09. 58	GST, single seat sport- and training sailplane	cnl 05. 09. 72	
DM-	**2189**	Lommatzsch Meise	0189	12. 09. 58	GST, single seat sport- and training sailplane	cnl 07. 07. 64	
DM-	**2190**	Lommatzsch Meise	0190	12. 09. 58	GST, single seat sport- and training sailplane	cnl 09. 11. 68	
DM-	**2191**	Lommatzsch Meise	0191	29. 09. 58	GST, single seat sport- and training sailplane	cnl 19. 08. 76	
DM-	**2192**	Lommatzsch Meise	0192	13. 10. 58	GST, single seat sport- and training sailplane	cnl 18. 02. 76	
DM-	**2193**	Lommatzsch Meise	0193	21. 10. 58	GST, single seat sport- and training sailplane	cnl 30. 05. 74	
DM-	**2194**	Lommatzsch Meise	0194	21. 10. 58	GST, single seat sport- and training sailplane	cnl 02. 05. 72	
DM-	**2195**	Lommatzsch Meise	0195	17. 10. 58	GST, single seat sport- and training sailplane	cnl 09. 01. 78	
DM-	**2196**	Lommatzsch Meise	0196	12. 11. 58	GST, single seat sport- and training sailplane	cnl 26. 06. 62	sold to Austria as OE-0817
DM-	**2197**	Lommatzsch Meise	0197	12. 11. 58	GST, single seat sport- and training sailplane	cnl 26. 01. 73	
DM-	**2198**	Lommatzsch Meise	0198	18. 12. 58	GST, single seat sport- and training sailplane	cnl 18. 02. 76	

DM-1588
DM-WAB
DM-2223
DM-2222

DM- DDR-	**2200**	SZD-32A Foka 5	W 425	23. 05. 69	GST, single seat high performance sailplane	
DM-	**2201**	SZD-32A Foka 5	W 426	23. 05. 69	GST, single seat high performance sailplane crashed near Comerau	w/o 03. 08. 75
DM- DDR-	**2202**	SZD-32A Foka 5	W 427	23. 05. 69	GST, single seat high performance sailplane	
DM- DDR-	**2203**	SZD-32A Foka 5	W 428	23. 05. 69	GST, single seat high performance sailplane	cnl 01. 06. 84
DM- DDR-	**2204**	SZD-32A Foka 5	W 440	18. 03. 70	GST, single seat high performance sailplane	
DM-	**2205**	SZD-32A Foka 5	W 441	18. 03. 70	GST, single seat high performance sailplane	cnl 24. 01. 78
DM- DDR-	**2206**	SZD-32A Foka 5	W 445	23. 03. 70	GST, single seat high performance sailplane	cnl 05. 04. 90
DM- DDR-	**2207**	SZD-32A Foka 5	W 443	23. 03. 70	GST, single seat high performance sailplane	cnl 05. 04. 90
DM- DDR-	**2208**	SZD-32A Foka 5	W 444	23. 03. 70	GST, single seat high performance sailplane	cnl 23. 02. 84

DM-	**2220**	Lom-59 Lo-Meise	001	13. 03. 62	GST, single seat sport- and training sailplane	cnl 04. 11. 74
DM-	**2221**	Lom-59 Lo-Meise	002	23. 01. 62	GST, single seat sport- and training sailplane crashed	w/o 15. 04. 64
DDR-		SZD-32A Foka 5	W 469	. 70	GST, single seat high performance sailplane	
DM-	**2222**	Lom-59 Lo-Meise	003	20. 10. 61	GST, single seat sport- and training sailplane	cnl 20. 12. 73
DM-	**2223**	Lom-59 Lo-Meise	004	20. 10. 61	GST, single seat sport- and training sailplane	cnl 27. 02. 79
DM- DDR-	**2224**	SZD-32A Foka 5	W 470	22. 07. 70	GST, single seat high performance sailplane	cnl 10. 07. 89
DM-	**2225**	SZD-24-4A Foka 4	W 337	21. 07. 67	GST, single seat high performance sailplane	cnl ?
DM- DDR-				31. 12. 75	rebuilt, new C of A received!	
DM-	**2226**	SZD-24-4A Foka 4	W 336	21. 07. 67	GST, single-seat high performance sailplane crashed Leszno (Poland)	w/o 13. 06. 68
DM- DDR-		SZD-32A Foka 5	W 471	08. 07. 70	GST, single seat high performance sailplane	
DM- DDR-	**2227**	SZD-24-4A Foka 4	W 338	21. 07. 67	GST, single-seat high performance sailplane	cnl 03. 12. 87
DM-	**2228**	SZD-24-4A Foka 4	W 341	09. 04. 68	GST, single-seat high performance sailplane	cnl 05. 07. 79
DM- DDR-	**2229**	SZD-24-4A Foka 4	W 345	09. 04. 68	GST, single-seat high performance sailplane	
DM- DDR-	**2230**	SZD-24-4A Foka 4	W 354	10. 04. 68	GST, single-seat high performance sailplane	
DM- DDR-	**2231**	SZD-24-4A Foka 4	W 370	09. 08. 68	GST, single-seat high performance sailplane	cnl 05. 04. 90
DM- DDR-	**2232**	SZD-24-4A Foka 4	W 383	04. 03. 69	GST, single-seat high performance sailplane	
DM- DDR-	**2233**	SZD-24-4A Foka 4	W 344	02. 05. 68	GST, single-seat high performance sailplane	
DM- DDR-	**2234**	SZD-24-4A Foka 4	W 347	02. 05. 68	GST, single-seat high performance sailplane	
DM-	**2235**	SZD-24-4A Foka 4	W 346	17. 04. 68	GST, single-seat high performance sailplane	cnl 06. 08. 80
DM- DDR-	**2236**	SZD-24-4A Foka 4	W 348	17. 04. 68	GST, single-seat high performance sailplane	cnl 01. 06. 84
DM- DDR-	**2237**	SZD-24-4A Foka 4	W 350	23. 05. 68	GST, single-seat high performance sailplane	
DM-	**2238**	SZD-24-4A Foka 4	W 351	23. 05. 68	GST, single-seat high performance sailplane	cnl 18. 08. 76
DM- DDR-	**2239**	SZD-24-4A Foka 4	W 352	23. 05. 68	GST, single-seat high performance sailplane	cnl 05. 04. 90

DM- DDR-	**2240**	SZD-24-4A Foka 4	W 353	10. 04. 68	GST, single-seat high performance sailplane	cnl 10. 07. 89
DM- DDR-	**2243**	SZD-32A Foka 5	W 472	28. 07. 70	GST, single seat high performance sailplane	
DM-	**2244**	SZD-32A Foka 5	W 483	16. 02. 71	GST, single seat high performance sailplane crashed	w/o 17. 04. 73
DM-	**2245**	SZD-32A Foka 5	W 484	20. 10. 70	GST, single seat high performance sailplane crashed Güstrow	w/o 18. 02. 76
DM- DDR-	**2246**	SZD-32A Foka 5	W 485	20. 10. 70	GST, single seat high performance sailplane	
DM- DDR-	**2247**	SZD-32A Foka 5	W 486	20. 10. 70	GST, single seat high performance sailplane	
DM-	**2248**	SZD-32A Foka 5	W 487	20. 10. 70	GST, single seat high performance sailplane	cnl 01. 03. 83
DM- DDR-	**2249**	SZD-32A Foka 5	W 499	07. 01. 71	GST, single seat high performance sailplane	
DM-	**2250**	SZD-32A Foka 5	W 500	07. 01. 71	GST, single seat high performance sailplane crashed	w/o 18. 05. 74
DM- DDR-	**2251**	SZD-32A Foka 5	W 501	01. 04. 71	GST, single seat high performance sailplane	cnl 10. 07. 89
DM- DDR-	**2252**	SZD-32A Foka 5	W 513	22. 04. 71	GST, single seat high performance sailplane	
DM- DDR-	**2253**	SZD-32A Foka 5	W 514	22. 04. 71	GST, single seat high performance sailplane	
DM- DDR-	**2254**	SZD-32A Foka 5	W 515	22. 04. 71	GST, single seat high performance sailplane	
DM- DDR-	**2255**	SZD-32A Foka 5	W 518	06. 08. 71	GST, single seat high performance sailplane	
DM- DDR-	**2256**	SZD-32A Foka 5	W 519	22. 11. 71	GST, single seat high performance sailplane	
DM- DDR-	**2257**	SZD-32A Foka 5	W 520	26. 07. 71	GST, single seat high performance sailplane	
DM- DDR-	**2258**	SZD-32A Foka 5	W 521	26. 07. 71	GST, single seat high performance sailplane	
DM-	**2259**	SZD-32A Foka 5	W 522	26. 07. 71	GST, single seat high performance sailplane crashed	w/o 12. 06. 75
DM- DDR-	**2260**	SZD-32A Foka 5	W 523	23. 07. 71	GST, single seat high performance sailplane	
DM- DDR-	**2261**	SZD-32A Foka 5	W 524	23. 07. 71	GST, single seat high performance sailplane	
DM- DDR-	**2262**	SZD-32A Foka 5	W 525	26. 07. 71	GST, single seat high performance sailplane	
DM- DDR-	**2263**	SZD-32A Foka 5	W 526	10. 08. 71	GST, single seat high performance sailplane	
DM- DDR-	**2264**	SZD-32A Foka 5	W 527	23. 07. 71	GST, single seat high performance sailplane	

DDR-2240
17

DDR-2047

DM- DDR-	2300	SZD-36A Cobra 15	W 558	01. 03. 72	GST, single seat high performance sailplane crashed at Riesa	w/o ?
DM- DDR-	2301	SZD-36A Cobra 15	W 559	01. 03. 72	GST, single seat high performance sailplane crashed at Roitzschjora	w/o 23. 02. 84
DM- DDR-	2302	SZD-36A Cobra 15	W 563	01. 03. 72	GST, single seat high performance sailplane	
DM- DDR-	2303	SZD-36A Cobra 15	W 564	01. 03. 72	GST, single seat high performance sailplane crashed at Suhl-Goldlauter	w/o 03. 12. 87
DM- DDR-	2304	SZD-36A Cobra 15	W 611	14. 06. 73	GST, single seat high performance sailplane	
DM- DDR-	2305	SZD-36A Cobra 15	W 612	14. 06. 73	GST, single seat high performance sailplane destroyed by fire during overhaul at Jeczow/Poland 1983	cnl 01. 06. 84
DM- DDR-	2306	SZD-36A Cobra 15	W 623	06. 08. 73	GST, single seat high performance sailplane destroyed by fire during overhaul at Jeczow/Poland 1983	cnl 01. 06. 84
DM- DDR-	2307	SZD-36A Cobra 15	W 628	14. 02. 74	GST, single seat high performance sailplane	
DM- DDR-	2308	SZD-36A Cobra 15	W 617	27. 09. 73	GST, single seat high performance sailplane	
DM- DDR-	2309	SZD-36A Cobra 15	W 646	14. 02. 74	GST, single seat high performance sailplane	
DM- DDR-	2310	SZD-36A Cobra 15	W 647	14. 02. 74	GST, single seat high performance sailplane	
DM- DDR-	2311	SZD-36A Cobra 15	W 650	14. 02. 74	GST, single seat high performance sailplane	
DM- DDR-	2312	SZD-36A Cobra 15	W 651	14. 02. 74	GST, single seat high performance sailplane	
DM- DDR-	2313	SZD-36A Cobra 15	W 638	15. 05. 74	GST, single seat high performance sailplane	

GS
DDR-2402

GR
jantar-standard

GU
GM
DDR-2427
DDR-2430
jantar-standard 2

DM- DDR-	**2400**	SZD-38A Jantar 1	B 611	15. 05. 74	GST, single seat high performance sailplane	
DM- DDR-	**2401**	SZD-38A Jantar 1	B 613	07. 06. 74	GST, single seat high performance sailplane crashed at Zwickau	w/o . 85
DM- DDR-	**2402**	SZD-38A Jantar 1	B 642	18. 03. 75	GST, single seat high performance sailplane	
DM- DDR-	**2403**	SZD-38A Jantar 1	B 639	18. 02. 75	GST, single seat high performance sailplane	
DM- DDR-	**2404**	SZD-38A Jantar 1	B 640	26. 02. 75	GST, single seat high performance sailplane	
DM- DDR-	**2405**	SZD-41A Jantar Std.	B 693	10. 12. 75	GST, single seat high performance sailplane	
DM- DDR-	**2406**	SZD-41A Jantar Std.	B 697	20. 02. 76	GST, single seat high performance sailplane	
DM- DDR-	**2407**	SZD-41A Jantar Std.	B 696	16. 03. 76	GST, single seat high performance sailplane	
DM- DDR-	**2416**	SZD-41A Jantar Std.	B 747	16. 05. 77	GST, single seat high performance sailplane	
DM- DDR-	**2417**	SZD-41A Jantar Std.	B 748	09. 06. 77	GST, single seat high performance sailplane	
DM- DDR-	**2418**	SZD-41A Jantar Std.	B 854	09. 05. 78	GST, single seat high performance sailplane	
DM- DDR-	**2419**	SZD-41A Jantar Std.	B 855	16. 05. 78	GST, single seat high performance sailplane crashed at Taucha	w/o 23. 04. 89
DM- DDR-	**2420**	SZD-41A Jantar Std.	B 856	16. 05. 78	GST, single seat high performance sailplane	
DM- DDR-	**2421**	SZD-42-1 Jantar 2	B 778	25. 04. 77	GST, single seat high performance sailplane	
DM- DDR-	**2422**	SZD-42-2 Jantar 2B	B 866	28. 03. 79	GST, single seat high performance sailplane	
DM- DDR-	**2423**	SZD-42-2 Jantar 2B	B 865	28. 03. 79	GST, single seat high performance sailplane	
DM- DDR-	**2424**	SZD-41A Jantar Std.	B 890	28. 03. 79	GST, single seat high performance sailplane	
DM- DDR-	**2425**	SZD-41A Jantar Std.	B 899	28. 03. 79	GST, single seat high performance sailplane	
DM- DDR-	**2426**	SZD-48 Jantar Std. 2	W 847	09. 05. 79	GST, single seat high performance sailplane	
DM- DDR-	**2427**	SZD-48 Jantar Std. 2	W 855	09. 05. 79	GST, single seat high performance sailplane	
DM- DDR-	**2428**	SZD-42-2 Jantar 2B	B 937	23. 01. 80	GST, single seat high performance sailplane	
DM- DDR-	**2429**	SZD-42-2 Jantar 2B	B 951	08. 07. 80	GST, single seat high performance sailplane	

DM- DDR-	**2430***	SZD-48 Jantar Std. 2	B 1052	. 80	GST, single seat high performance sailplane
DM- DDR-	**2431***	SZD-48 Jantar Std. 2	B 1064	. 80	GST, single seat high performance sailplane
DDR-	**2432**	SZD-48-3 Jantar Std. 3	B 1942	01. 03. 90	GST, single seat high performance sailplane
DDR-	**2433**	SZD-48-3 Jantar Std. 3	B 1943	01. 03. 90	GST, single seat high performance sailplane
DDR-	**2434**	SZD-48-3 Jantar Std. 3	B 1944	02. 04. 90	GST, single seat high performance sailplane
DDR-	**2435**	SZD-48-3 Jantar Std. 3	B 1945	02. 04. 90	GST, single seat high performance sailplane
DDR-	**2436**	SZD-48-3 Jantar Std. 3	B 1946	02. 04. 90	GST, single seat high performance sailplane

Libelle-Prototyp im Werk Lommatzsch / Libelle prototype at the Lommatzsch factory

DDR-	2501*	Lom-55 Libelle	V1	02. 57	VEB Apparatebau Lommatzsch, single seat high performance I. Prototyp (ff 13. 02. 57) sailplane	cnl ?	
DDR-	2502*	Lom-55 Libelle	V2	. 57	VEB Apparatebau Lommatzsch, single seat high performance II. Prototyp sailplane	cnl ?	
DDR- DM-	2503	Lom-55/I Libelle	003	18. 02. 58	GST, single seat high performance sailplane (pre production a/c)	cnl 04. 09. 70	
DDR- DM-	2504	Lom-57 Libelle	004	04. 08. 58	GST, single seat high performance sailplane (pre production a/c)	cnl 20. 05. 61	
DM-	2505	Lom-57 Libelle	005	12. 03. 59	ASV, single seat high performance sailplane	cnl 20. 12. 73	
DM-	2506	Lom-57 Libelle	006	07. 02. 59	ASV, single seat high performance sailplane	cnl 14. 05. 71	
DM-	2507	Lom-57 Libelle	007	01. 02. 59	ASV, single seat high performance sailplane crashed, mid-air collision with DM-2050, Pilot killed	w/o 12. 09. 60	
DM-	2508	Lom-57 Libelle	008	07. 02. 59	GST, single seat high performance sailplane	cnl 22. 03. 77	
DM-	2509	Lom-57 Libelle	009	20. 02. 59	GST, single seat high performance sailplane	cnl 20. 08. 73	
DM-	2510	Lom-57 Libelle	010	07. 02. 59	GST, single seat high performance sailplane	cnl 30. 09. 66	
DM-	2511	Lom-57 Libelle	011	20. 02. 59	GST, single seat high performance sailplane crashed	w/o 13. 06. 61	
DM-	2512	Lom-57 Libelle	012	15. 03. 59	GST, single seat high performance sailplane	cnl 13. 06. 61	
DM-				02. 06. 64	rebuilt, new C of A received!	cnl 06. 08. 80	
DM-	2513	Lom-57 Libelle	013	13. 03. 59	GST, single seat high performance sailplane	cnl 11. 04. 61	
DM-				21. 03. 63	rebuilt, new C of A received!	cnl 06. 08. 80	
DM-	2514	Lom-57 Libelle	014	05. 05. 59	GST, single seat high performance sailplane	cnl 12. 05. 61	
DM-				02. 07. 63	rebuilt, new C of A received!	cnl 02. 05. 72	
DM-	2515	Lom-57 Libelle	015	. 59	VEB Apparatebau Lommatzsch, single seat high performance (for test flights only) sailplane	cnl 08. 60	sold to W.Germany as D-5813
DM-	2516	Lom-58 Libelle Std.	016	14. 04. 59	GST, single seat high performance sailplane	cnl 25. 04. 77	
DM-	2517	Lom-58 Libelle Std.	017	16. 04. 59	GST, single seat high performance sailplane	cnl 17. 05. 77	
DM-	2518	Lom-58 Libelle Std.	018	05. 05. 59	GST, single seat high performance sailplane	cnl 17. 04. 73	
DM-	2519	Lom-58 Libelle Std.	019	03. 06. 59	GST, single seat high performance sailplane	cnl 25. 04. 77	

DM-	2520	Lom-58 Libelle Std.	020	22. 05. 59	GST, single seat high performance sailplane	cnl 06. 08. 80	
DM-	2521	Lom-58 Libelle Std.	021	27. 05. 59	GST, single seat high performance sailplane	cnl 06. 08. 80	
DM-	2522	Lom-58/I Libelle Std.	022	08. 06. 59	GST, single seat high performance sailplane	cnl 30. 05. 74	
DM-	2523	Lom-58/I Libelle Std.	023	08. 06. 59	GST, single seat high performance sailplane	cnl 06. 08. 80	
DM-	2524	Lom-58/I Libelle Std.	024	19. 06. 59	GST, single seat high performance sailplane	cnl 19. 08. 76	
DM-	2525	Lom-58/I Libelle Std.	025	. 59	VEB Apparatebau Lommatzsch, single seat high performance sailplane (for test flights only)	cnl . 59	sold to Finnland as OH-LSA
DM-	2526	Lom-58/I Libelle Std.	026	26. 06. 59	GST, single seat high performance sailplane	cnl 17. 05. 77	
DM-	2527	Lom-58/I Libelle Std.	027	. 59	VEB Apparatebau Lommatzsch, single seat high performance sailplane (for test flights only)	cnl 27. 06. 59	sold to APRL/Poland as SP-2101
DM-	2528	Lom-58/I Libelle Std.	028	. 59	VEB Apparatebau Lommatzsch, single seat high performance sailplane (for test flights only)	cnl . 59	sold to USSR
DM-	2529	Lom-58/I Libelle Std.	029	07. 07. 59	GST, single seat high performance sailplane	cnl 27. 05. 63	
DM-	2530	Lom-58/I Libelle Std.	030	18. 08. 59	GST, single seat high performance sailplane	cnl 05. 09. 72	
DM-	2531	Lom-58/I Libelle Std.	031	18. 08. 59	GST, single seat high performance sailplane	cnl 19. 08. 76	
DM-	2532	Lom-58/I Libelle Std.	032	19. 08. 59	GST, single seat high performance sailplane	cnl 19. 08. 76	
DM-	2533	Lom-58/I Libelle Std.	033	18. 08. 59	GST, single seat high performance sailplane	cnl 19. 01. 77	
DM-	2534	Lom-58/I Libelle Std.	034	01. 09. 59	GST, single seat high performance sailplane	cnl 08. 09. 71	
DM- DDR-	2535	Lom-58/I Libelle Std.	035	29. 08. 59	GST, single seat high performance sailplane	cnl 23. 02. 84	
DM-	2536	Lom-58/I Libelle Std.	036	14. 09. 59	GST, single seat high performance sailplane	cnl 26. 01. 73	
DM-	2537	Lom-57/I Libelle Std.	037	05. 08. 59	VEB Apparatebau Lommatzsch, single seat high performance sailplane 11. 03. 69 to GST	cnl 26. 01. 73	
DM-	2538	Lom-58/I Libelle Std.	038	06. 09. 59	ASV, single seat high performance sailplane 26. 03. 69 transfer to GST	cnl 25. 04. 77	
DM-	2539	Lom-57 Libelle Std.	039	. 59	VEB Apparatebau Lommatzsch, single seat high performance sailplane (Reg. for test flights only)	cnl . 59	sold to Danmark as OY-XAE
DM-	2540	Lom-58/I Libelle Std.	040	30. 09. 59	GST, single seat high performance sailplane	cnl 06. 08. 80	
DM-	2541	Lom-58/I Libelle Std.	041	08. 10. 59	GST, single seat high performance sailplane	cnl 17. 05. 77	
DM-	2542	Lom-58/I Libelle Std.	042	15. 10. 59	GST, single seat high performance sailplane	cnl 16. 12. 70	
DM-	2543	Lom-58/I Libelle Std.	043	15. 10. 59	GST, single seat high performance sailplane	cnl 06. 05. 71	
DM-	2544	Lom-58/I Libelle Std.	044	09. 10. 59	GST, single seat high performance sailplane	cnl 06. 08. 80	

DM-	**2545**	Lom-58/I Libelle Std.	045	04. 01. 60	GST, single seat high performance sailplane	cnl 15. 01. 69
DM-	**2546**	Lom-58/I Libelle Std.	046	28. 11. 59	GST, single seat high performance sailplane	cnl 20. 08. 71
DM-	**2547**	Lom-58/I Libelle Std.	047	17. 12. 59	GST, single seat high performance sailplane	cnl 01. 08. 77
DM-	**2548**	Lom-58/I Libelle Std.	048	17. 12. 59	GST, single seat high performance sailplane	cnl 08. 10. 69
DM-	**2549**	Lom-58/I Libelle Std.	049	17. 12. 59	GST, single seat high performance sailplane	cnl 17. 04. 73

Vorserien-Libelle DDR-2504
pre-production Libelle DDR-2504

Lom-57 Libelle des ASV
Lom-57 Libelle of ASV

Libelle
STANDARD I

DM-	2550	Lom-58/I Libelle Std.	050	18. 12. 59	GST, single seat high performance sailplane crashed	w/o 30. 05. 62	
DM-	2551	Lom-58/I Libelle Std.	051	18. 12. 59	GST, single seat high performance sailplane crashed	w/o 29. 08. 61	
DM-	2552	Lom-58/I Libelle Std.	052	19. 12. 59	GST, single seat high performance sailplane	cnl 19. 08. 76	
DM-	2553	Lom-58/I Libelle Std.	053	16. 01. 60	GST, single seat high performance sailplane	cnl 06. 08. 80	
DM-	2554	Lom-58/I Libelle Std.	054	16. 01. 60	GST, single seat high performance sailplane	cnl 05. 07. 79	
DM-	2555	Lom-58/I Libelle Std.	055	16. 01. 60	GST, single seat high performance sailplane	cnl 04. 11. 74	
DM-	2556	Lom-58/I Libelle Std.	056	16. 01. 60	GST, single seat high performance sailplane	cnl 02. 05. 72	
DM-	2557	Lom-58/I Libelle Std.	057	25. 02. 60	GST, single seat high performance sailplane	cnl 06. 08. 80	
DM-	2558	Lom-58/I Libelle Std.	058	25. 02. 60	GST, single seat high performance sailplane	cnl 18. 07. 60	
DM-				10. 05. 66	rebuilt, new C of A received!	cnl 17. 05. 77	
DM-	2559	Lom-57/I Libelle	059	30. 09. 60	GST, single seat high performance sailplane	cnl 28. 08. 73	
DM-	2560	Lom-58/I Libelle Std.	060	23. 05. 60	GST, single seat high performance sailplane	cnl 08. 02. 79	
DM-	2561	Lom-58/I Libelle Std.	061	02. 06. 60	ASV, single seat high performance sailplane	cnl 17. 05. 77	
DM- DDR-	2562	Lom-57/I Libelle	062	28. 11. 60	GST, single seat high performance sailplane	cnl 01. 02. 83	
DM- DDR-	2563	Lom-57/I Libelle	063	04. 11. 60	GST, single seat high performance sailplane	cnl 23. 02. 84	
DM-	2564*	Lom-57/I Libelle	064	. 60	Apparatebau Lommatzsch, single seat high performance sailplane (Reg. for testflights only)	sold . 60	to Poland
DM-	2565	Lom-57/I Libelle	065	04. 11. 60	GST, single seat high performance sailplane	cnl 28. 02. 69	
DM-	2569	Lom-57/I Libelle	069	24. 09. 60	crashed on landing at Eisenhüttenstatt, spring 1970 GST, single seat high performance sailplane	w/o . 70	
DM-	2570	Lom-58/I Libelle Std.	070	21. 10. 60	GST, single seat high performance sailplane	cnl 30. 05. 74	
DM-	2571	Lom-57/I Libelle	071	12. 07. 60	crashed Nard: GST, single seat high performance sailplane	w/o 09. 06. 71	
DM-	2572	Lom-57/I Libelle	072	15. 09. 60	GST, single seat high performance sailplane	cnl 06. 08. 80	
DM-	2573	Lom-57/I Libelle	073	20. 09. 60	GST, single seat high performance sailplane	cnl 06. 08. 80	
DM-	2574	Lom-57/I Libelle	074	05. 10. 60	GST, single seat high performance sailplane	cnl 02. 05. 72	

DM-	2575	Lom-58/I Libelle Std.	075	12. 10. 60	ASV, single seat high performance sailplane 03. 04. 69 transfer to GST, crashed Eisenhüttenstadt	w/o 19. 07. 71
DM-	2576	Lom-58/I Libelle Std.	076	18. 10. 60	GST, single seat high performance sailplane	cnl 25. 04. 77
DM-	2577	Lom-58/I Libelle Std.	077	21. 11. 60	GST, single seat high performance sailplane	cnl 19. 08. 76
DM-	2578	Lom-58/I Libelle	078	13. 12. 60	GST, single seat high performance sailplane crashed at Eisenhüttenstadt	w/o . 70
DM-	2579	Lom-58/I Libelle Std.	079	22. 11. 60	GST, single seat high performance sailplane	cnl 07. 09. 77
DM-	2580	Lom-58/I Libelle	080	12. 12. 60	GST, single seat high performance sailplane	cnl 29. 07. 69
DM-	2581	Lom-58/I Libelle Std.	081	14. 04. 61	ASV, single seat high performance sailplane	cnl 28. 04. 65
DM-	2583	Lom-58/I Libelle Std.	083	19. 03. 62	GST, single seat high performance sailplane	cnl 20. 08. 73
DM-	2584	Lom-58/I Libelle Std.	084	24. 04. 62	GST, single seat high performance sailplane	cnl 04. 11. 74
DM-	2585	Lom-58/I Libelle Std.	085	16. 01. 63	GST, single seat high performance sailplane	cnl 04. 11. 74
DM-	2586	Lom-58/I Libelle Std.	086	24. 04. 62	GST, single seat high performance sailplane	cnl 03. 05. 74
DM-	2587	Lom-58/I Libelle Std.	087	12. 05. 62	GST, single seat high performance sailplane	cnl 06. 08. 80
DM- DDR-	2588	Lom-58/I Libelle Std.	088	13. 05. 62	GST, single seat high performance sailplane	cnl 01. 03. 83
DM-	2589	Lom-58/I Libelle Std.	089	26. 06. 62	GST, single seat high performance sailplane crashed	w/o 12. 09. 63
DM- DDR-	2590	Lom-58/I Libelle Std.	090	10. 07. 62	GST, single seat high performance sailplane	cnl 01. 02. 83
DM-	2591	Lom-58/I Libelle Std.	091	26. 11. 62	ASV, single seat high performance sailplane	cnl 09. 01. 78
DM- DDR-	2592	Lom-58/I Libelle Std.	092	14. 01. 63	ASV, single seat high performance sailplane	cnl 23. 02. 84
DM-	2593	Lom-58/I Libelle Std.	093	14. 01. 63	ASV, single seat high performance sailplane 08. 11. 68 transfer to GST	cnl 19. 08. 76
DM- DDR-	2594	Lom-58/I Libelle Std.	094	14. 01. 63	GST, single seat high performance sailplane	cnl 01. 09. 83
DM- DDR-	2595	Lom-58/I Libelle Std.	095	09. 04. 63	GST, single seat high performance sailplane	cnl 10. 07. 89
DM-	2596	Lom-58/I Libelle Std.	096	16. 01. 63	GST, single seat high performance sailplane	cnl 24. 01. 78
DM- DDR-	2597	Lom-58/I Libelle Std.	097	16. 01. 63	GST, single seat high performance sailplane	cnl 01. 02. 83
DM- DDR-	2598	Lom-58/I Libelle Std.	098	13. 05. 63	GST, single seat high performance sailplane	
DM-	2599	Lom-58/II Libelle Laminar	099	27. 10. 69	GST, single seat high performance sailplane (ex prototype of Laminar version)	cnl 22. 03. 77

Prototype der Libelle-Laminar (DDR-2599)
prototype of Libelle-Laminar (DDR-2599)

DM- 2650	Lom-58/II Libelle Lam.	067	19. 05. 61	ASV, single seat high performance sailplane	cnl 26. 01. 73	
DM- DDR- 2651	Lom-58/II Libelle Lam.	066	21. 03. 62	GST, single seat high performance sailplane	cnl 01. 02. 83	
DM- 2652	Lom-58/II Libelle Lam.	068	21. 03. 62	GST, single seat high performance sailplane	cnl 09. 03. 71	
DM- DDR- 2653	Lom-58/II Libelle Lam.	0653	04. 02. 62	GST, single seat high performance sailplane	cnl 23. 02. 84	preserved at Aeroclub-Museum Finsterwalde
DM- DDR- 2654	Lom-58/II Libelle Lam.	0654	22. 07. 61	GST, single seat high performance sailplane	cnl 23. 02. 84	
DM- 2655	Lom-58/II Libelle Lam.	0655	22. 07. 61	GST, single seat high performance sailplane	cnl 30. 05. 74	
DM- 2656	Lom-58/II Libelle Lam.	0656	26. 09. 61	GST, single seat high performance sailplane	cnl 19. 08. 76	
DM- 2657	Lom-58/II Libelle Lam.	0657	09. 10. 61	GST, single seat high performance sailplane	cnl 19. 08. 76	
DM- 2658	Lom-58/II Libelle Lam.	0658	09. 10. 61	GST, single seat high performance sailplane	cnl 04. 11. 74	
DM- 2659	Lom-58/II Libelle Lam.	0659	13. 10. 61	GST, single seat high performance sailplane	cnl 05. 07. 79	
DM- 2660	Lom-58/II Libelle Lam.	0660	25. 10. 61	GST, single seat high performance sailplane	cnl 30. 05. 74	
DM- 2661	Lom-58/II Libelle Lam.	0661	25. 10. 61	GST, single seat high performance sailplane crashed	w/o 24. 03. 75	
DM- 2662	Lom-58/II Libelle Lam.	0662	25. 10. 61	GST, single seat high performance sailplane	cnl 17. 05. 77	
DM- 2663	Lom-58/II Libelle Lam.	0663	22. 01. 62	GST, single seat high performance sailplane	cnl 19. 01. 77	
DM- 2664	Lom-58/II Libelle Lam.	0664	27. 01. 62	GST, single seat high performance sailplane crashed	w/o 26. 06. 63	
DM- 2665	Lom-58/II Libelle Lam.	0665	27. 01. 62	GST, single seat high performance sailplane	cnl 30. 05. 74	
DM- 2666	Lom-58/II Libelle Lam.	0666	05. 02. 62	GST, single seat high performance sailplane crashed on landing at Eggersdorf	w/o 03. 06. 72	
DM- 2667	Lom-58/II Libelle Lam.	0667	05. 02. 62	GST, single seat high performance sailplane	cnl 20. 08. 71	
DM- 2668	Lom-58/II Libelle Lam.	0668	23. 02. 62	GST, single seat high performance sailplane	cnl 27. 02. 79	
DM- 2669	Lom-58/II Libelle Lam.	0669	23. 02. 62	GST, single seat high performance sailplane crashed K.-M.-Stadt (Chemnitz)	w/o 21. 07. 67	
DM- 2670	Lom-58/II Libelle Lam.	0670	22. 02. 62	GST, single seat high performance sailplane crashed Neustadt-Glewe	w/o 25. 05. 67	

DM- DDR-	**2700**	Lom-61 Favorit	0700 V-1	27. 11. 63	GST, single seat high performance sailplane	cnl 03. 12. 87
DM-	**2701**	Lom-61 Favorit	0701 V-2	27. 11. 63	GST, single seat high performance sailplane	cnl 09. 01. 78
DM-	**2702***	Lom-61 Favorit	0702	. 63	GST, single seat high performance sailplane crashed Neustadt-Glewe	w/o . 63
DM-	**2703**	Lom-61 Favorit	0703	27. 11. 63	GST, single seat high performance sailplane	cnl 20. 08. 73
DM- DDR-	**2704**	Lom-61 Favorit	0704	27. 11. 63	GST, single seat high performance sailplane	cnl 01. 02. 89

Lom-61 Favorit DDR-2700

DM-	**2800**	SZD-51-1 Junior	W 961	04. 05. 87	GST, single seat sport- and training sailplane
DM- DDR-	**2801**	SZD-51-1 Junior	B 1844	01. 03. 90	GST, single seat sport- and training sailplane
DDR-	**2802**	SZD-51-1 Junior	B 1919	01. 03. 90	GST, single seat sport- and training sailplane
DDR-	**2803**	SZD-51-1 Junior	B 1918	01. 03. 90	GST, single seat sport- and training sailplane
DDR-	**2804**	SZD-51-1 Junior	B 1920	01. 03. 90	GST, single seat sport- and training sailplane
DDR-	**2805**	SZD-51-1 Junior	B 1922	01. 03. 90	GST, single seat sport- and training sailplane
DDR-	**2806**	SZD-51-1 Junior	B 1923	01. 03. 90	GST, single seat sport- and training sailplane
DDR-	**2807**	SZD-51-1 Junior	B 1924	01. 03. 90	GST, single seat sport- and training sailplane

NAGEMA Patriot

LF-109 Pionyr

DDR- DM-	3000	NAGEMA Patriot	0262	. 52	FDJ, two seat training sailplane, later to GST (first sailplane designed and build in GDR!)	cnl 17. 02. 61
DM- DDR-		SZD-9bis Bocian 1E	P 705	02. 03. 76	GST, two seat training sailplane	
DDR- DM-	3001	LF-109 Pionyr	53 140	02. 10. 53	GST, two seat training sailplane	cnl 04. 05. 62
DM- DDR-		SZD-9bis Bocian 1E	P 706	06. 04. 76	GST, two seat training sailplane	
DDR- DM-	3002	LF-109 Pionyr	53 141	02. 09. 53	GST, two seat training sailplane	cnl 20. 08. 60
DM- DDR-		SZD-9bis Bocian 1E	P 713	20. 02. 76	GST, two seat training sailplane	
DDR- DM-	3003	LF-109 Pionyr	53 139	10. 10. 53	GST, two seat training sailplane	cnl 19. 05. 61
DM- DDR-		SZD-9bis Bocian 1E	P 714	13. 04. 76	GST, two seat training sailplane	
DDR- DM-	3004	LF-109 Pionyr	53 Ub-01	13. 01. 54	GST, two seat training sailplane	cnl 19. 05. 61
DM- DDR-		SZD-9bis Bocian 1E	P 716	20. 02. 76	GST, two seat training sailplane	
DDR- DM-	3005	LF-109 Pionyr	53 215	01. 07. 53	GST, two seat training sailplane	04. 07. 61
DM- DDR-		SZD-9bis Bocian 1E	P 717	20. 02. 76	GST, two seat training sailplane	
DDR- DM-	3006	LF-109 Pionyr	214/1021	22. 08. 53	GST, two seat training sailplane	cnl 02. 01. 63
DM- DDR-		SZD-9bis Bocian 1E	P 718	20. 02. 76	GST, two seat training sailplane	
DDR- DM-	3007	LF-109 Pionyr	CH 03-06	15. 04. 54	GST, two seat training sailplane	cnl 04. 05. 62
DM- DDR-		SZD-9bis Bocian 1E	P 719	20. 02. 76	GST, two seat training sailplane	
DDR- DM-	3008	LF-109 Pionyr	CH 03-12	06. 10. 54	GST, two seat training sailplane	cnl 10. 01. 61
DM- DDR-		SZD-9bis Bocian 1E	P 720	05. 05. 76	GST, two seat training sailplane (ex DDR-3308)	
DDR-	3009	LF-109 Pionyr	CH 03-14	06. 10. 54	TH Dresden, two seat training sailplane crashed Riesa-Gohlis, lost stabilizer in flight	w/o 18. 07. 60
DM- DDR-		SZD-9bis Bocian 1E	P 721	25. 02. 76	GST, two seat training sailplane	

DDR- DM-	**3010**	LF-109 Pionyr	CH 03-13	24. 09. 54	GST, two seat training sailplane	cnl 29. 01. 64
DM- DDR-		SZD-9bis Bocian 1E	P 722	06. 04. 76	GST, two seat training sailplane	
DDR- DM-	**3011**	LF-109 Pionyr	CH 03-11	30. 09. 54	GST, two seat training sailplane	cnl 19. 05. 61
DM- DDR-		SZD-9bis Bocian 1E	P 723	06. 04. 76	GST, two seat training sailplane	
DDR- DM-	**3012**	LF-109 Pionyr	CH 03-10	24. 09. 54	GST, two seat training sailplane	cnl 10. 01. 61
DM- DDR-		SZD-9bis Bocian 1E	P 725	05. 05. 76	GST, two seat training sailplane	
DDR- DM-	**3013**	LF-109 Pionyr	CH 03-15	. 54	GST, two seat training sailplane	cnl 04. 05. 62
DM- DDR-		SZD-9bis Bocian 1E	P 726	05. 05. 76	GST, two seat training sailplane	
DM- DDR-	**3014**	SZD-9bis Bocian 1E	P 727	05. 05. 76	GST, two seat training sailplane	
DDR-	**3015**	LF-109 Pionyr	CH 03-08	17. 09. 54	KVP-Luft, two seat training sailplane crashed	w/o 23. 10. 55
DM- DDR-		SZD-9bis Bocian 1E	P 728	05. 05. 76	GST, two seat training sailplane	
DDR- DM-	**3016**	LF-109 Pionyr	CH 03-09	17. 09. 54	KVP-Luft, two seat training sailplane later to ASV	cnl 27. 01. 61
DM-		LF-109 Pionyr	CH 10-16	30. 09. 61	ASV, two seat training sailplane	cnl 30. 12. 65
DM- DDR-		SZD-9bis Bocian 1E	P 733	19. 05. 76	GST, two seat training sailplane	
DDR- DM-	**3017**	SZD-9 Bocian 1C	268	23. 05. 55	GST, two seat high performance sailplane	cnl 09. 03. 71
DM- DDR-		SZD-9bis Bocian 1E	P 734	19. 05. 76	GST, two seat training sailplane	
DDR- DM-	**3018**	LF-109 Pionyr	1004	11. 07. 55	GST, two seat training sailplane	cnl 10. 01. 61
DM- DDR-		SZD-9bis Bocian 1E	P 443	06. 02. 69	GST, two seat training sailplane	cnl 10. 07. 89
DDR- DM-	**3019**	LF-109 Pionyr	1005	. 55	GST, two seat training sailplane	cnl 02. 12. 64
DM- DDR-		SZD-9bis Bocian 1E	P 444	06. 02. 69	GST, two seat training sailplane	

DDR- DM-	**3020**	LF-109 Pionyr	1006	. 55	Soviet Air Force-Jüterbog, two seat training sailplane crashed at Jüterbog	w/o 20. 08. 60
DM- DDR-		SZD-9bis Bocian 1E	P 445	30. 12. 68	GST, two seat training sailplane	cnl 05. 04. 90
DDR- DM-	**3021**	LF-109 Pionyr	0930	14. 07. 55	GST, two seat training sailplane	cnl 10. 01. 61
DM- DDR-		SZD-9bis Bocian 1E	P 446	30. 12. 68	GST, two seat training sailplane	cnl 10. 07. 89
DDR- DM-	**3022**	LF-109 Pionyr	1010	11. 07. 55	GST, two seat training sailplane	cnl 04. 07. 61
DM- DDR-		SZD-9bis Bocian 1E	P 447	07. 02. 69	GST, two seat training sailplane destroyed by fire during overhaul at Jeczow/Poland 1983	cnl 01. 06. 84
DDR-	**3023**	LF-109 Pionyr	1001	20. 07. 55	GST, two seat training sailplane crashed	w/o 14. 06. 56
DM- DDR-		SZD-9bis Bocian 1E	P 448	07. 02. 69	GST, two seat training sailplane	
DDR- DM-	**3024**	LF-109 Pionyr	1003	20. 07. 55	GST, two seat training sailplane	cnl 24. 10. 61
DM- DDR-		SZD-9bis Bocian 1E	P 449	09. 02. 69	GST, two seat training sailplane	
DDR- DM-	**3025**	LF-109 Pionyr	1007	20. 07. 55	GST, two seat training sailplane	cnl 17. 11. 60
DM- DDR-		SZD-9bis Bocian 1E	P 450	04. 03. 69	GST, two seat training sailplane	cnl 10. 07. 89
DDR- DM-	**3026**	LF-109 Pionyr	1008	20. 07. 55	GST, two seat training sailplane	cnl 11. 04. 62
DM- DDR-		SZD-9bis Bocian 1E	P 451	04. 03. 69	GST, two seat training sailplane	
DDR- DM-	**3027**	LF-109 Pionyr	1009	20. 07. 55	GST, two seat training sailplane	cnl 02. 01. 63
DM- DDR-		SZD-9bis Bocian 1E	P 452	04. 03. 69	GST, two seat training sailplane	
DDR- DM-	**3028**	SZD-9bis Bocian 1C	P 275	19. 08. 55	GST, two seat high performance sailplane	cnl 09. 03. 71
DDR-	**3029**	Z-03 Ifjuság	012	19. 08. 55	GST, two seat training sailplane (ex: HA-5157)	cnl 20. 05. 61
DM- DDR-		SZD-9bis Bocian 1E	P 453	04. 03. 69	GST, two seat training sailplane crashed at Schönhagen, wingspar failed in flight	w/o 03. 07. 79

DDR- DM-	**3030**	LF-109 Pionyr	CH-1013	24. 09. 55	ASV, two seat training sailplane	cnl 30. 12. 65
DM- DDR-		SZD-9bis Bocian 1E	P 454	04. 03. 69	GST, two seat training sailplane	
DDR- DM-	**3031**	FES-530 Lehrmeister	V II	01. 11. 55	VEB Waggonbau Gotha, VEB Apparatebau Lommatzsch two seat training sailplane (prototype)	cnl 17. 11. 60
DM- DDR-		SZD-9bis Bocian 1E	P 455	06. 02. 69	GST, two seat training sailplane	
DDR- DM-	**3032**	LF-109 Pionyr	CH-1002	20. 06. 56	GST, two seat training sailplane	cnl 19. 05. 61
DM- DDR-		SZD-9bis Bocian 1E	P 456	06. 02. 69	GST, two seat training sailplane	
DDR- DM-	**3033**	SZD-9 Bocian 1C	P 278	04. 07. 56	TH Dresden, two seat high performance sailplane crashed	w/o 19. 08. 60
DM- DDR-		SZD-9bis Bocian 1E	P 457	06. 02. 69	GST, two seat training sailplane	
DDR- DM-	**3034**	LF-109 Pionyr	CH-0612	. 57	GST, two seat training sailplane	cnl 04. 06. 62
DM-		SZD-9bis Bocian 1D	P 377	03. 07. 68	GST, two seat training sailplane (ex SP-1950)	cnl 30. 05. 74
DDR- DM-	**3035**	LF-109 Pionyr	CH-1014	21. 03. 57	GST, two seat training sailplane	cnl 30. 12. 65
DM-		SZD-9bis Bocian 1D	P 345	04. 07. 68	GST, two seat training sailplane (ex SP-2049)	cnl 17. 05. 77
DDR- DM-	**3036**	LF-109 Pionyr	CH-1017	. 57	GST, two seat training sailplane	cnl 19. 04. 63
DM-		SZD-9bis Bocian 1D	P 365	04. 07. 68	GST, two seat training sailplane (ex SP-2059), crashed	w/o 07. 05. 73
DDR- DM-	**3037**	LF-109 Pionyr	CH- 0922	03. 03. 57	GST, two seat training sailplane	cnl 10. 01. 61
DM-		SZD-9bis Bocian 1E	P 458	30. 04. 69	GST, two seat training sailplane	
DM- DDR-	**3038**	SZD-9bis Bocian 1E	P 459	17. 04. 69	GST, two seat training sailplane	
DDR- DM-	**3039**	LF-109 Pionyr	CH-0923	27. 04. 57	GST, two seat training sailplane	cnl 19. 04. 63
DM- DDR-		SZD-9bis Bocian 1E	P 460	17. 04. 69	GST, two seat training sailplane	cnl 10. 07. 89

DDR- DM-	3040	LF-109 Pionyr	CH-1015	05. 11. 56	GST, two seat training sailplane	cnl 14. 12. 64
DM- DDR-		SZD-9bis Bocian 1E	P 461	22. 04. 69	GST, two seat training sailplane	
DDR- DM-	3041	LF-109 Pionyr	CH-1012	09. 01. 57	GST, two seat training sailplane	cnl 19. 05. 61
DM- DDR-		SZD-9bis Bocian 1E	P 464	23. 05. 69	GST, two seat training sailplane	
DDR- DM-	3042	LF-109 Pionyr	CH-0921	. 57	GST, two seat training sailplane	cnl 22. 02. 66
DM- DDR-		SZD-9bis Bocian 1E	P 465	23. 05. 69	GST, two seat training sailplane	
DDR- DM-	3043	LF-109 Pionyr	CH-1020	01. 04. 57	GST, two seat training sailplane	cnl 13. 02. 62
DM- DDR-		SZD-9bis Bocian 1E	P 466	23. 05. 69	GST, two seat training sailplane	cnl 10. 07. 89
DDR- DM-	3044	LF-109 Pionyr	CH-1011	22. 03. 57	GST, two seat training sailplane	cnl 10. 01. 61
DM- DDR-		SZD-9bis Bocian 1E	P 467	23. 05. 69	GST, two seat training sailplane	
DM- DDR-	3045	SZD-9bis Bocian 1E	P 468	23. 05. 69	GST, two seat training sailplane	
DDR- DM-	3046	LF-109 Pionyr	CH-1018	21. 05. 57	GST, two seat training sailplane	cnl 19. 05. 61
DM- DDR-		SZD-9bis Bocian 1E	P 469	23. 05. 69	GST, two seat training sailplane	
DM- DDR-	3047	SZD-9bis Bocian 1E	P 470	20. 08. 68	GST, two seat training sailplane	
DM- DDR-	3048	SZD-9bis Bocian 1E	P 471	20. 08. 68	GST, two seat training sailplane	cnl 03. 12. 87
DDR- DM-	3049	LF-109 Pionyr	CH-0924	26. 02. 57	GST, two seat training sailplane crashed	w/o 17. 12. 59
DM- DDR-		SZD-9bis Bocian 1E	P 472	19. 08. 69	GST, two seat training sailplane	cnl 01. 06. 84

DDR-3006
Pionyr

DDR- DM-	**3050**	SZD-9 Bocian 1C	P 283	20. 07. 57	ASV, two seat high performance sailplane	cnl 15. 01. 69
DDR- DM-	**3051**	FES-530 Lehrmeister	0051	30. 04. 57	GST, two seat training sailplane	cnl 05. 05. 69
DDR- DM-	**3052**	FES-530 Lehrmeister	0052	04. 05. 57	GST, two seat training sailplane crashed	w/o 19. 08. 61
DM- DDR-		SZD-9bis Bocian 1E	P 474	19. 09. 69	GST, two seat training sailplane	cnl 11. 02. 85
DDR- DM-	**3053**	FES-530 Lehrmeister	0053	07. 05. 57	GST, two seat training sailplane	cnl 20. 01. 73
DDR-	**3054**	FES-530 Lehrmeister	0054	21. 05. 57	Industriewerk Karl-Marx-Stadt (Chemnitz) two seat training sailplane, crashed	w/o 24. 06. 57
DM- DDR-		SZD-9bis Bocian 1E	P 475	16. 10. 69	GST, two seat training sailplane	
DDR- DM-	**3055**	FES-530 Lehrmeister	0055	29. 05. 57	GST, two seat training sailplane	cnl 13. 11. 61
DM- DDR-		SZD-9bis Bocian 1E	P 476	16. 10. 69	GST, two seat training sailplane destroyed by fire during overhaul at Jeczow/Poland 1983	cnl 01. 06. 84
DDR- DM-	**3056**	FES-530 Lehrmeister	0056	. 57	GST, two seat training sailplane	cnl 22. 01. 71
DDR-	**3057**	FES-530 Lehrmeisterr	0057	15. 06. 57	GST, two seat training sailplane crashed	w/o 09. 12. 59
DM- DDR-		SZD-9bis Bocian 1E	P 477	24. 12. 69	GST, two seat training sailplane	
DDR- DM-	**3058**	FES-530 Lehrmeister	0058	11. 06. 57	GST, two seat training sailplane	cnl 09. 08. 68
DM- DDR-		SZD-9bis Bocian 1E	P 478	24. 12. 69	GST, two seat training sailplane	cnl 10. 07. 89
DDR- DM-	**3059**	FES-530 Lehrmeister	0059	13. 06. 57	GST, two seat training sailplane	cnl 05. 05. 70
DDR- DM-	**3060**	FES-530 Lehrmeister	0060	13. 06. 57	GST, two seat training sailplane	cnl 17. 04. 73
DDR- DM-	**3061**	FES-530 Lehrmeister	0061	19. 06. 57	GST, two seat training sailplane	cnl 18. 02. 76
DM-	**3062**	FES-530 Lehrmeister	0062	25. 03. 59	GST, two seat training sailplane	cnl 26. 01. 73
DDR- DM-	**3063**	FES-530 Lehrmeister	0063	20. 06. 57	GST, two seat training sailplane crashed	w/o 09. 08. 63
DM- DDR-		SZD-9bis Bocian 1E	P 479	18. 11. 69	GST, two seat training sailplane	
DDR- DM-	**3064**	FES-530 Lehrmeister	0064	22. 06. 57	GST, two seat training sailplane	cnl 26. 01. 73

3065- 3069

DDR- DM-	**3065**	FES-530 Lehrmeister	0065	25. 07. 57	GST, two seat training sailplane	cnl 26. 01. 73
DDR- DM-	**3066**	FES-530 Lehrmeister	0066	26. 06. 57	GST, two seat training sailplane	cnl 05. 09. 72
DDR-	**3067**	FES-530 Lehrmeisterr	0067	26. 06. 57	GST, two seat training sailplane crashed	w/o 17. 12. 59
DM- DDR-		SZD-9bis Bocian 1E	P 480	16. 06. 70	GST, two seat training sailplane	
DDR- DM-	**3068**	FES-530 Lehrmeister	0068	28. 06. 57	GST, two seat training sailplane	cnl 02. 05. 72
DM- DDR-		SZD-9bis Bocian 1E	P 753	21. 04. 77	GST, two seat training sailplane	
DDR- DM-	**3069**	FES-530 Lehrmeister	0069	20. 06. 57	GST, two seat training sailplane	cnl 14. 10. 74
DM- DDR-		SZD-9bis Bocian 1E	P 754	23. 11. 76	GST, two seat training sailplane	

DDR- DM-	**3070**	FES-530 Lehrmeister	0070	28. 06. 57	GST, two seat training sailplane crashed Kamenz	w/o 02. 05. 71	
DM- DDR-		SZD-9bis Bocian 1E	P 756	23 .02. 77	GST, two seat training sailplane		
DDR- DM-	**3071**	FES-530 Lehrmeister	0071	27. 07. 57	GST, two seat training sailplane	cnl 24. 02. 77	
DM- DDR-		SZD-9bis Bocian 1E	P 757	23. 02. 77	GST, two seat training sailplane		
DDR- DM-	**3072**	FES-530 Lehrmeister	0072	15. 08. 57	GST, two seat training sailplane	cnl 15. 01. 69	
DM- DDR-		SZD-9bis Bocian 1E	P 758	25. 01. 77	GST, two seat training sailplane		
DDR- DM-	**3073**	FES-530 Lehrmeister	0073	15. 08. 57	GST, two seat training sailplane	cnl 24. 02. 77	
DM- DDR-		SZD-9bis Bocian 1E	P 762	23. 02. 77	GST, two seat training sailplane		
DDR- DM-	**3074**	FES-530 Lehrmeister	0074	15. 08. 57	GST, two seat training sailplane	cnl 20. 08. 71	
DM- DDR-		SZD-9bis Bocian 1E	P 763	17. 03. 77	GST, two seat training sailplane		
DDR- DM-	**3075**	FES-530 Lehrmeister	0075	26. 08. 57	GST, two seat training sailplane	cnl 02. 05. 72	
DM- DDR-		SZD-9bis Bocian 1E	P 764	03. 05. 77	GST, two seat training sailplane		
DDR- DM-	**3076**	FES-530 Lehrmeister	0076	27. 08. 57	GST, two seat training sailplane	cnl 26. 01. 73	
DM- DDR-		SZD-9bis Bocian 1E	P 765	03. 05. 77	GST, two seat training sailplane		
DDR- DM-	**3077**	FES-530 Lehrmeister	0077	03. 09. 57	GST, two seat training sailplane	cnl 25. 04. 77	
DM- DDR-		SZD-9bis Bocian 1E	P 766	06. 05. 77	GST, two seat training sailplane		
DDR- DM-	**3078**	FES-530 Lehrmeister	0078	03. 09. 57	GST, two seat training sailplane	cnl 05. 09. 72	
DDR- DM-	**3079**	FES-530 Lehrmeister	0079	10. 09. 57	GST, two seat training sailplane	cnl 02. 05. 72	
DDR- DM-	**3080**	FES-530 Lehrmeister	0080	19. 09. 57	GST, two seat training sailplane	cnl 26. 01. 73	
DDR- DM-	**3081**	FES-530 Lehrmeisterr	0081	30. 09. 57	GST, two seat training sailplane	cnl 02. 06. 70	
DDR- DM-	**3082**	FES-530 II Lehrmeister	0082	02. 10. 57	GST, two seat training sailplane	cnl 04. 08. 70	
DDR- DM-	**3083**	FES-530 Lehrmeister	0083	30. 10. 57	GST, two seat training sailplane	cnl 04. 11. 74	
DDR-	**3084**	FES-530 Lehrmeister	0084	. 57	Apparatebau Lommatzsch, two seat training sailplane (Reg. for test flights only)	sold . 57	to Syria
DM- DDR-		SZD-9bis Bocian 1E	P 481	29. 04. 70	GST, two seat training sailplane		

DM-3208

DDR-3028

DDR-3202

DDR-3029

DDR-	3085	FES-530 Lehrmeister	0085	. 57	Apparatebau Lommatzsch, two seat training sailplane (Reg. for test flights only)	sold . 57	to Syria
DM- DDR-		SZD-9bis Bocian 1E	P 482	28. 07. 70	GST, two seat training sailplane		
DDR- DM-	3086	FES-530 Lehrmeister	0086	09. 12. 57	GST, two seat training sailplane	cnl 02. 05. 72	
DDR- DM-	3087	FES-530 Lehrmeister	0087	31. 12. 57	GST, two seat training sailplane	cnl 17. 04. 73	
DDR- DM-	3088	FES-530 Lehrmeister	0088	28. 12. 57	GST, two seat training sailplane crashed Schöngleina	w/o 25. 10. 70	
DDR- DM-	3089	FES-530 Lehrmeister	0089	24. 12. 57	GST, two seat training sailplane crashed Brandenburg	w/o 29. 08. 70	
DDR- DM-	3090	FES-530 Lehrmeister	0090	10. 12. 57	GST, two seat training sailplane	cnl 25. 04. 77	
DDR- DM-	3091	FES-530 Lehrmeister	0091	23. 12. 57	GST, two seat training sailplane	cnl 26. 01. 73	
DM-	3092	FES-530 Lehrmeister	0092	08. 01. 58	GST, two seat training sailplane	cnl 30. 05. 74	
DM-	3093	FES-530 Lehrmeister	0093	06. 01. 58	GST, two seat training sailplane crashed	w/o 26. 07. 60	
DM- DDR-		SZD-9bis Bocian 1E	P 483	12. 05. 70	GST, two seat training sailplane		
DM-	3094	FES-530 Lehrmeister	0094	09. 01. 58	GST, two seat training sailplane	cnl 05. 09. 72	
DM-	3095	FES-530 Lehrmeister	0095	06. 03. 58	GST, two seat training sailplane	cnl 04. 11. 74	
DM-	3096	FES-530 Lehrmeister	0096	06. 05. 61	GST, two seat training sailplane crashed Eggersdorf	w/o 16. 06. 68	
DM- DDR-		SZD-9bis Bocian 1E	P 484	08. 05. 70	GST, two seat training sailplane		
DM-	3097	FES-530 Lehrmeister	0097	07. 03. 58	GST, two seat training sailplane	cnl 20. 12. 73	
DM-	3098	FES-530 Lehrmeister	0098	07. 03. 58	GST, two seat training sailplane crashed	w/o 09. 05. 63	
DM- DDR-		SZD-9bis Bocian 1E	P 485	08. 05. 70	GST, two seat training sailplane		
DM-	3099	FES-530 Lehrmeister	0059	04. 03. 58	GST, two seat training sailplane	cnl 18. 02. 76	

DDR-3101

DM-3179

DM-	3100	FES-530 Lehrmeister	0100	14. 04. 58	GST, two seat training sailplane	cnl 02. 05. 72	
DM-	3101	FES-530 Lehrmeister	0101	19. 03. 58	GST, two seat training sailplane	cnl 05. 09. 72	
DM-	3102	FES-530 Lehrmeister	0102	. 58	GST, two seat training sailplane	cnl 05. 09. 72	
DM-	3103	FES-530 Lehrmeister	0103	31. 03. 58	GST, two seat training sailplane	cnl 22. 01. 71	
DM-	3104	FES-530 Lehrmeister	0104	31. 03. 58	GST, two seat training sailplane	cnl 04. 11. 74	
DM-	3105	FES-530 Lehrmeister	0105	31. 04. 58	GST, two seat training sailplane	cnl 26. 01. 73	
DM-	3106	FES-530 Lehrmeister	0106	02. 04. 58	GST, two seat training sailplane	cnl 18. 02. 76	
DM-	3107	FES-530 Lehrmeister	0107	25. 04. 58	GST, two seat training sailplane	cnl 04. 11. 74	
DM-	3108	FES-530 Lehrmeister	0108	13. 05. 58	GST, two seat training sailplane crashed Borna	w/o 28. 07. 68	
DM-	3109	FES-530 Lehrmeister	0109	13. 05. 58	GST, two seat training sailplane	cnl 05. 09. 72	
DM-	3110	FES-530 Lehrmeister	0110	04. 06. 58	GST, two seat training sailplane	cnl 17. 04. 73	
DM-	3111	FES-530 Lehrmeister	0111	12. 12. 58	GST, two seat training sailplane	cnl 26. 01. 73	
DM-	3112	FES-530 Lehrmeister	0112	02. 07. 58	GST, two seat training sailplane crashed	w/o 27. 11. 63	
DM-	3113	FES-530 Lehrmeister	0113	30. 07. 58	GST, two seat training sailplane	cnl 02. 05. 72	
DM-	3114	FES-530 Lehrmeister	0114	31. 07. 58	GST, two seat training sailplane	cnl 30. 05. 74	
DM-	3115	FES-530 Lehrmeister	0115	05. 08. 58	GST, two seat training sailplane	cnl 17. 04. 73	
DM-	3116	FES-530 Lehrmeister	0116	05. 08. 58	GST, two seat training sailplane	cnl 26. 01. 73	
DM-	3117	FES-530 Lehrmeister	0117	31. 07. 58	GST, two seat training sailplane	cnl 26. 01. 73	
DM-	3118	FES-530 Lehrmeister	0118	. 58	Apparatebau Lommatzsch, two seat training sailplane (Reg. for test flight only)	sold . 58	to Syria
DM-	3119	FES-530 Lehrmeister	0119	29. 07. 58	GST, two seat training sailplane	cnl 20. 12. 73	
DM-	3120	FES-530 Lehrmeister	0120	05. 08. 58	GST, two seat training sailplane	cnl 17. 04. 73	
DM-	3121	FES-530 Lehrmeister	0121	28. 07. 58	GST, two seat training sailplane	cnl 27. 05. 63	
DM-	3122	FES-530 Lehrmeister	0122	02. 09. 58	GST, two seat training sailplane	cnl 04. 11. 74	
DM-	3123	FES-530 Lehrmeister	0123	05. 08. 58	GST, two seat training sailplane crashed	w/o 09. 12. 59	
DM-	3124	FES-530 Lehrmeister	0124	15. 08. 58	GST, two seat training sailplane	cnl 02. 05. 72	

DM-	3125	FES-530 Lehrmeister	0125	13. 08. 58	GST, two seat training sailplane	cnl 04. 11. 74
DM-	3126	FES-530 Lehrmeister	0126	19. 08. 58	ASV, two seat training sailplane	cnl 22. 05. 67
DM-	3127	FES-530 Lehrmeister	0127	13. 10. 58	GST, two seat training sailplane	cnl 02. 05. 72
DM-	3128	FES-530 Lehrmeister	0128	13. 10. 58	ASV, two seat training sailplane	cnl 02. 05. 72
DM-	3129	FES-530 Lehrmeister	0129	13. 10. 58	ASV, two seat training sailplane	cnl 08. 09. 71
DM-	3130	FES-530 Lehrmeister	0130	04. 08. 58	GST, two seat training sailplane crashed	w/o 11. 08. 62
DM-	3131	FES-530 Lehrmeister	0131	21. 10. 58	GST, two seat training sailplane crashed	w/o 08. 07. 60
DM-	3132	FES-530/I Lehrmeister	0132	21. 10. 58	GST, two seat training sailplane	cnl 26. 01. 73
DM-	3133	FES-530/I Lehrmeister	0133	21. 10. 58	GST, two seat training sailplane	cnl 04. 11. 74
DM-	3134	FES-530/I Lehrmeister	0134	06. 10. 58	GST, two seat training sailplane	cnl 17. 05. 77
DM-	3135	FES-530 Lehrmeister	0135	12. 11. 58	GST, two seat training sailplane	cnl 20. 08. 73
DM-	3136	FES-530 Lehrmeister	0136	30. 10. 58	ASV, two seat training sailplane	cnl 20. 08. 71
DM-	3137	FES-530 Lehrmeister	0137	12. 11. 58	GST, two seat training sailplane	cnl 08. 09. 71
DM-	3138	FES-530 Lehrmeister	0138	12. 11. 58	GST, two seat training sailplane	cnl 20. 08. 73
DM-	3139	FES-530 Lehrmeister	0139	18. 11. 58	GST, two seat training sailplane	cnl 05. 09. 72
DM-	3140	FES-530 Lehrmeister	0140	27. 01. 59	GST, two seat training sailplane crashed Güstrow	w/o 10. 08. 69
DM-	3141	FES-530 Lehrmeister	0141	27. 01. 59	GST, two seat training sailplane	cnl 17. 04. 73
DM-	3142	FES-530 Lehrmeister	0142	27. 01. 59	GST, two seat training sailplane	cnl 17. 04. 73
DM-	3143	FES-530 Lehrmeister	0143	27. 01. 59	GST, two seat training sailplane	cnl 26. 01. 73
DM-	3144	FES-530 Lehrmeister	0144	27. 01. 59	GST, two seat training sailplane	cnl 04. 11. 74
DM-	3145	FES-530 Lehrmeister	0145	27. 01. 59	GST, two seat training sailplane	cnl 17. 04. 73
DM-	3146	FES-530 Lehrmeister	0146	27. 01. 59	GST, two seat training sailplane	cnl 19. 01. 77
DM-	3147	FES-530 Lehrmeister	0147	17. 03. 59	GST, two seat training sailplane crashed	w/o 06. 12. 60
DM-	3148	FES-530 Lehrmeister	0148	17. 03. 59	GST, two seat training sailplane	cnl 04. 11. 74
DM-	3149	FES-530 Lehrmeister	0149	03. 03. 59	GST, two seat training sailplane	cnl 30. 12. 76

DM-	3150	FES-530/II Lehrmeister	0150	18. 03. 59	GST, two seat training sailplane	cnl 22. 03. 77	
DM-	3151	FES-530/II Lehrmeister	0151	25. 05. 59	GST, two seat training sailplane	cnl 18. 02. 76	
DM-	3152	FES-530/II Lehrmeister	0152	24. 04. 59	GST, two seat training sailplane	cnl 17. 05. 77	
DM-	3153	FES-530/II Lehrmeister	0153	25. 05. 59	GST, two seat training sailplane	cnl 26. 01. 73	
DM-	3154	FES-530/II Lehrmeister	0154	05. 05. 59	GST, two seat training sailplane	cnl 19. 01. 77	
DM-	3155	FES-530/I Lehrmeister	0155	. 59	Apparatebau Lommatzsch, two seat training sailplane (Reg. for test flying only)	sold . 59	to Danmark as OY-XAL
DM-	3156	FES-530/II Lehrmeister	0156	04. 05. 59	GST, two seat training sailplane	cnl 24. 01. 78	
DM-	3157	FES-530/II Lehrmeister	0157	05. 05. 59	GST, two seat training sailplane	cnl 02. 05. 72	
DM-	3158	FES-530/II Lehrmeister	0158	26. 05. 59	GST, two seat training sailplane	cnl 25. 04. 77	
DM-	3159	FES-530/II Lehrmeister	0159	23. 05. 59	GST, two seat training sailplane	cnl 20. 12. 73	
DM-	3160	FES-530/II Lehrmeister	0160	27. 05. 59	GST, two seat training sailplane	cnl 06. 08. 80	
DM-	3161	FES-530/II Lehrmeister	0161	25. 05. 59	GST, two seat training sailplane	cnl 08. 02. 79	
DM-	3162	FES-530/II Lehrmeister	0162	03. 06. 59	GST, two seat training sailplane crashed at Gardelegen	w/o 28. 07. 70	
DM-	3163	FES-530/II Lehrmeister	0163	05. 06. 59	GST, two seat training sailplane	cnl 17. 05. 77	
DM-	3164	FES-530/II Lehrmeister	0164	04. 06. 59	GST, two seat training sailplane	cnl 20. 08. 73	
DM-	3165	FES-530/II Lehrmeister	0165	05. 06. 59	GST, two seat training sailplane	cnl 22. 03. 77	
DM-	3166	FES-530/II Lehrmeister	0166	16. 06. 59	GST, two seat training sailplane	cnl 17. 04. 73	
DM-	3167	FES-530/II Lehrmeister	0167	26. 06. 59	GST, two seat training sailplane	cnl 17. 04. 73	
DM-	3168	FES-530/II Lehrmeister	0168	17. 07. 59	GST, two seat training sailplane	cnl 19. 01. 77	
DM-	3169	FES-530/II Lehrmeister	0169	25. 06. 59	GST, two seat training sailplane	cnl 19. 08. 76	
DM-	3170	FES-530/II Lehrmeister	0170	19. 12. 59	GST, two seat training sailplane	cnl 06. 08. 80	
DM-	3171	FES-530/II Lehrmeister	0171	10. 08. 59	GST, two seat training sailplane	cnl 25. 04. 77	
DM-	3172	FES-530/II Lehrmeister	0172	29. 07. 59	GST, two seat training sailplane	cnl 06. 08. 80	
DM-	3173	FES-530/II Lehrmeister	0173	06. 08. 59	GST, two seat training sailplane	cnl 25. 04. 77	
DM-	3174	FES-530/II Lehrmeister	0174	20. 08. 59	GST, two seat training sailplane	cnl 14. 05. 71	

DM-	**3175**	FES-530/II Lehrmeister	0175	25. 08. 59	GST, two seat training sailplane	cnl 06. 08. 80		
DM-	**3176**	FES-530/II Lehrmeister	0176	28. 05. 59	GST, two seat training sailplane	cnl 06. 08. 80		
DM-	**3177**	FES-530/II Lehrmeister	0177	25. 08. 59	GST, two seat training sailplane	cnl 06. 08. 80		
DM-	**3178**	FES-530/I Lehrmeister	0178	. 59	Apparatebau Lommatzsch, two seat training sailplane (Reg. for test flying only)	sold . 59	to Danmark as OY-BAX
DM-	**3179**	FES-530/II Lehrmeister	0179	18. 08. 59	GST, two seat training sailplane	cnl 01. 08. 77		
DM-	**3180**	FES-530 Lehrmeister	0180	17. 08. 59	GST, two seat training sailplane	cnl 30. 05. 74		
DM-	**3181**	FES-530/II Lehrmeister	0181	24. 08. 59	GST, two seat training sailplane	cnl 19. 08. 76		
DM-	**3182**	FES-530/I Lehrmeister	0182	. 59	Apparatebau Lommatzsch, two seat training sailplane (Reg. for test flying only)	sold . 59	to Austria
DM-	**3183**	FES-530/II Lehrmeister	0183	25. 04. 61	GST, two seat training sailplane	cnl 18. 02. 76		
DM-	**3184**	FES-530/I Lehrmeister	0184	. 59	Apparatebau Lommatzsch, two seat training sailplane (Reg. for test flying only)	sold . 59	to Danmark as OY-XAH
DM-	**3185**	FES-530/II Lehrmeister	0185	17. 11. 60	ASV, two seat training sailplane	cnl 17. 05. 77		
DM-	**3186**	FES-530/II Lehrmeister	0186	19. 09. 59	GST, two seat training sailplane	cnl 24. 01. 78		
DM-	**3187**	FES-530/II Lehrmeister	0187	19. 09. 59	GST, two seat training sailplane	cnl 05. 07. 79		
DM-	**3188**	FES-530/II Lehrmeister	0188	12. 10. 59	GST, two seat training sailplane	cnl 22. 03. 77		
DM-	**3189**	FES-530/II Lehrmeister	0189	16. 10. 59	GST, two seat training sailplane	cnl 19. 01. 77		
DM-	**3190**	FES-530/II Lehrmeister	0190	05. 10. 59	GST, two seat training sailplane	cnl 17. 05. 77		
DM-	**3191**	FES-530/II Lehrmeister	0191	16. 10. 59	GST, two seat training sailplane	cnl 06. 08. 80		
DM-	**3192**	FES-530/II Lehrmeister	0192	16. 10. 59	GST, two seat training sailplane	cnl 18. 02. 76		
DM-	**3193**	FES-530/II Lehrmeister	0193	16. 10. 59	GST, two seat training sailplane destroyed in heavy weather on ground, Riesa	w/o 29. 07. 70		
DM-	**3194**	FES-530/II Lehrmeister	0194	16. 10. 59	GST, two seat training sailplane	cnl 17. 05. 77		
DM-	**3195**	FES-530/II Lehrmeister	0195	05. 11. 59	GST, two seat training sailplane	cnl 05. 09. 72		
DM-	**3196**	FES-530/II Lehrmeister	0196	12. 11. 59	GST, two seat training sailplane	cnl 18. 02. 76		
DM-	**3197**	FES-530/II Lehrmeister	0197	29. 11. 59	GST, two seat training sailplane	cnl 06. 08. 80		
DM-	**3198**	FES-530/II Lehrmeister	0198	02. 12. 59	GST, two seat training sailplane	cnl 19. 01. 77		
DM-	**3199**	FES-530/II Lehrmeister	0199	05. 12. 59	GST, two seat training sailplane	cnl 06. 08. 80		

DM-	3200	FES-530/II Lehrmeister	0200	11. 12. 59	GST, two seat training sailplane	cnl 07. 03. 79
DDR- DM-	3201	SZD-9 Bocian 1C	P 287	24. 06. 57	GST, two seat high performance sailplane	cnl 29. 09. 70
DM- DDR-		L-13 Blanik	027-068	24. 10. 78	GST, two seat training sailplane	
DDR- DM-	3202	SZD-9 Bocian 1C	P 288	07. 07. 57	GST, two seat high performance sailplane	cnl 29. 01. 73
DM- DDR-		L-13 Blanik	027-361	24. 10. 78	GST, two seat training sailplane	
DM-	3204	SZD-9 Bocian 1C	P 299	10. 04. 58	GST, two seat high performance sailplane	cnl 31. 12. 69
DM-	3205	SZD-9 Bocian 1C	P 300	05. 05. 58	GST, two seat high performance sailplane	cnl 20. 08. 71
DM-	3206	SZD-9 Bocian 1C	P 301	24. 05. 58	GST, two seat high performance sailplane	cnl 30. 05. 74
DM- DDR-	3207	SZD-9 Bocian 1D	P 362	08. 04. 60	ASV, two seat high performance sailplane	cnl 11. 02. 85
DM- DDR-	3208	L-13 Blanik	170-718	05. 06. 60	GST, two seat training sailplane	
DM- DDR-	3209	SZD-9bis Bocian 1E	P 486	29. 04. 70	GST, two seat training sailplane	
DM- DDR-	3210	SZD-9bis Bocian 1E	P 487	03. 06. 70	GST, two seat training sailplane	
DM- DDR-	3211	SZD-9bis Bocian 1E	P 488	28. 07. 70	GST, two seat training sailplane destroyed by fire during overhaul at Jeczow/Poland 1983	cnl 01. 06. 84
DM- DDR-	3212	SZD-9bis Bocian 1E	P 489	12. 05. 70	GST, two seat training sailplane	
DM- DDR-	3213	SZD-9bis Bocian 1E	P 490	16. 06. 70	GST, two seat training sailplane	
DM- DDR-	3214	SZD-9bis Bocian 1E	P 491	03. 06. 70	GST, two seat training sailplane	cnl 03. 12. 87
DM- DDR-	3215	SZD-9bis Bocian 1E	P 492	29. 07. 70	GST, two seat training sailplane	
DM- DDR-	3216	SZD-9bis Bocian 1E	P 493	03. 06. 70	GST, two seat training sailplane	
DM- DDR-	3217	SZD-9bis Bocian 1E	P 494	28. 07. 70	GST, two seat training sailplane	
DM- DDR-	3218	SZD-9bis Bocian 1E	P 495	28. 07. 70	GST, two seat training sailplane	
DM- DDR-	3219	SZD-9bis Bocian 1E	P 499	28. 07. 70	GST, two seat training sailplane	
DM- DDR-	3220	SZD-9bis Bocian 1E	P 500	28. 07. 70	GST, two seat training sailplane	cnl 10. 07. 89
DM- DDR-	3221	SZD-9bis Bocian 1E	P 501	28. 07. 70	GST, two seat training sailplane	cnl 01. 02. 83
DM- DDR-	3222	SZD-9bis Bocian 1E	P 502	28. 07. 70	GST, two seat training sailplane	
DM-	3223	SZD-9bis Bocian 1E	P 503	07. 01. 71	GST, two seat training sailplane crashed Güstrow	w/o 06. 06. 71
DM- DDR-	3224	SZD-9bis Bocian 1E	P 506	07. 01. 71	GST, two seat training sailplane	

DM- DDR-	3225	SZD-9bis Bocian 1E	P 507	07. 01. 71	GST, two seat training sailplane	
DM- DDR-	3226	SZD-9bis Bocian 1E	P 508	07. 01. 71	GST, two seat training sailplane	
DM- DDR-	3227	SZD-9bis Bocian 1E	P 509	07. 01. 71	GST, two seat training sailplane	
DM- DDR-	3228	SZD-9bis Bocian 1E	P 510	07. 01. 71	GST, two seat training sailplane	
DM- DDR-	3229	SZD-9bis Bocian 1E	P 511	07. 01. 71	GST, two seat training sailplane	
DM- DDR-	3230	SZD-9bis Bocian 1E	P 512	07. 01. 71	GST, two seat training sailplane	
DM- DDR-	3231	SZD-9bis Bocian 1E	P 513	07. 01. 71	GST, two seat training sailplane	
DM- DDR-	3232	SZD-9bis Bocian 1E	P 514	07. 01. 71	GST, two seat training sailplane	
DM- DDR-	3233	SZD-9bis Bocian 1E	P 515	12. 03. 71	GST, two seat training sailplane	
DM- DDR-	3234	SZD-9bis Bocian 1E	P 516	12. 03. 71	GST, two seat training sailplane	
DM- DDR-	3235	SZD-9bis Bocian 1E	P 517	12. 03. 71	GST, two seat training sailplane	
DM-	3236	SZD-9bis Bocian 1E	P 518	16. 02. 71	GST, two seat training sailplane crashed	w/o 08. 02. 79
DM- DDR-	3237	SZD-9bis Bocian 1E	P 524	02. 11. 71	GST, two seat training sailplane	
DM- DDR-	3238	SZD-9bis Bocian 1E	P 525	06. 08. 71	GST, two seat training sailplane	
DM- DDR-	3239	SZD-9bis Bocian 1E	P 526	15. 09. 71	GST, two seat training sailplane	
DM- DDR-	3240	SZD-9bis Bocian 1E	P 527	02. 11. 71	GST, two seat training sailplane	
DM- DDR-	3241	SZD-9bis Bocian 1E	P 528	04. 08. 71	GST, two seat training sailplane	
DM- DDR-	3242	SZD-9bis Bocian 1E	P 529	06. 08. 71	GST, two seat training sailplane	
DM- DDR-	3243	SZD-9bis Bocian 1E	P 530	15. 09. 71	GST, two seat training sailplane	
DM- DDR-	3244	SZD-9bis Bocian 1E	P 531	20. 08. 71	GST, two seat training sailplane	
DM- DDR-	3245	SZD-9bis Bocian 1E	P 532	10. 08. 71	GST, two seat training sailplane	
DM- DDR-	3246	SZD-9bis Bocian 1E	P 533	04. 08. 71	GST, two seat training sailplane	
DM- DDR-	3247	SZD-9bis Bocian 1E	P 534	05. 08. 71	GST, two seat training sailplane	
DM- DDR-	3248	SZD-9bis Bocian 1E	P 535	05. 08. 71	GST, two seat training sailplane	
DM- DDR-	3249	SZD-9bis Bocian 1E	P 536	16. 11. 71	GST, two seat training sailplane	

DM- DDR-	3250	SZD-9bis Bocian 1E	P 537	16. 11. 71	GST, two seat training sailplane		
DM-	3251	FES-530/II Lehrmeister	0201	11. 12. 59	GST, two seat training sailplane	cnl 08. 02. 79	
DM- DDR-	3252	FES-530/II Lehrmeister	0202	11. 12. 59	GST, two seat training sailplane	cnl 23. 02. 84	
DM-	3253	FES-530/II Lehrmeister	0203	29. 12. 59	GST, two seat training sailplane crashed	w/o 24. 03. 75	
DM-	3254	FES-530/II Lehrmeister	0204	24. 12. 59	GST, two seat training sailplane	cnl 06. 08. 80	
DM-	3255	FES-530/II Lehrmeister	0205	29. 12. 59	GST, two seat training sailplane	cnl 06. 08. 80	
DM- DDR-	3256	FES-530/II Lehrmeister	0206	04. 01. 60	GST, two seat training sailplane	cnl 23. 02. 84	
DM-	3257	FES-530/II Lehrmeister	0207	04. 01. 60	ASV, two seat training sailplane	cnl 19. 01. 77	
DM-	3258	FES-530/II Lehrmeister	0208	21. 10. 60	GST, two seat training sailplane	cnl 20. 12. 73	
DM-	3259	FES-530/II Lehrmeister	0209	04. 11. 60	GST, two seat training sailplane crashed	w/o 13. 09. 65	
DM-	3260	FES-530/II Lehrmeister	0210	04. 11. 60	GST, two seat training sailplane	cnl 07. 03. 79	
DM-	3261	FES-530/II Lehrmeister	0211	21. 11. 60	GST, two seat training sailplane	cnl 20. 08. 73	
DM-	3262	FES-530/II Lehrmeister	0212	12. 09. 60	GST, two seat training sailplane	cnl 06. 08. 80	
DM-	3263	FES-530/II Lehrmeister	0213	15. 11. 60	GST, two seat training sailplane	cnl 08. 02. 79	
DM-	3264	FES-530/II Lehrmeister	0214	22. 02. 60	Apparatebau Lommatzsch, two seat training sailplane (Reg. for test flying only)	sold . 60	to Austria as OE-0702
DM-	3265	FES-530/II Lehrmeister	0215	18. 10. 60	ASV, two seat training sailplane	cnl 24. 01. 78	
DM-	3266	FES-530/II Lehrmeister	0216	28. 11. 60	ASV, two seat training sailplane crashed	w/o 11. 05. 75	
DM- DDR-	3267	FES-530/II Lehrmeister	0217	12. 12. 70	GST, two seat training sailplane	cnl 23. 02. 84	
DM-	3268	FES-530/II Lehrmeister	0218	24. 09. 60	GST, two seat training sailplane	cnl 20. 12. 73	
DM-	3269	FES-530/I Lehrmeister	0219	. 60	Apparatebau Lommatzsch, two seat training sailplane (Reg. for test flying only)	sold . 60	to Danmark as OY-XAU
DM-	3270	FES-530/I Lehrmeister	0220	. 60	Apparatebau Lommatzsch, two seat training sailplane (Reg. for test flying only)	sold . 60	to Danmark as OY-XAY
DM-	3271	FES-530/II Lehrmeister	0221	05. 10. 60	GST, two seat training sailplane	cnl 06. 08. 80	
DM-	3272	FES-530/I Lehrmeister	0222	. 60	Apparatebau Lommatzsch, two seat training sailplane (Reg. for test flying only)	sold . 60	to Danmark as OY-XAR
DM-	3273	FES-530/I Lehrmeister	0223	. 60	Apparatebau Lommatzsch, two seat training sailplane (Reg. for test flying only)	sold . 60	to Danmark as OY-DXK
DM-	3274	FES-530/II Lehrmeister	0224	. 60	Apparatebau Lommatzsch, two seat training sailplane (Reg. for test flying only)	sold . 60	to Cuba

DM-	3275	FES-530/I Lehrmeister	0225	. 60	Apparatebau Lommatzsch, two seat training sailplane (Reg. for test flying only)	sold . 60	to Danmark as OY-AXX
DM-	3276	FES-530/I Lehrmeister	0226	. 60	Apparatebau Lommatzsch, two seat training sailplane (Reg. for test flying only)	sold . 60	to Egypt
DM- DDR-	3277	FES-530/II Lehrmeister	0227	15. 11. 60	GST, two seat training sailplane	cnl 23. 02. 84	preserved at Aeroclub-Museum Finsterwalde
DM-	3278	FES-530/II Lehrmeister	0228	. 60	Apparatebau Lommatzsch, two seat training sailplane (Reg. for test flying only)	sold . 60	to Austria
DM-	3279	FES-530/II Lehrmeister	0229	20. 09. 60	GST, two seat training sailplane	cnl 05. 09. 72	
DM-	3280	FES-530/I Lehrmeister	0230	. 60	Apparatebau Lommatzsch, two seat training sailplane (Reg. for test flying only)	sold . 60	to Danmark as OY-XAP
DM- DDR-	3285	FES-530/II Lehrmeister	0235	31. 03. 62	GST, two seat training sailplane	cnl 23. 02. 84	
DM-	3286	FES-530/II Lehrmeister	0236	31. 03. 62	GST, two seat training sailplane	cnl 30. 05. 74	
DM-	3287	FES-530/II Lehrmeister	0237	09. 04. 62	GST, two seat training sailplane	cnl 27. 02. 79	
DM-	3288	FES-530/II Lehrmeister	0238	09. 04. 62	GST, two seat training sailplane	cnl 26. 01. 73	
DM- DDR-	3289	FES-530/II Lehrmeister	0239	. 62	GST, two seat training sailplane	cnl 01. 02. 83	
DM-	3290	FES-530/II Lehrmeister	0240	17. 04. 62	GST, two seat training sailplane crashed	w/o 30. 09. 66	
DM- DDR-	3291	FES-530/II Lehrmeister	0241	17. 04. 62	GST, two seat training sailplane	cnl 01. 03. 89	
DM-	3296	FES-530/II Lehrmeister	0246	26. 06. 62	GST, two seat training sailplane	cnl 06. 08. 80	
DM-	3297	FES-530/II Lehrmeister	0247	02. 07. 62	GST, two seat training sailplane	cnl 22. 03. 77	
DM-	3298	FES-530/II Lehrmeister	0248	26. 06. 62	GST, two seat training sailplane	cnl 04. 11. 74	
DM- DDR-	3299	FES-530/II Lehrmeister	0249	02. 07. 62	GST, two seat training sailplane	cnl 23. 02. 84	

DM-	3300	FES-530/II Lehrmeister	0250	05. 07. 62	GST, two seat training sailplane	cnl 28. 08. 71	
DM- DDR-	3302	FES-530/II Lehrmeister	0252	09. 08. 62	GST, two seat training sailplane	cnl 01. 02. 83	
DM-	3303	FES-530/II Lehrmeister	0253	27. 08. 62	GST, two seat training sailplane	cnl 10. 10. 77	
DM-	3304	FES-530/II Lehrmeister	0254	28. 08. 62	GST, two seat training sailplane	cnl 22. 03. 77	
DM-	3305	FES-530/II Lehrmeister	0255	05. 09. 62	GST, two seat training sailplane crashed Stölln-Rhinow	w/o 22. 10. 67	
DM-	3306	FES-530/II Lehrmeister	0256	10. 10. 62	GST, two seat training sailplane	cnl 22. 03. 77	
DM- DDR-	3307	FES-530/II Lehrmeister	0257	10. 09. 62	GST, two seat training sailplane	cnl 08. 02. 79	
DDR-	3308	LF-109 Pionyr	CH 03-12	06. 10. 54	GST, two seat training sailplane	re-reg. 06. 10. 54	to DDR-3008
DM- DDR-		FES-530/II Lehrmeister	0258	09. 10. 62	GST, two seat training sailplane	cnl 23. 02. 84	
DM-	3309	FES-530/II Lehrmeister	0259	09. 10. 62	GST, two seat training sailplane	cnl 18. 02. 76	
DM-	3310	FES-530/II Lehrmeister	0260	24. 10. 62	GST, two seat training sailplane	cnl 09. 01. 78	
DM-	3311	FES-530/II Lehrmeister	0261	22. 10. 62	GST, two seat training sailplane	cnl 06. 08. 80	
DM-	3312*	FES-530/II Lehrmeister	0262	31. 10. 62	GST, two seat training sailplane	cnl ?	
DM-	3313	FES-530/II Lehrmeister	0263	16. 01. 63	GST, two seat training sailplane	cnl 19. 01. 77	
DM-	3314	FES-530/II Lehrmeister	0264	19. 11. 62	GST, two seat training sailplane	cnl 01. 02. 83	
DM-	3315	FES-530/II Lehrmeister	0265	19. 11. 62	GST, two seat training sailplane	cnl 19. 01. 77	
DM-	3316	FES-530/II Lehrmeister	0266	06. 12. 62	GST, two seat training sailplane	cnl 26. 01. 73	
DM-	3317	FES-530/II Lehrmeister	0267	05. 12. 62	GST, two seat training sailplane	cnl 22. 03. 77	
DM-	3318	FES-530/II Lehrmeister	0268	14. 01. 63	GST, two seat training sailplane	cnl 10. 10. 77	
DM- DDR-	3319	FES-530/II Lehrmeister	0269	14. 01. 63	GST, two seat training sailplane	cnl 01. 02. 83	
DM- DDR-	3320	FES-530/II Lehrmeister	0270	14. 01. 63	GST, two seat training sailplane	cnl 01. 02. 83	
DM-	3321	FES-530/II Lehrmeister	0271	16. 01. 63	GST, two seat training sailplane	cnl 09. 01. 78	
DM-	3322	FES-530/II Lehrmeister	0272	17. 05. 63	GST, two seat training sailplane	cnl 06. 08. 80	
DM- DDR-	3323	FES-530/II Lehrmeister	0273	16. 01. 63	GST, two seat training sailplane	cnl 01. 03. 83	
DM- DDR-	3324	FES-530/II Lehrmeister/	0274	16. 01. 63	GST, two seat training sailplane	cnl 01. 03. 83	

DDR–300

DM- DDR-	3351	SZD-9bis Bocian 1E	P 538	16. 11. 71	GST, two seat training sailplane	
DM- DDR-	3352	SZD-9bis Bocian 1E	P 539	16. 11. 71	GST, two seat training sailplane	
DM- DDR-	3353	SZD-9bis Bocian 1E	P 540	16. 11. 71	GST, two seat training sailplane	
DM- DDR-	3354	SZD-9bis Bocian 1E	P 541	16. 11. 71	GST, two seat training sailplane	
DM- DDR-	3355	SZD-9bis Bocian 1E	P 542	16. 11. 71	GST, two seat training sailplane	cnl 07. 04. 83
DM- DDR-	3356	SZD-9bis Bocian 1E	P 543	16. 11. 71	GST, two seat training sailplane	
DM- DDR-	3357	SZD-9bis Bocian 1E	P 544	16. 11. 71	GST, two seat training sailplane	
DM- DDR-	3358	SZD-9bis Bocian 1E	P 545	16. 11. 71	GST, two seat training sailplane	cnl 01. 02. 83
DM- DDR-	3359	SZD-9bis Bocian 1E	P 546	17. 03. 72	GST two seat training sailplane	
DM- DDR-	3360	SZD-9bis Bocian 1E	P 547	04. 05. 72	GST, two seat training sailplane	
DM- DDR-	3361	SZD-9bis Bocian 1E	P 548	16. 03. 72	GST, two seat training sailplane	
DM- DDR-	3362	SZD-9bis Bocian 1E	P 549	16. 03. 72	GST, two seat training sailplane	
DM- DDR-	3363	SZD-9bis Bocian 1E	P 550	16. 03. 72	GST, two seat training sailplane	
DM- DDR-	3365	SZD-9bis Bocian 1E	P 521	16. 03. 72	GST, two seat training sailplane	
DM-	3366	SZD-9bis Bocian 1E	P 553	18. 04. 72	GST, two seat training sailplane damaged	cnl 04. 11. 74
DM- DDR-				10. 12. 75	rebuilt, new C of A received!	cnl 10. 07. 89
DM- DDR-	3367	SZD-9bis Bocian 1E	P 554	18. 04. 72	GST, two seat training sailplane	
DM- DDR-	3368	SZD-9bis Bocian 1E	P 558	05. 05. 72	GST, two seat training sailplane	
DM- DDR-	3369	SZD-9bis Bocian 1E	P 559	18. 05. 72	GST, two seat training sailplane	
DM- DDR-	3370	SZD-9bis Bocian 1E	P 560	18. 05. 72	GST, two seat training sailplane	
DM- DDR-	3371	SZD-9bis Bocian 1E	P 561	18. 05. 72	GST, two seat training sailplane	
DM- DDR-	3372	SZD-9bis Bocian 1E	P 562	18. 05. 72	GST, two seat training sailplane	
DM- DDR-	3373	SZD-9bis Bocian 1E	P 563	06. 06. 72	GST, two seat training sailplane	
DM- DDR-	3374	SZD-9bis Bocian 1E	P 564	06. 06. 72	GST, two seat training sailplane	

DDR-3243

DDR-3008
BOCIAN

BOCIAN
DM-3032

DM- DDR-	**3375**	SZD-9bis Bocian 1E	P 565	30. 06. 72	GST, two seat training sailplane	
DM- DDR-	**3376**	SZD-9bis Bocian 1E	P 566	30. 06. 72	GST, two seat training sailplane	
DM- DDR-	**3377**	SZD-9bis Bocian 1E	P 567	30. 06. 72	GST, two seat training sailplane	
DM- DDR-	**3378**	SZD-9bis Bocian 1E	P 568	30. 06. 72	GST, two seat training sailplane	
DM- DDR-	**3379**	SZD-9bis Bocian 1E	P 575	09. 01. 73	GST, two seat training sailplane	
DM- DDR-	**3380**	SZD-9bis Bocian 1E	P 576	09. 01. 73	GST, two seat training sailplane	
DM- DDR-	**3381**	SZD-9bis Bocian 1E	P 577	26. 09. 73	GST, two seat training sailplane	
DM- DDR-	**3382**	SZD-9bis Bocian 1E	P 588	18. 03. 72	GST, two seat training sailplane	
DM- DDR-	**3383**	SZD-9bis Bocian 1E	P 589	18. 03. 72	GST, two seat training sailplane	
DM- DDR-	**3384**	SZD-9bis Bocian 1E	P 590	23. 02. 72	GST, two seat training sailplane	
DM- DDR-	**3385**	SZD-9bis Bocian 1E	P 522	18. 04. 72	GST, two seat training sailplane	
DM- DDR-	**3386**	SZD-9bis Bocian 1E	P 523	18. 04. 72	GST, two seat training sailplane destroyed by fire during overhaul at Jeczow/Poland 1983	cnl 01. 06. 84
DM- DDR-	**3388**	SZD-9bis Bocian 1E	P 595	30. 03. 72	GST, two seat training sailplane	
DM- DDR-	**3389**	SZD-9bis Bocian 1E	P 596	03. 04. 72	GST, two seat training sailplane	
DM- DDR-	**3390**	SZD-9bis Bocian 1E	P 599	17. 04. 73	GST, two seat training sailplane	
DM- DDR-	**3391**	SZD-9bis Bocian 1E	P 600	17. 04. 73	GST, two seat training sailplane	
DM- DDR-	**3392**	SZD-9bis Bocian 1E	P 609	03. 07. 73	GST, two seat training sailplane	
DM- DDR-	**3393**	SZD-9bis Bocian 1E	P 610	03. 07. 73	GST, two seat training sailplane	
DM- DDR-	**3394**	SZD-9bis Bocian 1E	P 611	12. 07. 73	GST, two seat training sailplane destroyed by fire during overhaul at Jeczow/Poland 1983	cnl 01. 06. 84
DM- DDR-	**3395**	SZD-9bis Bocian 1E	P 612	12. 07. 73	GST two seat training sailplane	
DM- DDR-	**3396**	SZD-9bis Bocian 1E	P 633	04. 04. 74	GST two seat training sailplane	
DM- DDR-	**3397**	SZD-9bis Bocian 1E	P 634	04. 04. 74	GST two seat training sailplane	
DM-	**3398**	SZD-9bis Bocian 1E	P 635	14. 03. 74	GST two seat training sailplane crashed	w/o 19. 01. 77

SZD-45A Ogar

La-16V2 Heidelerche

La-17

DM-	3500*	Landmann La-17	?	*. 59*	TH Dresden, two seat motor glider (some test flights only)	cnl ?
DM-	3501	Landmann La-16 V2	V2	*. 58*	TH Dresden, single seat powered sailplane named: "Heidelerche"	cnl 30. 04. 76
DM- DDR-		SZD-45A Ogar	B 647	02. 07. 76	GST, two seat powered sailplane	
DM- DDR-	3502	SZD-45A Ogar	B 648	02. 07. 76	GST, two seat powered sailplane	
DM- DDR-	3503	SZD-45A Ogar	B 649	02. 07. 76	GST, two seat powered sailplane	
DM- DDR-	3504	SZD-45A Ogar	B 652	02. 07. 76	GST, two seat powered sailplane	
DM- DDR-	3505	SZD-45A Ogar	B 653	02. 07. 76	GST, two seat powered sailplane	
DM- DDR-	3506	SZD-45A Ogar	B 659	03. 05. 77	GST, two seat powered sailplane	
DM- DDR-	3507	SZD-45A Ogar	B 662	03. 05. 77	GST, two seat powered sailplane	
DM- DDR-	3508	SZD-45A Ogar	B 753	03. 05. 77	GST, two seat powered sailplane	
DM- DDR-	3509	SZD-45A Ogar	B 762	18. 01. 79	GST, two seat powered sailplane	
DM- DDR-	3510	SZD-45A Ogar	B 763	18. 01. 79	GST, two seat powered sailplane	
DM- DDR-	3511	SZD-45A Ogar	B 764	18. 01. 79	GST, two seat powered sailplane	
DM- DDR-	3512	SZD-45A Ogar	B 765	18. 01. 79	GST, two seat powered sailplane	
DM- DDR-	3513	SZD-45A Ogar	B 766	18. 01. 79	GST, two seat powered sailplane crashed at Leipzig-Mockau	w/o . 86
DM- DDR-	3514	SZD-45A Ogar	B 767	18. 01. 79	GST, two seat powered sailplane	

Heidelerche
DM-3501

DDR-	**3600**	SZD-50-3 Puchacz	B 1082	26. 09. 83	GST, two seat high performance and training sailplane
DDR-	**3601**	SZD-50-3 Puchacz	B 1085	26. 09. 83	GST, two seat high performance and training sailplane
DDR-	**3602**	SZD-50-3 Puchacz	B 1086	26. 09. 83	GST, two seat high performance and training sailplane
DDR-	**3603**	SZD-50-3 Puchacz	B 1087	26. 09. 83	GST, two seat high performance and training sailplane
DDR-	**3604**	SZD-50-3 Puchacz	B 1088	26. 09. 83	GST, two seat high performance and training sailplane
DDR-	**3605**	SZD-50-3 Puchacz	B 1089	26. 09. 83	GST, two seat high performance and training sailplane
DDR-	**3606**	SZD-50-3 Puchacz	B 1092	22. 09. 83	GST, two seat high performance and training sailplane
DDR-	**3607**	SZD-50-3 Puchacz	B 1093	22. 09. 83	GST, two seat high performance and training sailplane
DDR-	**3608**	SZD-50-3 Puchacz	B 1094	22. 09. 83	GST, two seat high performance and training sailplane
DDR-	**3609**	SZD-50-3 Puchacz	B 1325	11. 10. 83	GST, two seat high performance and training sailplane
DDR-	**3610**	SZD-50-3 Puchacz	B 1327	13. 02. 84	GST, two seat high performance and training sailplane
DDR-	**3611**	SZD-50-3 Puchacz	B 1328	13. 02. 84	GST, two seat high performance and training sailplane
DDR-	**3612**	SZD-50-3 Puchacz	B 1329	13. 02. 84	GST, two seat high performance and training sailplane
DDR-	**3613**	SZD-50-3 Puchacz	B 1330	13. 02. 84	GST, two seat high performance and training sailplane
DDR-	**3614**	SZD-50-3 Puchacz	B 1331	13. 02. 84	GST, two seat high performance and training sailplane
DDR-	**3615**	SZD-50-3 Puchacz	B 1332	13. 02. 84	GST, two seat high performance and training sailplane
DDR-	**3616**	SZD-50-3 Puchacz	B 1333	13. 02. 84	GST, two seat high performance and training sailplane
DDR-	**3617**	SZD-50-3 Puchacz	B 1334	13. 02. 84	GST, two seat high performance and training sailplane
DDR-	**3618**	SZD-50-3 Puchacz	B 1335	13. 02. 84	GST, two seat high performance and training sailplane
DDR-	**3619**	SZD-50-3 Puchacz	B 1336	13. 02. 84	GST, two seat high performance and training sailplane
DDR-	**3620**	SZD-50-3 Puchacz	B 1337	21. 03. 84	GST, two seat high performance and training sailplane
DDR-	**3621**	SZD-50-3 Puchacz	B 1340	21. 03. 84	GST, two seat high performance and training sailplane
DDR-	**3622**	SZD-50-3 Puchacz	B 1341	09. 05. 84	GST, two seat high performance and training sailplane
DDR-	**3623**	SZD-50-3 Puchacz	B 1342	09. 05. 84	GST, two seat high performance and training sailplane
DDR-	**3624**	SZD-50-3 Puchacz	B 1343	09. 05. 84	GST, two seat high performance and training sailplane

DDR-3617

DDR-3656

DDR- **3625**	SZD-50-3 Puchacz	B 1344	09. 05. 84	GST, two seat high performance and training sailplane	
DDR- **3626**	SZD-50-3 Puchacz	B 1387	06. 06. 84	GST, two seat high performance and training sailplane	
DDR- **3627**	SZD-50-3 Puchacz	B 1388	06. 06. 84	GST, two seat high performance and training sailplane	
DDR- **3628**	SZD-50-3 Puchacz	B 1389	03. 07. 84	GST, two seat high performance and training sailplane	
DDR- **3629**	SZD-50-3 Puchacz	B 1390	03. 07. 84	GST, two seat high performance and training sailplane	
DDR- **3630**	SZD-50-3 Puchacz	B 1392	16. 08. 84	GST, two seat high performance and training sailplane	
DDR- **3631**	SZD-50-3 Puchacz	B 1394	16. 08. 84	GST, two seat high performance and training sailplane	
DDR- **3632**	SZD-50-3 Puchacz	B 1396	17. 09. 84	GST, two seat high performance and training sailplane	
DDR- **3633**	SZD-50-3 Puchacz	B 1397	17. 09. 84	GST, two seat high performance and training sailplane	
DDR- **3634**	SZD-50-3 Puchacz	B 1400	10. 10. 84	GST, two seat high performance and training sailplane	
DDR- **3635**	SZD-50-3 Puchacz	B 1401	10. 10. 84	GST, two seat high performance and training sailplane	
DDR- **3636**	SZD-50-3 Puchacz	B 1402	06. 12. 84	GST, two seat high performance and training sailplane	
DDR- **3637**	SZD-50-3 Puchacz	B 1403	06. 12. 84	GST, two seat high performance and training sailplane	
DDR- **3638**	SZD-50-3 Puchacz	B 1404	22. 01. 85	GST, two seat high performance and training sailplane	
DDR- **3639**	SZD-50-3 Puchacz	B 1465	22. 01. 85	GST, two seat high performance and training sailplane	
DDR- **3640**	SZD-50-3 Puchacz	B 1470	22. 01. 85	GST, two seat high performance and training sailplane	
DDR- **3641**	SZD-50-3 Puchacz	B 1471	22. 03. 85	GST, two seat high performance and training sailplane	
DDR- **3642**	SZD-50-3 Puchacz	B 1472	01. 04. 85	GST, two seat high performance and training sailplane	
DDR- **3643**	SZD-50-3 Puchacz	B 1473	01. 04. 85	GST, two seat high performance and training sailplane	
DDR- **3644**	SZD-50-3 Puchacz	B 1474	16. 04. 85	GST, two seat high performance and training sailplane	
DDR- **3645**	SZD-50-3 Puchacz	B 1475	16. 04. 85	GST, two seat high performance and training sailplane crashed	w/o 05. 04. 90
DDR- **3646**	SZD-50-3 Puchacz	B 1478	23. 05. 85	GST, two seat high performance and training sailplane	
DDR- **3647**	SZD-50-3 Puchacz	B 1479	23. 05. 85	GST, two seat high performance and training sailplane	
DDR- **3648**	SZD-50-3 Puchacz	B 1480	20. 06. 85	GST, two seat high performance and training sailplane	
DDR- **3649**	SZD-50-3 Puchacz	B 1481	20. 06. 85	GST, two seat high performance and training sailplane crashed	w/o 10. 07. 89

DDR- **3650**	SZD-50-3 Puchacz	B 1534	10. 09. 85	GST, two seat high performance and training sailplane	
DDR- **3651**	SZD-50-3 Puchacz	B 1535	10. 09. 85	GST, two seat high performance and training sailplane	
DDR- **3652**	SZD-50-3 Puchacz	B 1536	10. 10. 85	GST, two seat high performance and training sailplane crashed	w/o 03. 12. 87
DDR- **3653**	SZD-50-3 Puchacz	B 1537	10. 10. 85	GST, two seat high performance and training sailplane	
DDR- **3654**	SZD-50-3 Puchacz	B 1538	10. 10. 85	GST, two seat high performance and training sailplane	
DDR- **3655**	SZD-50-3 Puchacz	B 1539	10. 10. 85	GST, two seat high performance and training sailplane	
DDR- **3656**	SZD-50-3 Puchacz	B 1540	14. 01. 86	GST, two seat high performance and training sailplane	
DDR- **3657**	SZD-50-3 Puchacz	B 1541	14. 01. 86	GST, two seat high performance and training sailplane	
DDR- **3658**	SZD-50-3 Puchacz	B 1542	14. 01. 86	GST, two seat high performance and training sailplane	
DDR- **3659**	SZD-50-3 Puchacz	B 1543	14. 01. 86	GST, two seat high performance and training sailplane	
DDR- **3660**	SZD-50-3 Puchacz	B 1551	01. 04. 86	GST, two seat high performance and training sailplane	
DDR- **3661**	SZD-50-3 Puchacz	B 1552	01. 04. 86	GST, two seat high performance and training sailplane	

DDR- DM-	**4000**	IS-4/II Jastrzab	20	24. 08. 56	ASV, aerobatic sailplane	cnl 17. 05. 77
DDR- DM-	**4001**	IS-4/II Jastrzab	21	24. 08. 56	GST, aerobatic sailplane	cnl 29. 07. 69

Experimentalflugzeuge der DDR, die nie eine Registrierung erhielten
experimental aeroplanes of the GDR which never received a registration

Schwingenversuchsflugzeug VOX-1 von Ing. A. Vogel 1953/54 / experimental ornithoper VOX-1, designed by Ing. A. Vogel 1953/54

La-16V1 Lerche von Prof. Landmann 1956/57 / La-16V1 Lerche designed by Prof Landmann 1956/57